DIREITO PROCESSUAL PENAL

organização LE

série manuais de direito

RODRIGO JOSÉ DANTAS LIMA

CASA DO DIREITO

Diretor Editorial Gustavo Abreu
Diretor Administrativo Júnior Gaudereto
Diretor Financeiro Cláudio Macedo
Logística Daniel Abreu e Vinícius Santiago
Comunicação e Marketing Carol Pires
Assistente Editorial Matteos Moreno e Maria Eduarda Paixão
Designer Editorial Gustavo Zeferino e Luís Otávio Ferreira
Organizador Leonardo Castro
Coordenador Editorial Marcelo Hugo da Rocha

Dados Internacionais de Catalogação na Publicação (CIP)
Bibliotecária Juliana da Silva Mauro - CRB6/3684

L732d Lima, Rodrigo José Dantas
Direito processual penal / Rodrigo José Dantas Lima ; organizado por Leonardo Castro. - Belo Horizonte : Letramento, 2023.
258 p. : il. ; 23 cm. - (Série Manuais de Direito)
Inclui Bibliografia.
ISBN 978-65-5932-321-0
1. Direito processual penal. 2. Fontes do direito processual penal. 3. Princípios do processo penal. 4. Inquérito policial. 5. Ação penal. I. Título. II. Série.
CDU: 343.1 CDD: 345.07

Índices para catálogo sistemático:
1. Processo penal 343.1
2. Procedimento penal 345.07

LETRAMENTO EDITORA E LIVRARIA
Caixa Postal 3242 – CEP 30.130-972
r. José Maria Rosemburg, n. 75, b. Ouro Preto
CEP 31.340-080 – Belo Horizonte / MG
Telefone 31 3327-5771

É O SELO JURÍDICO DO
GRUPO EDITORIAL LETRAMENTO

APRESENTAÇÃO

De acordo com um dos dicionários online mais populares, o Dicio, *manual* compreende um "compêndio, livro pequeno que encerra os conhecimentos básicos de uma ciência, uma técnica, um ofício". A escolha do nome da série, portanto, não foi aleatório, ao contrário, traz em cada um dos volumes a premissa de apresentar um conteúdo mínimo, sem ser superficial, que todo o acadêmico de Direito precisa saber sobre as temáticas apresentadas.

A experiência editorial que nos cabe, depois de publicar mais de 100 livros jurídicos, aponta que o leitor nunca esteve tão interessado a consultar um material objetivo, didático, sem muita enrolação e que memorize as informações desde da primeira leitura. Ninguém deseja desperdiçar tempo com o irrelevante, não é? A partir deste contexto, reunimos professores especialistas em suas áreas e com muita prática em sala de aula para que os principais e mais relevantes temas estejam bem explicados nestas páginas.

A série não foi pensada, exclusivamente, para quem deseja enfrentar provas da OAB e de concursos, mas que preparasse para qualquer desafio que fosse levado pelo seu leitor, seja em seleções, seja em avaliações na faculdade. Com a organização do experiente professor Leonardo Castro, a **Série Manuais** promete um aprendizado além de sinopses e resumos. Bons estudos!

MARCELO HUGO DA ROCHA

Coordenador editorial.

1 DIREITO PROCESSUAL PENAL

1.1. CONCEITO

Perpetrado um fato típico e antijurídico, seja ele crime ou contravenção penal, surge para o Estado o direito de punir - *jus puniendi*, que se exercita através da ação penal, cuja finalidade é propiciar a adequada solução jurisdicional do conflito de interesses entre o Estado-Administração e o infrator, através de uma sequência de atos que compreendam a formulação da acusação, a produção das provas, o exercício da defesa e o julgamento de lide (CAPEZ, 2021, p. 44).

O Direito Processual Penal, no entanto, não se restringe a esse objeto. Para que o *dominus litis*, de regra o Ministério Público, possa propor a ação penal, deduzindo a pretensão punitiva nesta, são imprescindíveis atividades investigatórias consistentes em atos administrativos da Polícia Judiciária - Civil e Federal, o que é feito, na maioria das vezes, no inquérito policial. Nas infrações penais de menor potencial ofensivo, ou seja, naquelas cuja pena máxima cominada em abstrato não seja superior a 2 (dois) anos ou apenadas alternativamente com multa (Lei n.º 10.259/01) não há que falar em inquérito policial, mas sim em termo circunstanciado de ocorrência (TCO).

Além disso, aqueles que praticam os atos de investigação e os atos processuais devem estar legitimados para realizar as atividades que se concretizam no procedimento, assim como reguladas as relações que entre si mantêm, no que respeita aos seus direitos, deveres, ônus e obrigações que daí derivam, constituindo-se o que se denomina de organização judiciária, da qual faz parte também a própria divisão de competências entre os mais diversos órgãos da jurisdição.

Assim, o Direito Processual Penal pode ser conceituado como "*o conjunto de princípios e normas que regulam a aplicação jurisdicional do Dir. Penal, bem como as atividades persecutórias da Polícia Judiciária, e a estruturação dos órgãos da função jurisdicional e respectivos auxiliares*" (Marques, 1961, p. 20).

É um ramo do Direito Público, porque regula uma atividade pública, a atividade estatal jurisdicional, sendo certo que nele há evidente interesse público, dado o propósito de repressão aos crimes e pacificação social. Seus institutos não estão sujeitos à disponibilidade das partes.

Tem caráter instrumental, ou seja, não é o processo penal um fim em si mesmo, mas apenas meio para fazer concretizar o direito penal, tornando efetiva a função deste de prevenção e repressão às infrações penais.

1.2. FONTES

Fonte é o local de onde provém o direito (CAPEZ, 2021, p. 107).

As fontes do Direito Processual Penal são a **lei - única fonte primária, imediata**, o **costume**, os **princípios gerais de direito** e a **analogia - fontes secundárias, mediatas**. Em relação ao costume, não é expressamente previsto no Código de Processo Penal, mas sim no artigo 4º da Lei de introdução às normas do direito brasileiro: "*Art. 4º Quando a lei for omissa, o juiz decidirá o caso de acordo com a analogia, os costumes e os princípios gerais de direito.*"

Lembre-se que há proibição expressa, no texto constitucional, da edição de medidas provisórias sobre Direito Processual Penal – artigo 62, § 1º, inciso I, alínea *b*.

Doutrina e jurisprudência, segundo o pensamento da maioria dos doutrinadores – a exemplo de MIRABETE, 2008, p. 51, não são fontes, mas meras formas de interpretação, o que se deve ao fato de não terem efeitos obrigatórios. Há que fazer ressalva, no entanto, em relação à jurisprudência, pois nos casos de súmulas vinculantes do Supremo Tribunal Federal e decisões proferidas em controle concentrado de constitucionalidade há sim força obrigatória, sendo, em tal caso, na prática, fontes do Direito, incluído aí o Processual Penal.

1.2.1. LEI

A lei, considerada aqui em seu sentido amplo, é o único exemplo de fonte formal imediata do Direito Processual Penal, já que por meio dela o Estado limita a liberdade individual em prol da coletividade, impondo sua vontade. Como dissemos, a lei, enquanto fonte, é tratada aqui *lato sensu*, o que inclui normas emanadas de qualquer dos poderes Executivo, Legislativo e Judiciário, dentro da sua esfera de atribuições. Exemplo disto são os regimentos internos dos Tribunais de Justiça dos Estados, pois são normas advindas não do Legislativo, mas sim do próprio Judiciário. Tais regimentos cuidam, por exemplo, do rito e processamento de recursos, por vezes até criando-os, como no caso do agravo regimental. Quanto aos regimentos internos, a CF prevê: "*Art. 96. Compete privativamente: I - aos tribunais: a) eleger seus órgãos diretivos e* ***elaborar seus regimentos internos****, com observância das normas de processo e das garantias processuais das partes, dispondo sobre a competência e o funcionamento dos respectivos órgãos jurisdicionais e administrativos;*"

Outra atribuição do Judiciário em cada Estado é estabelecer normas sobre custas dos serviços forenses, a teor do artigo 24, inciso IV, da Carta Magna: "*Compete à União, aos Estados e ao Distrito Federal legislar concorrentemente sobre: IV - custas dos serviços forenses;*". Certamente os Estados e o Distrito Federal só poderão legislar para preencher as lacunas da legislação federal, jamais para contrariá-la.

No processo penal brasileiro, temos em 1º lugar disposições de processo penal existentes na própria Constituição Federal, a exemplo dos incisos I, II e III do art. 102, que tratam da competência do Supremo Tribunal Federal; incisos I, II e III do art. 105, que tratam da competência do Superior Tribunal de Justiça; art. 5º, inciso XXXVIII, que reconhece a instituição do júri, tendo como pilares a plenitude de defesa, sigilo das votações, soberania dos vereditos e competência para julgamento dos crimes dolosos contra a vida.

O Código de Processo Penal - Decreto-Lei n.º 3.689, de 3-10-41, é a lei essencial em relação ao direito penal comum, bem como suas respectivas alterações. No mesmo nível temos as chamadas leis extravagantes, tais como a Lei de Crimes Ambientais - Lei n.º 9.605/1998, a Lei Antitóxicos – 11.343/2006, a Lei de Falências – Lei n.º 14.112/2020, a Lei n.º 9.099/1995, que criou os Juizados Especiais Criminais, dentre tantas outras.

Nas jurisdições especializadas temos como normas básicas o Decreto-Lei n.º 1.002, de 21/10/1969 - Código de Processo Penal Militar e a Lei n.º 4.737, de 15/07/65 - Código Eleitoral. Lembre-se que a Justiça do Trabalho, embora ramo da Justiça especializada, não detém qualquer competência em matéria penal. É o que fora decidido na ADI 3.684, em que o Ministro Gilmar Mendes destacou que a divisão de competências entre os órgãos do Poder Judiciário estabelecida pela Constituição Federal impede seja conferida à Justiça do Trabalho jurisdição penal genérica. Segue trecho de seu voto: "*Ao prever a competência da Justiça do Trabalho para o processo e julgamento de ações oriundas da relação de trabalho, não compreende outorga de jurisdição sobre matéria penal, até porque, quando os enunciados da legislação constitucional e subalterna aludem, na distribuição de competências, a ações, sem o qualificativo de penais ou criminais, a interpretação sempre excluiu de seu alcance teórico as ações que tenham caráter penal ou criminal."*

"Art. 1º O processo penal reger-se-á, em todo o território brasileiro, por este Código, ressalvados:

I - os tratados, as convenções e regras de direito internacional; [...]"

Por força do artigo 5º, § 3º, da Constituição Federal, os tratados e convenções internacionais sobre direitos humanos que forem aprovados, em cada Casa do Congresso Nacional, em dois turnos, por três quintos dos votos dos respectivos membros, serão equivalentes às emendas constitucionais.

Se, por outro lado, tais normas não contarem com tal aprovação nos termos do § 3º acima, serão consideradas de caráter supralegal, portanto, acima da lei ordinária mas devendo obediência ao texto constitucional – Informativo 531 do STF.

Como exemplos de tratados temos os que versam sobre direitos humanos, não proliferação de armas químicas e/ou biológicas e julgamento de crimes de guerra.

As regras de direito internacional podem ser definidas como princípios inferidos das leis internas dos Estados civilizados ou de convenções internacionais ou, ainda, afirmados na doutrina ou proclamados em congressos.

Pela Constituição Federal - art. 84, inciso VIII, compete ao Presidente da República a celebração de tratados, convenções e atos internacionais, que estão sujeitos a referendo do Congresso Nacional.

1.2.2. COSTUME

Trata-se de regra de conduta praticada de modo geral, constante e uniforme, com a consciência de sua obrigatoriedade - MIRABETE, 2008, p. 57. Esta fonte não é mencionada no art. 3º do Código de Processo Penal, mas sim no art. 4º da Lei de Introdução às normas do Direito Brasileiro, para ser usada em especial na lacuna da lei, desde que não afete a liberdade ou qualquer dos interesses dos sujeitos processuais nem contrarie os fins do processo, podendo auxiliar na interpretação e mesmo aplicação da norma processual. É o que se tem chamado de praxe forense. Exemplo dela é a substituição, por razões pragmáticas, no rito da Lei Antitóxicos, das alegações orais – artigo 57 da Lei n.º 11.343/06, por memoriais (escritos). Vejamos:

> *"Art. 57. Na audiência de instrução e julgamento, após o interrogatório do acusado e a inquirição das testemunhas, será dada a palavra, sucessivamente, ao representante do Ministério Público e ao defensor do acusado, para sustentação oral, pelo prazo de 20 (vinte) minutos para cada um, prorrogável por mais 10 (dez), a critério do juiz."*

Já o artigo 4º da Lei de Introdução diz: "*Quando a lei for omissa, o juiz decidirá o caso de acordo com a analogia, os costumes e os princípios gerais de direito*".

1.2.3. PRINCÍPIOS GERAIS DE DIREITO

São considerados proposições de caráter ético inferidos da legislação e do ordenamento jurídico em geral, podendo preencher omissões da ordem jurídica, uma vez adaptados à situação fática objeto de apreciação. Como exemplos disso temos os princípios da liberdade - ir e vir e isonomia - igualdade.

Tamanha a importância de alguns princípios gerais de direito que estes podem, eventualmente, tornar-se lei, como no caso do *non bis in idem* – proibição de processar e condenar alguém duas vezes pela mesma infração penal. Tal vedação acha-se positivada nos artigos 95, incisos III e V, e 110, ambos do CPP, os quais tratam das exceções processuais de litispendência e coisa julgada.

1.2.4. ANALOGIA

É o processo que consiste em integrar a norma jurídica escrita, segundo o qual, sendo a lei silente sobre determinada situação, utiliza-se preceito legal que rege caso semelhante. Exemplo: Admitir recurso em sentido estrito na hipótese de indeferimento de requerimento de prisão temporária ou sua revogação, hipótese prevista pela norma apenas em caso de prisão preventiva - artigo 581, inciso V, do CPP.

Só pode ser aplicada na lacuna involuntária da lei, sendo necessário que haja igualdade de valor jurídico e de razão entre ambas as situações (*ubi eadem ratio, ibi eadem jus* – onde há a mesma razão, aplica-se o mesmo direito).

É regra basilar do **Direito Penal** que não se permite analogia in *malam partem* (maléfica) ao réu, mas somente in *bonam partem* (benéfica).

É certo que **não existe essa proibição da analogia *in malam partem* no Direito Processual Penal**, pois que este não envolve norma penal incriminadora.

A analogia, chamada de aplicação analógica pelo artigo 3º do CPP, não se confunde com interpretação analógica, sendo certo que nesta a própria lei permite sua complementação ou preenchimento, a exemplo da qualificadora inserta no § 2º, inciso I, do Código Penal, quando se refere a "... ou por outro motivo torpe". Em tal caso, tal interpretação haverá de ser feita pelos jurados – artigo 5º, inciso XXXVIII, da Constituição Federal.

JULGADOS/JURISPRUDÊNCIA CORRELATA

STJ:

Informativo 654: *União estável homoafetiva. Ajuizamento de ação penal privada por companheira. Legitimidade. Status de cônjuge. Interpretação extensiva. Art. 3º c/c art. 24, § 1º, do CPP. A companheira, em união estável homoafetiva reconhecida, goza do mesmo status de cônjuge para o processo penal, possuindo legitimidade para ajuizar a ação penal privada.* Apn912-RJ, Rel. Min. Laurita Vaz, Corte Especial, por unanimidade, julgado em 07/08/2019, Dje 22/08/2019.

STF:

Informativo 585: *Intimação. Réu preso. Aplicação analógica do art. 370, § 2º, do CPP. 1. A intimação do acórdão do habeas corpus impetrado ao STJ se efetivou pelo Diário da Justiça, muito embora se tratasse de réu preso, sem formação jurídica e atuando em causa própria. 2. O paciente preso não poderia ter conhecimento da intimação realizada via Diário da Justiça, uma vez que, sabidamente, tal periódico não circula em estabelecimentos prisionais. 3. Em casos como o presente,* ***deve-se aplicar por analogia o art. 370, § 2º, do CPP***. HC 100103, Rel. Min. Ellen Gracie, julgado aos 04/05/10. 2º Turma.

Nota: § 2º do art. 370: *"Caso não haja órgão de publicação dos atos judiciais na comarca, a intimação far-se-á diretamente pelo escrivão, por mandado, ou via postal com comprovante de recebimento, ou por qualquer outro meio idôneo."*

+ EXERCÍCIOS DE FIXAÇÃO

01. (VUNESP – Delegado de Polícia – PC/SP/2014. Adaptada) Em se tratando de processo penal, assinale a alternativa que apresenta **correta e respectivamente** uma fonte imediata e uma fonte mediata.

A) costume e lei;
B) costume e jurisprudência;
C) doutrina e jurisprudência;
D) princípios gerais do direito e doutrina;
E) lei e costume.

02. (FCC – Juiz substituto – TJ/SE-2015) A lei processual penal,

A) não admite aplicação analógica, salvo para beneficiar o réu.
B) não admite aplicação analógica, mas admite interpretação extensiva.
C) somente pode ser aplicada a processos iniciados sob sua vigência.
D) admite o suplemento dos princípios gerais de direito.
E) admite interpretação extensiva, mas não o suplemento dos princípios gerais de direito.

» GABARITO

01. A alternativa **E** é a correta. A lei é a única fonte imediata (primária) do Direito Processual Penal. Todas as demais são mediatas. A maior parte dos autores considera que a doutrina e a jurisprudência não são fontes, mas formas de interpretação do direito.

02. Apenas a alternativa **D** está correta. A leitura dos arts. 2º e 3º do CPP, por si só, resolve a questão. A aplicação analógica é admitida no processo penal, até mesmo para prejudicar o réu (*in malam partem*). Os princípios gerais de direito também são admitidos. Por fim, a nova lei processual penal aplica-se desde já aos processos em andamento, mesmo que se mostre mais severa do ponto de vista do réu.

2 PRINCÍPIOS DO PROCESSO PENAL

Juiz natural: princípio inserido na Constituição Federal, artigo 5º, inciso LIII, que estabelece que ninguém será processado nem sentenciado senão pela autoridade competente, de sorte que nosso ordenamento jurídico "*reconhece como juiz natural o órgão do Poder Judiciário cuja competência, previamente estabelecida, derive de fontes constitucionais*" (PACELLI, 2017, p. 34). Portanto, as regras objetivas de competência devem anteceder a prática da infração penal. Infere-se também deste princípio a vedação de criação de tribunais de exceção, os quais não podem ser confundidos com as jurisdições especializadas – eleitoral e militar, tendo estas competência penal na conformidade das linhas gerais de organização judiciária traçadas na Carta Magna.

É objetivo precípuo deste princípio garantir que no processo atue um juiz imparcial. Nada obsta, porém, que alterações nas normas de organização judiciária permitam a criação de novas Varas, em face do acúmulo de serviço nas já existentes, de modo que ações em andamento podem perfeitamente ser redistribuídas a essas Varas mais modernas, permitindo equiparar seus acervos, sem que com isso se possa cogitar de violação ao princípio do juiz natural, já que a medida não visa atingir quaisquer réus especificamente. De igual sorte, já se decidiu que a convocação eventual de juízes de primeiro grau a atuarem em câmaras dos mais diversos tribunais igualmente não vulnera o princípio em estudo (STF HC 101.473).

Verdade real: no processo penal, o juiz, via de regra, tem o dever de averiguar como os fatos se passaram na realidade, não se conformando com a verdade posta nos autos pelas partes, de modo que, para tanto, detém iniciativa probatória. Deste modo, "*o juiz poderá, no curso da instrução, ou antes de proferir sentença, determinar, de ofício, diligências para dirimir dúvida sobre ponto relevante*" (art. 156, inciso II, do CPP). Este princípio é próprio do processo penal, já que no cível o juiz, sempre que estiver lidando com direitos disponíveis, pode conformar-se com a verdade trazida aos autos pelas partes, embora não seja um mero espectador inerte da produção de provas: "*Caberá ao juiz, de ofício ou a requerimento da parte, determinar as provas necessárias ao julgamento do mérito*" - artigo 370, *caput*, do Código de Processo Civil.

A doutrina aponta exceções à verdade real, como no caso de absolvição transitada em julgado, ainda que venham a surgir novas provas em desfavor do agente, já que a chamada revisão criminal é recurso exclusivo da defesa – artigo 623 do CPP. A omissão ou desídia do querelante podem ensejar a perempção, extinguindo-se a punibilidade – artigo 60, incisos I e III do CPP, impedindo o juiz de julgar o mérito do fato. As medidas de cunho despenalizador da Lei n.º 9.099/95 – Juizados Especiais Criminais, dentre elas a transação penal (art. 76) e a suspensão condicional do processo (art. 89) também são apontadas como mitigadoras da busca da verdade real, dando lugar em casos tais à prevalência da vontade convergente das partes, a chamada verdade consensuada. (BARROS, 2002. p. 43)

Também há exceção ao princípio da verdade real em razão do momento da produção da prova. Nesse sentido, é vedado exibir prova no plenário do Júri que não tenha sido comunicada à parte contrária com antecedência mínima de 3 dias úteis - art. 479, *caput*, do CPP.

Com este fundamento legal, o Juiz presidente da Vara do Tribunal do Júri da comarca de Guarapuava/PR, proibiu à defesa do professor Luis Felipe Manvalier, acusado de matar a esposa Tatiane Spitzner, a utilização em plenário de imagens de câmeras de monitoramento do Edifício Golden Garden, ao argumento de que o vídeo não estava juntado aos autos e, portanto, não poderia ser ali exibido, o que levou ao abandono do julgamento pela defesa, com a consequente dissolução do conselho de sentença e a designação de nova data para julgamento (disponível em https://istoe.com.br/juri-do-caso-tatiane-spitzner-e-adiado-pela-terceira-vez-no-parana/). Acesso aos 14/2/2023.

Tal prova, na concepção do Juiz, fora considerada **ilegítima**, pois que naquela ocasião seria produzida com inobservância à regra processual em comento.

Legalidade: Não cabem poderes discricionários às autoridades encarregadas da persecução criminal, ou seja, não lhes é dado apreciar a conveniência ou oportunidade da instauração do inquérito policial ou da ação penal. Dessarte, o Delegado de Polícia, nos crimes de ação penal pública incondicionada e condicionada, quando presente a condição de procedibilidade, é obrigado a proceder ao apuratório ou à lavratura do termo circunstanciado de ocorrência, nas infrações penais de menor potencial ofensivo, ao passo que o órgão do Ministério Público é obrigado a apresentar a respectiva denúncia, desde que se verifique fato aparentemente delituoso, além de elementos razoáveis de autoria e materialidade. Ainda por força deste princípio, o pedido de arquivamento do membro do *Parquet* deve ser sempre fundamentado, pois este, possuindo como regra o dever de denunciar, já que age para defender a sociedade (*in dubio pro societate*), precisa justificar porque não está propondo a inicial acusatória.

Obviamente, nos crimes de ação penal privada, ocorre situação diversa: à vítima compete decidir, por pura conveniência e oportunidade, se deseja propor ou não a ação penal, oferecendo queixa.

Persiste, por ora, a necessidade de homologação do pedido de arquivamento pelo Juiz, em face de medida cautelar deferida pelo relator das ADIs 6.298, 6.299 e 6.300, Ministro Luiz Fux, que suspendeu a eficácia da alteração deste procedimento – art. 28 do CPP, de forma que, caso o magistrado dele discorde, deverá remeter os autos ao Chefe do Ministério Público, no caso do Ministério Público estadual o Procurador-Geral de Justiça.

Oficialidade: a persecução criminal, por seu caráter eminentemente público, deve ter à frente órgãos públicos, quais sejam a autoridade policial, em relação ao inquérito e termo circunstanciado de ocorrência, e o Ministério Público, em relação à ação penal pública. Tal princípio não se aplica, por óbvio, à ação penal privada. Note-se que há mitigação a este princípio na hipótese de omissão do *Parquet* em crimes de ação pública – art. 29 do CPP, caso em que o ofendido poderá propor queixa, dando início, se esta for recebida, à ação penal privada subsidiária da pública.

Oficiosidade: Para o início da persecução penal, os órgãos estatais dela encarregados não precisam aguardar a provocação de quem quer que seja, devendo agir *ex officio*, o que não se aplica aos casos de ação penal privada e de ação penal pública condicionada à representação do ofendido.

Autoritariedade: os órgãos responsáveis pela investigação e propositura da ação penal devem ser autoridades públicas, Delegado de Polícia e Membro do Ministério Público, respectivamente. À ação penal privada não se aplica este princípio, pois quem deve ajuizar a queixa é o ofendido.

Nemo tenetur se detegere: O inciso LXIII do art. 5º da Constituição Federal estabelece: "*o preso será informado de seus direitos, entre os quais o de permanecer calado, sendo-lhe assegurada a assistência da família e de advogado;*". Uma das várias garantias do preso é a de permanecer silente, de modo a não ser obrigado a produzir prova contra si mesmo. O princípio *nemo tenetur se detegere* acha-se igualmente previsto no Pacto Internacional dos Direitos Civis e Políticos (art. 14.3, g) e na Convenção Americana sobre Direitos Humanos (art. 8º, §2º, *g*).

O princípio em questão visa resguardar o indivíduo contra eventuais excessos do Estado, na persecução criminal, proibindo-se a utilização de quaisquer medidas de intimidação ou coerção ao investigado, tendentes à obtenção de confissão ou mesmo colaboração em atos instrutórios que possam levar contribuir com a sua condenação.

Embora o dispositivo constitucional fale em *preso*, a melhor interpretação é a de que referido princípio protege não apenas aquele que se acha privado de sua liberdade, mas também todo e qualquer solto, seja suspeito, indiciado ou acusado.

Aponta-se também como corolário do *nemo tenetur se detegere* a não exigibilidade de o acusado dizer a verdade, tolerando-se a mentira, porquanto dela não lhe pode advir nenhum prejuízo, exceto quanto às chamadas mentiras agressivas, que ocorrem quando o acusado imputa falsamente a outrem crime, infração ético-disciplinar ou ato ímprobo de que o sabe inocente e, com isso, dá causa à instauração de inquérito policial, de procedimento investigatório criminal, de processo judicial, de processo administrativo disciplinar, de inquérito civil ou de ação de improbidade administrativa, caso em que poderá responder pelo crime de denunciação caluniosa – art. 339 do Código Penal, com a redação dada pela Lei n.º 14/110/2020.

Outra garantia de qualquer acusado, ainda por força do *nemo tenetur*, é o direito de não praticar qualquer comportamento ativo tendente a incriminá-lo, a exemplo do fornecimento de padrões vocais necessários a exame pericial de verificação do interlocutor, bem assim fornecer material para exame grafotécnico.

Indisponibilidade: Há disposição expressa no Código de Processo Penal – art. 17, no sentido de que a autoridade policial, uma vez instaurado o inquérito, não pode determinar seu arquivamento. Obviamente, nem toda lavratura de boletim de ocorrência policial levará à instauração de inquérito, pois além de verificar se há infração penal em tese, cabe ao delegado de polícia checar, em caráter preliminar, a procedência das informações, a teor do disposto no § 3º do art. 5º do CPP: "*§ 3º Qualquer pessoa do povo que tiver conhecimento da existência de infração penal em que caiba ação pública poderá, verbalmente ou por escrito, comunicá-la à autoridade policial, e esta, **verificada a procedência das informações**, mandará instaurar inquérito.*" Tal procedimento de apuração preliminar, que a própria lei consagra, visa estabelecer verdadeiro filtro contra investigações temerárias e decorrentes violações ao *status dignitatis*.

Com relação ao Ministério Público, por força da indisponibilidade, não pode desistir da ação penal pública – art. 42, nem do recurso interposto - art. 576, ambos do CPP. Quanto a este, é certo que, em caso de os autos da ação penal serem remetidos ao substituto legal daquele membro que recorreu, para oferecimento das razões recursais, o membro que vier a suceder não poderá voltar atrás e abrir mão da peça recursal.

Publicidade: Tamanha a importância deste princípio, considerando que permite o controle popular em relação à atuação do Judiciário, que encontra vasta fundamentação constitucional e legal, bem como de normas internacionais. Senão vejamos:

Constituição Federal:

> "Art. 5º, inciso LX: *a lei só poderá restringir a publicidade dos atos processuais quando a defesa da intimidade ou o interesse social o exigirem;*"
> "Art. 93, IX: *todos os julgamentos dos órgãos do Poder Judiciário serão públicos, e fundamentadas todas as decisões, sob pena de nulidade, podendo a lei limitar a presença, em determinados atos, às próprias partes e a seus advogados, ou somente a estes, em casos nos quais a preservação do direito à intimidade do interessado no sigilo não prejudique o interesse público à informação;*"

Por seu turno, a Convenção Americana sobre Direitos Humanos, de 1969, estabelece em seu art. 8º, item 5:

> "*5. O processo penal deve ser público, salvo no que for necessário para preservar os interesses da justiça.*"

A Declaração Universal dos Direitos Humanos (1948), artigo 11, item 1, reforça:

> "*Artigo 11. 1. Todo ser humano acusado de um ato delituoso tem o direito de ser presumido inocente até que a sua culpabilidade tenha sido provada de acordo com a lei, em julgamento público no qual lhe tenham sido asseguradas todas as garantias necessárias à sua defesa.*"

Voltando às normas internas, nota-se que a publicidade dos atos processuais é tratada como regra, o que se infere do *caput* do art. 792 do CPP:

> "Art. 792. *As audiências, sessões e os atos processuais serão, em regra, públicos e se realizarão nas sedes dos juízos e tribunais, com assistência dos escrivães, do secretário, do oficial de justiça que servir de porteiro, em dia e hora certos, ou previamente designados.*"

Visível a preocupação do legislador em traçar um formato de processo transparente e público como regra, restringindo as hipóteses de sigilo às situações que se mostrarem absolutamente necessárias à garantia da intimidade e do interesse social, como se verá adiante.

Evidentemente, em casos tais de sigilo tal restrição é oponível somente a terceiros estranhos ao processo, jamais ao sujeitos processuais que nele devem atuar, não existindo, pois, uma vedação total, sendo certo que em todas as suas fases a ação penal contará com a participação do Juiz, das partes e de seus procuradores, com o que se fala em publicidade restrita ou interna.

Exemplo típico de restrição à publicidade é a audiência de instrução e julgamento em casos de crimes contra a dignidade sexual, aliás, há disposição expressa nesse sentido no Código Penal: "*Art. 234-B. Os processos em que se apuram crimes definidos neste Título correrão em segredo de justiça.*" Como se sabe, a princípio, as audiências criminais são franqueadas ao público em geral, porém, no caso em comento, há risco evidente à privacidade dos envolvidos, não sendo razoável sequer cogitar de submeter a vítima a mais constrangimentos além dos que já passou.

Outro exemplo se pode cogitar no plenário de júri, quando de um lado presentes familiares da vítima a demonstrar revolta e inconformismo e, de outro, réu e seus parentes denotando animosidade, situação que se amolda aos termos do § 1º do art. 792 do CPP: "*§ 1º Se da publicidade da audiência, da sessão ou do ato processual, puder resultar escândalo, inconveniente grave ou perigo de perturbação da ordem, o juiz, ou o tribunal, câmara, ou turma, poderá, de ofício ou a requerimento da parte ou do Ministério Público, determinar que o ato seja realizado a portas fechadas, limitando o número de pessoas que possam estar presentes.*"

Também há que ressaltar a regra trazida pelo artigo 217 do CPP, que visa resguardar não só o ofendido mas também a própria instrução criminal: "*Art. 217. Se o juiz verificar que a presença do réu poderá causar humilhação, temor, ou sério constrangimento à testemunha ou ao ofendido, de modo que prejudique a verdade do depoimento, fará a inquirição por videoconferência e, somente na impossibilidade dessa forma, determinará a retirada do réu, prosseguindo na inquirição, com a presença do seu defensor.*" Quando for este o caso, o Juízo pode determinar a retirada do acusado do recinto por ocasião da inquirição de testemunhas, sendo certo que imprescindível fazer constar do termo de audiência tal deliberação, que há de ser motivada, bem assim resguardando-se, a todo tempo, a presença do defensor.

Interessante regra que visa resguardar a imagem e privacidade do preso foi trazida pelo chamado pacote anticrime:

> *"Art. 3º-F. O juiz das garantias deverá assegurar o cumprimento das regras para o tratamento dos presos, impedindo o acordo ou ajuste de qualquer autoridade com órgãos da imprensa para explorar a imagem da pessoa submetida à prisão, sob pena de responsabilidade civil, administrativa e penal.*
> *Parágrafo único. Por meio de regulamento, as autoridades deverão disciplinar, em 180 (cento e oitenta) dias, o modo pelo qual as informações sobre a realização da prisão e a identidade do preso serão, de modo padronizado e respeitada a programação normativa aludida no caput deste artigo, transmitidas à imprensa, assegurados a efetividade da persecução penal, o direito à informação e a dignidade da pessoa submetida à prisão."* (Artigo acrescido pela Lei n.º 13.964/19)

Como se sabe, porém, tal alteração legal, como de resto todos os consectários da implantação do juiz das garantias, acha-se suspensa por decisão cautelar do Ministro Fux nas ADIs 6.298, 6.299 e 6.300.

Contraditório: Encontra supedâneo na Constituição Federal – art. 5º, inciso LV: "*aos litigantes, em processo judicial ou administrativo, e aos acusados em geral são assegurados o contraditório e ampla defesa, com os meios e recursos a ela inerentes;*" Significa dizer que o réu tem o direito de conhecer a acusação que se lhe imputa para poder contrariá-la, bem assim as provas que contra si forem produzidas, evitando, assim, possa vir a ser condenado sem ser ouvido *(audiatur et altera pars)*. O art. 261 do CPP determina que: "*nenhum acusado, ainda que ausente ou foragido, será processado ou julgado sem defensor*". O contraditório é um princípio típico do processo acusatório, inexistindo no inquisitivo.

A toda evidência, de nada adiantaria ter, em relação à ação penal, pleno conhecimento de seu conteúdo sem que oportunizados meios de manifestação tendentes a contrariar as pretensões desfavoráveis. Lado outro, pouco adianta ensejar a manifestação no processo sem prévia e integral ciência do que ocorre dentro dele. Tais aspectos são obviamente inseparáveis.

O contraditório apresenta uma característica peculiar que lhe diferencia da ampla defesa, já que resguarda tanto a acusação quanto o polo defensivo, falando-se então em paridade de armas de modo a garantir aos dois lados a mesma oportunidade de reação no decorrer do procedimento.

Iniciativa das partes (*ne procedat judex ex officio*): O juiz não pode dar início ao processo sem a provocação da parte, competindo ao Ministério Público, representante do Estado-Administração, promover privativamente a ação penal pública - art. 129, I, da CF e art. 24 do CPP, e ao ofendido ou seu representante legal deduzir a ação penal privada – arts. 29 e 30 do CPP.

Ne eat judex ultra petita partium: o juiz está adstrito a pronunciar-se sobre aquilo que lhe foi requerido, sendo certo que a extensão do provimento jurisdicional está vinculada aos fatos que foram submetidos a sua apreciação, competindo ao magistrado conhecer o direito, bastando às partes narrarem-lhe o fato (*narra mihi factum dabo tibi jus*). Assim, nenhum acusado se defende dessa ou daquela capitulação legal, mas, em verdade, dos fatos como apontados na denúncia ou queixa.

Como decorrência disso, se o Promotor de Justiça, por exemplo, descreve na inicial acusatória um crime de receptação culposa, com todos os seus elementos subjetivos, inclusive, mas, ao classificar a infração, aponta-a como dolosa, pode perfeitamente o juiz proferir condenação pela modalidade culposa, procedendo à chamada *emendatio libelli*, na conformidade do art. 383, *caput*, do CPP. O magistrado, em tal hipótese, nada julgou além do que lhe fora pedido. Se o membro do Ministério Público, por outro lado, na denúncia, imputa ao acusado crime de furto simples e, no curso da audiência de instrução e julgamento, percebe-se elementos probatórios a indicar a ocorrência da qualificadora do concurso de duas ou mais pessoas, não pode o juiz proferir condenação incluindo tal majorante, que não fora pedida. Nesta situação, deve o Ministério Público agir nos termos do art. 384 do CPP – *mutatio libelli*, procedendo ao aditamento da denúncia em relação à citada qualificadora e inclusão de corréu, oportunizando o Juízo ao defensor do acusado a necessária ampla defesa e contraditório, a teor do § 2º do art. 384 do CPP. Em ambas as hipóteses, observados os preceitos legais acima, não há que falar em julgamento *ultra petita*.

Devido processo legal: Significa garantir à pessoa o direito de não ser privada de sua liberdade e de seus bens, sem a garantia de um processo desenvolvido na forma estabelecida na lei (*due process of law* - art. 5.º, inciso LIV, da Constituição Federal). Há de ser observado não somente em processos judiciais, civis e criminais, mas também em procedimentos administrativos, inclusive militares.

Inadmissibilidade das provas obtidas por meios ilícitos: são inadmissíveis, no processo, as provas obtidas por meios ilícitos - art. 5.°, inciso LVI, da CF, como, por exemplo, a busca e apreensão ao arrepio da lei, confissão obtida mediante tortura, interceptação telefônica sem autorização judicial, cartas particulares interceptadas por meios criminosos (art. 233 do CPP), etc.

O próprio CPP, com a reforma de 2008, atento à teoria dos frutos da árvore envenenada, oriunda do direito norte-americano, estendeu a proibição também para as chamadas provas ilícitas por derivação, o que fez nestes termos:

> *"Art. 157. São inadmissíveis, devendo ser desentranhadas do processo, as provas ilícitas, assim entendidas as obtidas em violação a normas constitucionais ou legais.*
> *§ 1° São também inadmissíveis as provas derivadas das ilícitas, salvo quando não evidenciado o nexo de causalidade entre umas e outras, ou quando as derivadas puderem ser obtidas por uma fonte independente das primeiras.*
> *§ 2° Considera-se fonte independente aquela que por si só, seguindo os trâmites típicos e de praxe, próprios da investigação ou instrução criminal, seria capaz de conduzir ao fato objeto da prova."* (redação dada pela Lei n.° 11.690/2008)

Assim, toda prova produzida em consequência de uma descoberta obtida por meios ilícitos está igualmente contaminada pela ilicitude, devendo ser descartada, já que se considera ilícita por derivação. Exemplo disso é a hipótese de confissão obtida por tortura, pela qual chega-se a informações que embasam um pedido de busca e apreensão feito pela autoridade policial, que acaba sendo deferido pelo juiz, vindo aquela a apreender, em cumprimento a este mandado, produtos de receptação.

Há que ressalvar, entretanto, a possibilidade de utilização das provas derivadas das ilícitas nas situações apontadas na parte final do § 1° acima transcrito - "*salvo quando não evidenciado o nexo de causalidade entre umas e outras, ou quando as derivadas puderem ser obtidas por uma fonte independente das primeiras.*"

Estado de inocência: encontra suporte normativo no art. 5.°, inciso LVII, da CF: "*ninguém será considerado culpado até o trânsito em julgado da sentença penal condenatória.*"

Também se acha previsto na Convenção Americana sobre Direitos Humanos (art. 8°, item 2), celebrada em São José da Costa Rica, em 22 de novembro de 1969: "*Toda pessoa acusada de delito tem direito a que se presuma sua inocência enquanto não se comprove legalmente sua culpa.*"

Não resta dúvida que este é um dos princípios basilares do processo penal, o que não impede as divergências doutrinárias e jurisprudenciais acerca do seu alcance e interpretação. Basta ver, ao longo do tempo, as diversas decisões do próprio Supremo Tribunal Federal, quase sempre em apertada maioria, mudando a compreensão sobre a possibilidade ou não de execução provisória da pena.

Adverte RENATO BRASILEIRO, citando Cesare Beccaria, em sua obra *Dos delitos e das penas*, que "*um homem não pode ser chamado réu antes da sentença do juiz, e a sociedade só lhe pode retirar a proteção pública após ter decidido que ele violou os pactos por meio dos quais ela lhe foi outorgada.*" (LIMA, 2021, p. 45).

Tal qual a presunção de boa-fé favorece os cidadãos na esfera cível, com muito mais razão a presunção de inocência protege os jurisdicionados na esfera processual penal. É um princípio que encontra fundamento político, fruto de evolução da sociedade que se preocupa com a eventual condenação de inocentes.

Em interpretação gramatical ou literal da Constituição Federal, tal axioma seria de tal maneira amplo que por vezes o Supremo Tribunal Federal houve por bem minimizar seu alcance, permitindo a execução provisória da pena.

Atualmente, porém, por força de decisão tomada pelo plenário do STF nas ações declaratórias de constitucionalidade 43, 44 e 54 – novembro de 2019, por 6 votos a 5, contrariando entendimento anterior firmado pelo próprio tribunal (HC 126.292/SP), tem-se como inconstitucional a execução provisória da pena privativa de liberdade ao argumento da vulneração ao princípio ora estudado.

No atual cenário, a restrição à liberdade do acusado antes da sentença definitiva só pode ser admitida a título de medida cautelar, nas hipóteses estabelecidas na lei processual.

Favor rei: A dúvida deve sempre militar em favor do acusado (*in dubio pro reo*). Ao ponderar o direito de punir do Estado e o *status libertatis* do imputado, na dúvida, o juiz deve orientar-se pela prevalência deste último. Tal princípio acaba por mitigar a isonomia entre as partes, o que se justifica em face do direito à liberdade envolvido, bem assim dos riscos advindos de eventual condenação por erro judicial. À luz desse princípio, o inciso VII do art. 386 do CPP estabelece como hipótese de absolvição do réu a ausência de provas suficientes a corroborar a imputação formulada pela acusação, exemplo típico de princípio geral de direito que se tornou lei.

Outro corolário do *favor rei*, por vezes esquecido, é o fato de que somente a defesa possui certos recursos, a exemplo da revisão criminal – art. 621 do CPP, e dos embargos infringentes – art. 609, § único, do CPP.

Identidade física do juiz: Significa vincular o juiz aos processos cuja instrução acompanhou, tendo passado a vigorar no processo penal a partir da Lei n. 11.719/08, que deu nova redação ao art. 399, § 2º, do CPP: "§ 2º *O juiz que presidiu a instrução deverá proferir a sentença*". Antes desta alteração legal, podia ser exemplificado em relação ao plenário do júri, em que os mesmos jurados que participassem da produção da prova oral e assistissem aos debates deveriam necessariamente julgar os fatos. Tal princípio pretende privilegiar o contato do magistrado com as provas, especialmente as produzidas oralmente.

JULGADOS/JURISPRUDÊNCIA CORRELATA

STJ:

RECURSO ORDINÁRIO EM HABEAS CORPUS SUBSTITUTIVO. TRIBUNAL DO JÚRI. INICIATIVA INSTRUTÓRIA DO JUIZ NO PROCESSO PENAL. ARTS. 209 E 497, XI, AMBOS DO CPP. SISTEMA ACUSATÓRIO. COMPATIBILIDADE. LIMITES. PODER RESIDUAL. RECURSO NÃO PROVIDO. ***A estrutura acusatória do processo penal pátrio impede que se sobreponham em um mesmo sujeito processual as funções de defender, acusar e julgar, mas não elimina, dada a natureza publicista do processo, a possibilidade de o juiz determinar, mediante fundamentação e sob contraditório, a realização de diligências ou a produção de meios de prova para a melhor reconstrução histórica dos fatos, desde que assim proceda de modo residual e complementar às partes e com o cuidado de preservar sua imparcialidade.*** *Não fora assim, restaria ao juiz, a quem se outorga o poder soberano de dizer o direito, lavar as mãos e reconhecer sua incapacidade de outorgar, com justeza e justiça, a tutela jurisdicional postulada, seja para condenar, seja para absolver o acusado. Uma postura de tal jaez ilidiria o compromisso judicial com a verdade e com a justiça, sujeitando-o, sem qualquer reserva, ao resultado da atividade instrutória das partes, nem sempre suficiente para esclarecer, satisfatoriamente, os fatos sobre os quais se assenta a pretensão punitiva. O uso, pelo magistrado, de seus poderes instrutórios, presentes em inúmeros dispositivos do Código de Processo Penal, não autoriza, porém, posturas de vanguarda ou* *de protagonismo judicial. 4. Entretanto, **sob uma ótica que busca a realização do processo justo e tendo em vista as peculiaridades do Tribunal do Júri, em que o juiz presidente apenas prepara e regula a realização do julgamento pelos juízes populares, deve ser prestigiada a atividade probatória deflagrada pelo Juiz que determina, de ofício, a oitiva em plenário de testemunhas arroladas extemporaneamente na fase do art. 422 do CPP, mas já ouvidas em juízo na primeira fase do procedimento escalonado do Tribunal do Júri, porque de forma residual e em consonância com os arts. 209 e 497, XI, ambos do CPP, para a correta compreensão de importantes fatos relatados durante a produção da prova oral.*** (RHC 87.764/DF, Rel. Ministro SEBASTIÃO REIS JÚNIOR, Rel. p/ Acórdão Ministro ROGERIO SCHIETTI CRUZ, 6ª TURMA, julgado aos 03/10/2017, DJe 06/11/2017)

*PENAL E PROCESSO PENAL. AGRAVO REGIMENTAL NO AGRAVO REGIMENTAL NO AGRAVO EM RECURSO ESPECIAL. **TESTEMUNHA ARROLADA A DESTEMPO PELA ACUSAÇÃO. NULIDADE. PREJUÍZO NÃO DEMONSTRADO.** TESTEMUNHA DO JUÍZO. **BUSCA DA VERDADE REAL. ART. 209 DO CPP. POSSIBILIDADE.** AGRAVO REGIMENTAL DESPROVIDO. 1. Consoante o princípio 'pas de nullité sans grief', evidenciado no art. 563 do CPP ("nenhum ato será declarado nulo, se da nulidade não resultar prejuízo para a acusação ou para a defesa"), não há que se falar em declaração de nulidade de ato processual, se dele não resultou qualquer prejuízo concreto para a defesa do recorrente. 2. "**Nos termos do art. 209 do Código de Processo Penal, não configura nulidade a oitiva de testemunha indicada extemporaneamente pela acusação, como testemunha do Juízo*** [...]" (HC n. 95.319, Primeira Turma, Rel. Min. Dias Toffoli, DJe de 18/2/2011) .[...] (AgRg no AgRg no AREsp 898.269/RS, Rel. Ministro RIBEIRO DANTAS, 5ª TURMA, julgado aos 12/12/2017, DJe 19/12/2017)

A falta de elementos de convicção que demonstrem ligação do acusado com o fato delituoso pode gerar, no julgador, dúvida acerca do nexo causal. Assim, deve ser invocado o princípio do 'in dubio pro reo', devendo o fato ser resolvido em favor do imputado, uma vez que a culpa penal deve restar plenamente comprovada, em razão da presunção de inocência. Isso porque, a garantia da liberdade deve prevalecer sobre a pretensão punitiva do Estado, princípio este que está implícito no inciso VII do art. 386 do Código de Processo Penal. [...] (REsp 1657576/PR, Rel. Ministro JOEL ILAN PACIORNIK, 5ª TURMA, julgado aos 20/6/2017, DJe 30/6/2017)

A aplicação da máxima in dubio pro reo é decorrência lógica dos princípios da reserva legal e da presunção de não culpabilidade e, como tal, exige juízo de certeza para a prolação do juízo condenatório, sendo que qualquer dúvida acerca da materialidade e autoria delitivas resolvem-se a favor do acusado. [...] (AgRg no AREsp 63.199/MG, Rel.

Ministro MARCO AURÉLIO BELLIZZE, 5ª TURMA, julgado aos 27/8/2013, DJe 03/9/2013)

"A jurisprudência desta Corte é no sentido de que o princípio da identidade física do juiz não possui caráter absoluto, devendo, em sua aplicação, ser conjugado com outros princípios do ordenamento jurídico, como, por exemplo, o princípio 'pas de nullité sans grief'. Destarte, se não ficar caracterizado nenhum prejuízo às partes, sobretudo no pertinente aos princípios do contraditório e da ampla defesa, não é viável reconhecer-se a nulidade da decisão por ter sido prolatada por julgador que não presidiu a instrução do feito" (HC 331.662/MG, 5ª Turma, Rel. Min. Ribeiro Dantas, julgado aos 15/12/2016, DJe 01/2/2017)

Súmula 639: *Não fere o contraditório e o devido processo decisão que, sem ouvida prévia da defesa, determine transferência ou permanência de custodiado em estabelecimento penitenciário federal.*

STF:

Informativo 923: *A regra que prevê o crime do art. 305 do Código de Trânsito Brasileiro (CTB) é constitucional, posto não infirmar o princípio da não incriminação, garantido o direito ao silêncio e ressalvadas as hipóteses de exclusão da tipicidade e da antijuridicidade.* Plenário. RE 971.959/RS, Rel. Min. Luiz Fux, julgado aos 14/11/2018 (repercussão geral).

A ampla defesa, prevista no artigo 5º, inciso LV, da Constituição Federal, é a simbiose entre a defesa técnica e a autodefesa do acusado. A primeira surge indeclinável, considerado o artigo 8º, item 2, alínea 'e', do Pacto de São José da Costa Rica, segundo o qual o réu possui 'direito irrenunciável de ser assistido por um defensor proporcionado pelo Estado, remunerado ou não, segundo a legislação interna, se [...] não se defender ele próprio nem nomear defensor dentro do prazo estabelecido pela lei'. ***Não assegurar ao acusado a defesa técnica mostra-se causa de nulidade absoluta do processo, consubstanciando prejuízo ínsito e insanável****, conforme revela o Código de Processo Penal no artigo 564, inciso III, alínea 'c', combinado com o 572, cabeça, em sentido contrário, porquanto, ao anunciar* ***os vícios sanáveis, não alude à ausência de defesa técnica****. O Supremo possui entendimento sumulado nesse sentido - verbete nº 523* [...] (RE 635145, Voto do Relator Ministro Marco Aurélio, Rel. p/ acórdão Ministro Luiz Fux, Tribunal Pleno, julgamento aos 1.8.2016, DJe de 13.9.2017, com repercussão geral - tema 613)

[...] *As partes poderão apresentar documentos em qualquer fase do processo, exigindo-se, contudo, que seja franqueado à parte contraposta manifestar-se sobre eles, o que ocorreu na espécie. Inteligência do art. 231 do Código de Processo Penal.* [...] (Agravo Regimental no Recurso Ordinário em Habeas Corpus nº 186.694/SP, STF, 1ª Turma, unânime,

Rel. Min. Rosa Weber, julgado em sessão virtual de 18.12.2020 a 5.2.2021, publicado no DJ aos 12.2.2021].

Súmula 523: *No processo penal, a falta da defesa constitui nulidade absoluta, mas a sua deficiência só o anulará se houver prova de prejuízo para o réu.*

+ EXERCÍCIOS DE FIXAÇÃO

01. (FCC – Juiz substituto – TJ/SE – 2015) – ADAPTADA – É correto afirmar que:

A) a defesa da intimidade não é motivo para restrição da publicidade dos atos processuais;

B) a garantia do juiz natural é contemplada, mas não só, na previsão de que ninguém será processado nem sentenciado senão pela autoridade competente;

C) a garantia da duração razoável e os meios que garantem a celeridade da tramitação aplicam-se exclusivamente ao processo judicial;

D) é reconhecida a instituição do júri, com a organização que lhe der a lei, assegurada a competência para o julgamento, exlusivamente, dos crimes dolosos contra a vida.

02. (FCC – Defensor Público Substituto – DPE-RS – 2014) Acerca dos princípios e garantias fundamentais aplicáveis ao processo penal, o princípio:

A) da ampla defesa assegura ao réu a indisponibilidade ao direito de defesa técnica, que pode ser exercida por defensor privado ou público. Entretanto, quando a defesa técnica for realizada por Defensor Público, será sempre exercida através de manifestação fundamentada.

B) do duplo grau de jurisdição, expressamente previsto na Constituição Federal, assegura a todos os acusados a revisão da sentença condenatória.

C) da presunção de inocência impõe um dever de tratamento ao réu, que deve ser considerado inocente durante a instrução do processo. Porém, após o advento de uma sentença condenatória e enquanto tramitar (em) o (os) recurso (s), esta presunção passa a ser de culpabilidade.

D) da publicidade, inserto no art. 93, IX, da Constituição Federal, estabelece que todos os julgamentos dos órgãos do Poder Judiciário serão públicos, não admitindo qualquer limitação por lei ordinária, a fim de que não prejudique o interesse público à informação.

E) *ne procedat judex ex officio* estabelece a inércia da jurisdição. Sendo assim, o Código de Processo Penal proíbe ao juiz determinar, de ofício, no curso da instrução, ou antes de proferir sentença, a realização de diligências para dirimir dúvida sobre ponto relevante.

» GABARITO

01.

A) Errada. A propria CF prevê a possibilidade de a intimidade restringir a publicidade dos atos processuais quando o sigilo não prejudicar o interesse público à informação (art. 93, IX, da CF).

B) **Correta**. A garantia do juiz natural não é apenas a previsão de que ninguém será processado e sentenciado senão pela autoridade competente (art. 5º, LIII, da CF). Na verdade, vai além, pois veda a criação de juízos ou tribunais de exceção (art. 5º, XXXVII, da CF).

C) Errada. A duração razoável e os meios a ela inerentes tem aplicação para além do processo judicial, abrangendo também o âmbito administrativo, para exemplificar.

D) Errada. Essa competência do júri não é exclusiva, é minima, podendo este órgão judicante processar e julgar crimes não dolosos contra a vida, mas que estejam em situação de conexão ou continência com estes.

02.

A) **Correta**. Basta proceder à leitura do art. 261 do CPP, ao afirmar que nenhum acusado, ainda que ausente ou foragido, será processado ou julgado sem Defensor. Prossegue o parágrafo único afirmando que a defesa técnica, quando realizada por defensor público ou dativo, será sempre exercida através de manifestação fundamentada.

B) Errada. Não há previsão expressa na CF a respeito do princípio do duplo grau de jurisdição.

C) Errada. Sentença condenatória não transitada em julgado não faz presumir a culpabilidade do réu, basta ver o art. 5º, LVII, da CF.

D) Errada. O art. 93, IX, da CF, admite que a lei possa limitar a publicidade. Veja: [...] *podendo a lei limitar a presença, em determinados atos* [...] *nos quais a preservação do direito à intimidade do interessado no sigilo não prejudique o interesse público à informação.*

E) Errada. O CPP admite que o juiz determine a realização de diligências, de ofício, para dirimir dúvida sobre ponto relevante (art. 156, II, do CPP).

3 APLICAÇÃO DA LEI PROCESSUAL PENAL NO TEMPO

Sabemos que, no Brasil, as leis mudam com bastante frequência, pelo que não rara a possibilidade de, começada a ação penal enquanto vigorava determinada norma, sobrevir alteração legal que discipline o rito de modo diverso, surgindo daí uma antinomia entre a norma antiga e a nova, conflito esse que o legislador buscou solucionar no art. 2º do CPP: "*Art. 2º A lei processual penal aplicar-se-á desde logo, sem prejuízo da validade dos atos realizados sob a vigência da lei anterior.*"

Desta norma decorrem 2 efeitos, a saber: a) os atos processuais realizados enquanto vigorava a lei anterior se consideram válidos; b) as novas normas processuais tem aplicabilidade imediata, regulando o desenrolar restante do processo.

É o que se chama de princípio do efeito imediato ou da aplicação imediata da lei processual penal (*tempus regit actum* - o tempo rege o ato). O fundamento disto é que a lei nova é, ao menos presumidamente, mais ágil, mais garantidora do direito das partes, mais adequada aos fins do processo, mais técnica.

Para os fins do Direito Processual Penal, não cabe indagar se a nova norma processual é favorável ou desfavorável ao acusado, em contraste com a anterior, podendo ser aplicada a fato criminoso ocorrido antes de sua vigência, estando a respectiva ação penal em andamento. A própria Constituição Federal, em seu art. 5º, inciso XL, informa que a **irretroatividade da lei mais severa refere-se apenas à lei penal**: "*XL - a lei penal não retroagirá, salvo para beneficiar o réu;*".

De fato, uma nova lei processual penal pode vir a causar maiores gravames para o autor/partícipe do delito quando, por exemplo, restringe o direito à liberdade provisória, exclui um recurso – como ocorrera com a Lei n.º 11.689/2008, que pôs fim ao protesto por novo júri, ou quando aumenta as hipóteses de prisão preventiva, etc. Mesmo assim, aplica-se sem dúvida o principio do efeito imediato previsto no art. 2º do CPP.

Outro dispositivo essencial da Carta Magna, no que se refere ao direito intertemporal, é o contido no mesmo art. 5º, inciso XXXVI: "*a lei não prejudicará o direito adquirido, o ato jurídico perfeito e a coisa julgada;*"

Em síntese, é certo que a lei processual penal brasileira é **irretroativa**, pois aplica-se a fatos processuais ocorridos durante a sua vigência. Toma-se em conta, para fins processuais, não a data da infração penal, mas a data da prática do ato processual, sendo certo que não há para o acusado direito adquirido de ser julgado pela norma processual vigente ao tempo da prática delitiva.

Em que pese o art. 2º do CPP não fazer diferenciação entre as normas de processo, os doutrinadores, secundados pela jurisprudência, dividem-nas em dois tipos:

a. **normas tipicamente processuais**: aquelas que versam tão somente sobre procedimentos, atos processuais. Em casos tais, não há controvérsia, aplicando-se-lhes o art. 2º do CPP – efeito imediato;
b. **normas mistas ou híbridas**: têm dúplice caráter, penal e processual penal. Vale lembrar: penais são as que tratam do crime, da sanção, dos efeitos da condenação, por exemplo; processuais penais são as que cuidam do rito, do início ao desfecho do processo, seja uma ação penal ou a execução da pena. Em tal situação, devem ser aplicados os princípios que regem a lei penal, de ultratividade e retroatividade da lei mais benigna, portanto, há que adotar solução favorável aos interesses do réu. Exemplo disto seria uma lei nova estabelecendo que determinado crime deixa de ser de ação privada ou pública condicionada, passando a ser de ação pública incondicionada, o que de fato se deu com a Lei n.º 13.718/2018, que estabeleceu para os crimes contra a liberdade sexual e os crimes sexuais contra vulnerável a ação pública incondicionada – dando nova redação ao art. 225 do Código Penal. Embora tal preceito tenha conteúdo processual, também engloba matéria penal, ligada ao *ius puniendi*, tanto que o tema é objeto do artigo 100 e seguintes do Código Penal, razão pela qual, neste caso, em relação aos delitos praticados antes de sua vigência, não pôde ser aplicada a lei nova mais severa que eventualmente impediria a extinção da punibilidade.

Tipos de Normas	Conteúdo	Direito intertemporal
Penais	Tratam do crime, da pena, dos efeitos da condenação, etc.	A lei nova é aplicável a infração penal cometida antes de sua vigência, desde que favorável ao réu (ultratividade e retroatividade da lei mais benigna).
Processuais penais	Tratam dos diversos procedimentos, disciplinam os atos processuais, etc.	A lei nova é aplicável de imediato aos inquéritos policiais e ações penais em andamento, pouco importando se benéfica ou maléfica ao investigado/réu.
Mistas	Ambos os conteúdos acima.	A lei nova é aplicável a infração penal cometida antes de sua vigência, desde que favorável ao réu (ultratividade e retroatividade da lei mais benigna).

Exceção ao princípio do efeito imediato é apontada pela doutrina em relação ao art. 3º da Lei de Introdução ao CPP: "*O prazo já iniciado, inclusive o estabelecido para a interposição de recurso, será regulado pela lei anterior, se esta não prescrever prazo menor do que o fixado no Código de Processo Penal*". Desta forma, a solução a adotar há de ser mais benéfica a quem couber a prática do ato processual, ou seja, se determinado prazo já estiver em andamento, inclusive recursal, manter-se-á o prazo da lei anterior se este for maior que o da novel lei.

Assim como ocorre com as demais leis, a nova lei processual penal normalmente dispõe sobre o início de sua vigência, entrando em vigor na data de sua publicação ou no dia seguinte à vacância, período compreendido entre a publicação e a entrada em vigor. O legislador por vezes opta pela chamada *vacatio legis* quando vislumbra necessidade de um prazo para que todos possam ter amplo conhecimento das novas normas.

Se a lei for omissa quanto a sua vigência, entrará em vigor em 45 dias após sua publicação, nos termos da Lei de Introdução às Normas do Direito Brasileiro, art. 1º.

Chama-se revogação o término da vigência formal da lei, caso em que a norma processual penal passa a não mais integrar o ordenamento jurídico, o que pode dar-se de modo expresso, quando a nova lei é categórica ao afastar a lei anterior, ou tácito, quando é evidente a incompatibilidade da lei mais moderna com a anterior.

No que respeita à abrangência da revogação, chama-se derrogação a revogacão parcial, ao passo que ab-rogação a total.

Hipóteses de revogação das normas

Expressa	a nova lei afasta a anterior categoricamente
Tácita	a nova lei é incompatível com a anterior, disciplinando a matéria de modo diverso
Parcial	chama-se derrogação
Total	chama-se ab-rogação

JULGADOS/JURISPRUDÊNCIA CORRELATA

STJ:

Informativo 509: ***Direito penal e processual penal. Natureza da ação penal. Norma processual penal material. A norma que altera a natureza da ação penal não retroage, salvo para beneficiar o réu.*** *A norma que dispõe sobre a classificação da ação penal influencia decisivamente o jus puniendi, pois interfere nas causas de extinção da punibilidade, como a decadência e a renúncia ao direito de queixa, portanto tem efeito material. Assim, a lei que possui normas de natureza híbrida (penal e processual) não tem pronta aplicabilidade nos moldes do art. 2º do CPP, vigorando a irretroatividade da lei, salvo para beneficiar o réu, conforme dispõem os arts. 5º, XL, da CF e 2º, § único, do CP.* Precedente citado: HC 37.544-RJ, DJ 5/11/2007, HC 182.714/RJ, Rel. Min. Maria Thereza de Assis Moura, julgado aos 19/11/2012.

[...] *CRIME DE* ***ESTELIONATO. RETROATIVIDADE DO ART. 171, § 5º, DO CÓDIGO PENAL, ACRESCENTADO PELA LEI N.º 13.964/19. INCOERÊNCIA. DENÚNCIA OFERECIDA ANTES DA VIGÊNCIA DA LEI NOVA. ENTENDIMENTO DA QUINTA TURMA DO STJ E DA PRIMEIRA TURMA DO STF.*** *1. Como é de conhecimento, a Quinta Turma do STJ firmou jurisprudência no sentido de que a retroatividade da representação da vítima no crime de estelionato não alcança aqueles processos cuja denúncia já foi oferecida. Na hipótese, a denúncia foi oferecida antes das alterações promovidas pela Lei n. 13.964/19, conhecida como "Pacote Anticrime". 2. No mesmo sentido, a Primeira Turma do Supremo Tribunal Federal, no julgamento do HC n. 187.341, da relatoria do E. Ministro ALEXANDRE DE MORAES, decidiu, por unanimidade de votos, que é inaplicável a retroatividade do § 5º do art. 171 do Código Penal às hipóteses em que o Ministério Público tiver oferecido a denúncia antes da entrada em vigor da Lei n. 13.964/2019.*[...] (Recurso em Habeas Corpus nº 139.715/SP, STJ, 5ª Turma, unânime, Rel. Min. Reynaldo Soares da Fonseca, julgado aos 2.2.2021, publicado no DJ aos 4.2.2021).

STF:

O interrogatório do paciente ocorreu em data anterior à publicação da Lei 11.719/2008, o que, pela aplicação do princípio do ***tempus regit actum****, exclui a obrigatoriedade de renovação do ato validamente praticado sob a vigência de lei anterior.* HC 104555, Rel. Min. Ricardo Lewandowski, 28/9/10, 1º T.

+ EXERCÍCIOS DE FIXAÇÃO

01. (UFMT – Defensor Público Substituto – DPE/MT – 2016) Quanto à eficácia temporal, a lei processual penal:

A) aplica-se somente a fatos criminosos ocorridos após a sua vigência.
B) tem aplicação imediata, sem prejuízo da validade dos atos já realizados.
C) vigora desde logo, tendo sempre efeito retroativo.
D) tem aplicação imediata nos processos ainda não instruídos.
E) não tem aplicação imediata, salvo para beneficiar o acusado.

02. (Delegado/SC) Quanto à eficácia da lei processual no tempo, assinale a alternativa correta:

A) A lei processual penal nova aplica-se retroativamente ao processo iniciado sob a égide de lei processual anterior, devendo ser retificados todos os atos com ela incompatíveis, realizados sob a vigência daquela.
B) A lei processual nova aplica-se ao processo em andamento, ainda que o fato que motivou a ação penal (crime ou contravenção) tenha sido cometido antes de sua entrada em vigor e mesmo que sua aplicação se dê em prejuízo do agente.
C) A lei processual penal revogada mais benéfica ao agente tem extra-atividade; é aplicável aos processos iniciados sob sua égide.
D) A lei processual revogada mais benéfica ao agente tem extra-atividade quando o fato que originou a ação tenha sido praticado sob sua égide.

» GABARITO

01.

A) Errada. Aplica-se também a fatos ocorridos antes de sua vigência.

B) **Correta**. Os atos processuais anteriores, praticados na forma da lei, não tem de ser refeitos.

C) Errada. A lei processual penal pátria é irretroativa.

D) Errada. Também tem aplicação imediata nos feitos já instruídos.

E) Errada.

02.

A) Errada. Não tem que ser feita retificação de nenhum ato processual validamente praticado na vigência da lei anterior.

B) **Correta**. Nenhum reparo a ser feito na assertiva.

C) Errada. A lei processual penal revogada mais benéfica não tem extra-atividade, deixará de ser aplicada de imediato aos processos em andamento.

D) Errada. Não há essa extra-atividade, o réu não tem direito subjetivo de ser julgado pela lei processual penal vigente ao tempo da prática delitiva.

4 APLICAÇÃO DA LEI PROCESSUAL PENAL NO ESPAÇO

A aplicação da lei processual penal brasileira é regida, regra geral, pelo princípio da territorialidade (*locus regit actum*), matéria esta prevista no art. 1º do CPP, por força do qual a lei processual penal pátria aplica-se a toda e qualquer infração penal ocorrida em território nacional, o mesmo ocorrendo em relação ao Direito Penal – art. 5º do CP.

Tal princípio tem por escopo resguardar a soberania de nosso país, porquanto ilógico utilizar-se de ritos estrangeiros para a persecução penal de crimes havidos no território brasileiro. Tanto o Código de Processo Penal quanto a legislação processual penal extravagante são aqui aplicáveis.

Note-se que, em relação à lei penal brasileira, esta é aplicável nas hipóteses de extraterritorialidade previstas no art. 7º do Código Penal – crimes praticados fora do território nacional (extraterritorialidade condicionada e incondicionada). Tal não ocorre em relação à lei processual penal brasileira, que não possui extraterritorialidade, salvo se: a) ocorrido o crime nas chamadas "terras de ninguém", que não pertencem a nenhum país (território *nullius*). Em caso tal, não há jurisdição estrangeira neste território, por isso a lei processual penal brasileira pode ser aplicada; b) houver expressa autorização de Estado estrangeiro, que pode afastar a própria jurisdição se assim julgar conveniente, determinando que é a lei processual brasileira que lá deve ser aplicada, caso em que o Brasil poderá excepcionalmente extravasar a área de aplicação da lei processual penal nacional; c) em situações de guerra, caso o Brasil invada um determinado território, ocupando-o.

O Código Penal, ao tratar do lugar do crime – art. 6º, adotou a teoria da ubiquidade ou mista: "*Art. 6º - Considera-se praticado o crime no lugar em que ocorreu a ação ou omissão, no todo ou em parte, bem como onde se produziu ou deveria produzir-se o resultado.*"

Por extensão (art. 5º, § 1º, do CP), "*Para os efeitos penais, consideram-se como extensão do território nacional as embarcações e aeronaves brasileiras, de natureza pública ou a serviço do governo brasileiro onde quer que se encontrem, bem como as aeronaves e as embarcações brasileiras, mercantes ou de propriedade privada, que se achem, respectivamente, no espaço aéreo correspondente ou em alto-mar.*"

Em caráter excepcional, no entanto, o próprio CPP autoriza a incidência de outros diplomas legais, veja-se: "*Art. 1º O processo penal reger-se-á, em todo o território brasileiro, por este Código, ressalvados: I - os tratados, as convenções e regras de direito internacional;*"

Este inciso I traz verdadeira hipótese de exclusão da jurisdição pátria, conferindo prevalência a tratados, convenções e regras de direito internacional, ou seja, à ordem jurídica internacional, caso em que crimes aqui cometidos não serão julgados em território nacional, mas sim apreciados por tribunais estrangeiros e à luz das suas próprias regras processuais, como ocorre com a imunidade diplomática, estabelecida na Convenção de Viena, aprovada pelo Decreto Legislativo nº 103, do ano de 1964, e promulgada pelo Decreto nº 56.435, de 08/06/1965.

Desta forma, chefes de governo ou Estado estrangeiro, suas famílias e membros das comitivas, embaixadores e seus familiares, servidores estrangeiros do corpo diplomático e suas famílias, além dos servidores de organizações internacionais, a exemplo da OEA e ONU, têm a prerrogativa de ver aplicada a lei material do seu respectivo país caso pratiquem delito no Brasil, seja qual for o crime perpetrado, e, como decorrência disso, a ação penal lá ocorrerá. Também decorre da imunidade diplomática a impossibilidade de prisão no país onde exercem suas funções.

Há que lembrar que a legislação processual penal pátria também aplicar-se-á aos atos processuais referentes às relações jurisdicionais com autoridades estrangeiras que devam ser praticados no Brasil, como no cumprimento da carta rogatória – art. 783 e seguintes do CPP, homologação de sentença estrangeira – art. 9º do CP e 787 do CPP, além do procedimento de extradição previsto na Lei de Migração – art. 81 e seguintes da Lei nº 13.445/2017, e art. 784, §1º, do CPP.

Com relação ao cônsul, o Supremo Tribunal Federal tem entendido que este só tem direito a imunidade se as infrações penais decorrerem do desempenho de suas funções (art. 41 da Convenção de Viena de 1963 sobre Relações Consulares – Decreto nº 61.078, de 26/7/1967). Por conta disso, nossa Suprema Corte não vislumbrou qualquer obstáculo à prisão preventiva de Cônsul de Israel no Rio de Janeiro (http://memoria.ebc.com.br/agenciabrasil/node/617468 - acesso aos 15/2/2023), acusado da prática de pedofilia, ao apreciar *habeas corpus* por este impetrado, uma vez que a imputação nada teve a ver com o desempenho das funções consulares – STF, 1ª Turma, HC 81.158/RJ, Relatora Ministra Ellen Gracie, DJ 19/12/2002.

Merece destaque o acréscimo dos parágrafos 3º e 4º ao art. 5º da Constituição Federal pela Emenda nº 45/2004:

> "§ 3º. *Os tratados e convenções internacionais sobre direitos humanos que forem aprovados, em cada casa do Congresso Nacional, em dois turnos, por três quintos dos votos dos respectivos membros, serão equivalentes às emendas constitucionais.*
> § 4º. *O Brasil se submete à jurisdição de Tribunal Penal Internacional a cuja criação tenha manifestado adesão.*"

Não se pode deixar de atentar para o fato de que o § 3º há que ser interpretado em harmonia com o § 2º do mesmo artigo, pelo que a atual ordem jurídica consagra dois tipos de tratados que versam sobre direitos humanos, uns com *status* material e formal constitucional, em razão de sua aprovação pelo *quorum* de três quintos, e outros sem tal formalidade.

Doravante, desde a publicação da referida Emenda Constitucional nº 45/2004, passaram a existir duas categorias de tratados que versam sobre direitos humanos:

Tratados internacionais	Exige *quorum* para aprovação?	Dispositivo constitucional
Materialmente constitucionais	Não exige esta formalidade	§ 2º do art. 5º
Material e formalmente constitucionais	Aprovação, em cada casa do Congresso Nacional, em dois turnos, por três quintos dos votos dos respectivos membros	§ 3º do art. 5º

Importante lembrar que por força do art. 5º, § 4º, da Carta Magna, "*o Brasil se submete à jurisdição de Tribunal Penal Internacional a cuja criação tenha manifestado adesão.*", o que configura mais uma hipótese de não aplicabilidade da lei processual penal pátria às infrações penais cometidas no país, nas situações restritas em que o Estado brasileiro reconheça a necessidade de fazer valer a jurisdição penal internacional.

Outra ressalva reportada no art. 1º do CPP é aquela que consta em seu inciso II, que trata das prerrogativas constitucionais do Presidente da República e outras autoridades, no que respeita aos crimes de responsabilidade (CF, arts. 85 e 86).

A chamada jurisdição política é exercida por órgãos políticos, estranhos ao Poder Judiciário, mais precisamente o Poder Legislativo, cabendo, por exemplo, ao Senado Federal, processar e julgar o Presidente e o Vice-Presidente da República nos crimes de responsabilidade, bem assim os Ministros de Estado e os Comandantes da Marinha, do Exército e da Aeronáutica nos crimes da mesma natureza conexos com aqueles – art. 52, incisos I e II da CF.

Com relação aos crimes de responsabilidade perpetrados por Governadores de Estado e respectivos Vices, bem como Secretários de Estado, nos crimes da mesma natureza conexos com aqueles, assim como o Procurador-Geral de Justiça e o Procurador-Geral do Estado, competirá a um Tribunal Especial o processo e julgamento, devendo ser formado por cinco Deputados, escolhidos pela Assembleia, e cinco Desembargadores, sorteados pelo Presidente do Tribunal de Justiça, que também o presidirá – Lei nº 1.079/50, art. 78, § 3º.

Tratando-se de crimes de responsabilidade cometidos por Prefeitos Municipais, tipificados no Decreto-Lei nº 201/67, art. 4º, caberá à Câmara Municipal julgar.

Outra exceção do art. 1º do CPP é a que consta de seu inciso III, ao tratar da Justiça Especializada Militar, que possui codificação própria tanto no âmbito material, o Código Penal Militar, que prevê os crimes militares (Decreto-lei nº 1.001/69), quanto no processual, com o Código de Processo Penal Militar (Decreto-lei nº 1.102/69). Outro ramo da Justiça especializada, o Eleitoral, tem competência para apreciação dos crimes eleitorais e conexos, tendo também codificação própria (Lei nº 4.737/1965 - Código Eleitoral).

A respeito do inciso IV do art. 1º do CPP, que trata dos processos da competência do tribunal especial – antigo Tribunal de Segurança Nacional, que não mais existe, em que pese o art. 30 da Lei nº 7.170/83 (Lei de Segurança Nacional) dispor que os crimes nela previstos são de competência da Justiça Militar, tal norma não fora recepcionada pela atual Carta Magna, razão pela qual, atualmente, tais delitos são afetos à Justiça Federal, até por força do art. 109, inciso IV, da CF.

Tocante aos processos por crime de imprensa, referidos no inciso V, art. 1º do CPP, haverão de tramitar na justiça comum, aplicando-se-lhes o Código Penal e o Código de Processo Penal, lembrando que a Lei nº

5.250/67 (Lei de Imprensa) não fora recepcionada em sua inteireza pela atual Constituição Federal, o que não impede, porém, o curso regular dos processos embasados nos tipos penais ali previstos.

JULGADOS/JURISPRUDÊNCIA CORRELATA

STJ:

Em matéria penal adota-se, em regra, o princípio da territorialidade, desenvolvendo-se na justiça pátria o processo e os respectivos incidentes, não se podendo olvidar, outrossim, de eventuais tratados ou outras normas internacionais a que o país tenha aderido, nos termos dos arts. 1º do Código de Processo Penal e 5º, caput, do Código Penal. No caso dos autos, inexiste qualquer ilegalidade na quebra do sigilo bancário dos acusados, uma vez que a medida foi realizada para a obtenção de provas em investigação em curso nos Estados Unidos da América, tendo sido implementada de acordo com as normas do ordenamento jurídico lá vigente, sendo certo que a documentação referente ao resultado da medida invasiva foi posteriormente compartilhada com o Brasil por meio de acordo existente entre os países. [...] (HC 231.633/PR, Rel. Min. Jorge Mussi, 5ª Turma, j. aos 25/11/2014, DJe 03/12/2014)

+ EXERCÍCIOS DE FIXAÇÃO

01. (OAB – Mato Grosso do Sul/Exame 77 – Adaptada) Aponte, entre as alternativas abaixo, aquela que indicar o princípio que rege a eficácia da lei processual penal brasileira no espaço:

A) justiça universal;

B) defesa real ou proteção;

C) extraterritorialidade;

D) territorialidade.

02. (Delegado de Polícia do Pará, 2013, UEPA) Sobre a eficácia da lei processual penal é correto afirmar que:

A) se trabalhadores são aliciados no município de Guaribas (Piauí) e reduzidos à condição análoga à de escravo em uma fazenda de Redenção (Pará), considera-se o crime praticado exclusivamente no Pará, porquanto foi onde se deu o ataque ao bem jurídico tutelado.

B) homem flagrado dirigindo veículo automotor sob embriaguez intensa não pode ser preso nem processado no Brasil, caso se comprove a sua condição de diplomata de outro país, em exercício no Brasil.

C) uma lei que reduza o prazo para a interposição de recurso não pode ser aplicada aos processos em andamento, haja vista que, em se tratando de norma mais gravosa, não pode retroagir para alcançar processos iniciados antes de sua vigência.

D) deputado federal que acabou de alvejar, dolosamente, com dois tiros a própria esposa não pode ser preso em flagrante porque a imunidade parlamentar de que goza só permite a prisão após autorização da casa legislativa a que sirva.

E) a superveniência de lei alterando o procedimento da ação penal surte efeitos imediatos sobre os processos em andamento, determinando a renovação dos atos já praticados que com ela sejam incompatíveis.

» GABARITO

01. A resposta correta é a alternativa D, a única que tem pertinência.

02. A resposta correta é a alternativa B, sendo a única pertinente dentre as assertivas que tratam da aplicação da lei processual penal no espaço, bastando ver a respeito de imunidades diplomáticas a Convenção de Viena, de 1961, referendada pelo Decreto 56.435/65. As alternativas C e E tratam da aplicação da lei processual penal no tempo, estando ambas equivocadas. Lembre-se que leis processuais penais novas aplicam-se de pronto aos processos-crime em andamento, ainda que venham a piorar a situação do acusado. A superveniência de lei processual penal nova não determina a renovação de atos antes praticados de forma válida.

5 INTERPRETAÇÃO DA LEI PROCESSUAL PENAL

Na ensinança de Nestor Távora (TÁVORA; ALENCAR, 2019, p. 61), está ultrapassado o entendimento de que a interpretação seria a atividade de extrair o sentido exato da "norma", já que não podem ser confundidos norma jurídica e enunciado normativo, sendo este o texto a partir do qual se construirá a norma jurídica. Esta, por sua vez, é construída pelo intérprete/aplicador diante de uma situação jurídica concreta.

Prosseguem estes autores dizendo:

> *"A interpretação da lei processual é a sua aplicação em determinado momento, salientando-se, com Gabriel Ivo, a indispensabilidade 'da presença do homem', não sendo 'exagerado dizer que o homem constitui em linguagem a incidência'. Como adverte Paulo Machado Cordeiro, é preciso evitar a vinculação mecânica e 'total do juiz à lei, sem qualquer preocupação com a ideia de que a lei faz parte de um sistema que tem a Constituição como fundamento de legitimidade das decisões proferidas', impondo-se que o juiz tenha 'poderes para completar o ordenamento jurídico ou interpretá-lo de modo a viabilizar os direitos fundamentais'."*

A lei impõe que, na sua interpretação, deve-se atender aos fins sociais a que ela se dirige e às exigências do bem comum - art. 5º da Lei de Introdução às normas do Direito Brasileiro.

À luz do dispositivo supra, há que levar em conta que na interpretação da lei processual penal a tutela da liberdade individual está inserida nos imperativos do bem comum e que o escopo da pena é promover a integração social do condenado. Veja-se o art. 1º da Lei de Execução Penal (Lei n.º 7.210, de 11/07/84):

> *"Art. 1º A execução penal tem por objetivo efetivar as disposições de sentença ou decisão criminal e proporcionar condições para a harmônica integração social do condenado e do internado."*

A ciência ou método que cuida da interpretação da norma é a hermenêutica, cujos princípios aplicam-se a todos os ramos do Direito, incluída a lei processual penal.

Analogia, costumes e princípios gerais de direito, segundo grande parte dos doutrinadores, não se constituem em interpretação da lei mas em fontes do direito processual penal, ao passo que a doutrina e jurisprudência são formas de interpretação.

Nas situações em que se verificar omissão da legislação processual penal, é possível recorrer ao Código de Processo Civil, mas apenas em caráter subsidiário, sendo descabido utilizar-se do CPC quando o Código de Processo Penal tiver suas próprias regras sobre a matéria.

Fábio Roque e Nestor Távora trazem exemplo de aplicação do CPC ao processo penal na hipótese de incidente de resolução de demandas repetitivas, referido naquele *Codex* a partir do art. 976, sendo certo que o Código de Processo Penal é totalmente silente a respeito (TÁVORA; ROQUE, 2012, p. 38).

5.1. CLASSIFICAÇÃO DAS FORMAS DE INTERPRETAÇÃO DA LEI PROCESSUAL PENAL

1. **Quanto à origem ou sujeito que a realiza:**

1.1. **autêntica ou legislativa**: feita pelo próprio legislador, podendo ser contextual (feita pelo próprio texto interpretado) ou posterior, caso em que terá efeito retroativo, já que tão somente esclarece o sentido da norma. Exemplo de contextual é o conceito de flagrante delito, trazido pelo próprio CPP nos arts. 302 e 303.

1.2. **doutrinária ou científica**: feita pelos estudiosos e comentadores do Direito, em livros, artigos, ensaios, incluídas aí as exposições de motivos dos diversos Códigos, que obviamente não integram o texto legal.

1.3. **judicial**: realizada pelos órgãos jurisdicionais, que aplicam o Direito ao caso concreto. Diz-se jurisprudência o conjunto de manifestações judiciais sobre determinado assunto, chegando a uma conclusão razoavelmente constante. A interpretação judicial, tal qual a doutrinária, pelo fato de não ter efeitos obrigatórios, não pode ser considerada fonte do direito processual penal. Deve ser ressalvado, porém, em relação à jurisprudência, que há sim força obrigatória nos casos de súmulas vinculantes do Supremo Tribunal Federal e decisões proferidas em controle concentrado de constitucionalidade, sendo certo que, na prática, são fontes do Direito em tais hipóteses, incluído aí o Processual Penal.

2. **Quanto aos meios empregados:**

2.1. **gramatical ou literal**: busca-se o sentido literal das palavras que constam do texto legal à luz do seu significado no vernáculo.

2.2. **sistemática:** se a interpretação gramatical não for bastante, passa-se a proceder a um confronto lógico entre os dispositivos legais, daí advindo a interpretação sistemática. Exemplo disso é a conclusão de que a "autoridade" referida nos §§ 1°, 2° e 3° do art. 10 do CPP só pode ser a autoridade policial, o que se infere da leitura de dois dispositivos que lhe antecedem, os arts. 4°, *caput*, e 6° do CPP. Não bastasse, o art. 10 do CPP está inserto no Título II do Livro I, que trata justamente do inquérito policial, presidido pelo Delegado de Polícia. Aliás, regra basilar de hermenêutica é aquela segundo a qual o parágrafo único de um dispositivo legal deve ser necessariamente compreendido à luz de seu respectivo *caput*.

2.3. **lógica:** vale-se de critérios de raciocínio e conclusão para alcançar o espírito da lei.

2.4. **teleológica**: busca-se atingir a finalidade da norma, de molde a respeitar o espírito da lei e sua posição dentro do ordenamento jurídico. Importante lembrar, nesse sentido, o art. 5° da Lei de Introdução às normas do Direito Brasileiro, segundo o qual a interpretação deve atender "*aos fins sociais a que ela se dirige e às exigências do bem comum*".

3. **Quanto aos resultados**:

3.1. **declarativa**: quando o texto examinado não é restringido nem ampliado, não havendo qualquer dissenso entre a palavra da lei e a sua vontade. Exemplo disso ocorre quando a lei se refere a casa habitada - art. 248 do CPP, pretendendo retratar qualquer imóvel ocupado por uma ou mais pessoas, numa interpretação meramente declarativa.

3.2. **restritiva:** ocorre quando a literalidade da lei foi além de sua vontade, impondo-se-lhe restringir seu alcance para atingir sua exata vontade. Tal limitação se impõe até mesmo para evitar contradições dentro do sistema jurídico. Temos como exemplo o § 2° do art. 806 do CPP, que diz que a falta de preparo (antecipação do pagamento das custas) do recurso redundará em deserção (não seguimento) do recurso interposto. Valendo-se, no caso, da oportuna e necessária interpretação restritiva, entende-se que o Ministério Público não é alcançado por esta norma, apesar de ser parte, porquanto o sistema jurídico vigente dispensa o *Parquet* de pagar quaisquer custas ou emolumentos no exercício de seu mister. Para arrematar, o próprio *caput* do art. 806 do CPP fala nas "*ações intentadas mediante queixa*", impondo o referido ônus ao querelante. Vale relembrar importante regra de hermenêutica segundo a qual toda e qualquer exceção há de ser interpretada restritivamente.

3.3. **extensiva:** dá-se quando é necessário ampliar o alcance ou sentido da lei, ou seja, esta disse menos do que deveria dizer. Exemplo disso é o art. 581 do CPP, que versa sobre as situações em que cabível o recurso em sentido estrito. Ainda que se tenha como taxativo o rol apontado neste dispositivo, não há porque negar-lhe interpretação extensiva para ensejar o recurso contra decisões que, embora não previstas expressamente, produzem em desfavor da parte sucumbente idêntica consequência processual à contida na hipótese prevista de forma expressa em qualquer de seus incisos. Exemplo: admitir a possibilidade de RESE (recurso em sentido estrito) no caso de rejeição pelo juiz do aditamento da denúncia ou queixa, embora tal hipótese não esteja expressamente prevista no inciso I do art. 581 do CPP. A interpretação extensiva é admitida pelo art. 3º do CPP.

3.4. **progressiva ou evolutiva:** é a interpretação que pretende a adaptação da lei às necessidades e concepções do presente, nos aspectos social, político, científico ou moral. Exemplo: as expressões "retardado mental", "mentalmente enfermo" e "doença mental", referidas nos artigos 33, 53 e 152 do CPP, devem ser interpretadas sem desprezar os progressos da psiquiatria e a alteração substancial da legislação processual civil – arts. 747 e seguintes do Código de Processo Civil.

Formas de interpretação da lei processual penal	
Quanto ao sujeito que a realiza	× autêntica ou legislativa × doutrinária ou científica × judicial
Quanto aos meios empregados	× gramatical × sistemática × lógica × teleológica
Quanto aos resultados	× declarativa × restritiva × extensiva × progressiva

JULGADOS/JURISPRUDÊNCIA CORRELATA:

STJ:

Informativo 654: ***União estável homoafetiva. Ajuizamento de ação penal privada por companheira. Legitimidade. Status de cônjuge. Interpretação extensiva. Art. 3º c/c art. 24, §1º, ambos do CPP.*** *A companheira, em união estável homoafetiva reconhecida, goza do mesmo status de cônjuge para o processo penal, possuindo legitimidade para ajuizar a ação penal privada.* APn 912-RJ, Rel. Min. Laurita Vaz, Corte Especial, à unanimidade, julgado aos 07/08/2019, DJe 22/08/2019.

RECURSO ESPECIAL. PROCESSUAL PENAL. RECURSO EM SENTIDO ESTRITO. ROL TAXATIVO. APLICAÇÃO EXTENSIVA. ADMISSÃO. ANALOGIA. INVIABILIDADE. REVOGAÇÃO DE MEDIDA CAUTELAR DIVERSA DA PRISÃO. CABIMENTO DE HIPÓTESE QUE GUARDA SIMILITUDE COM O INCISO V DO ART. 581 DO CPP. 1. *As hipóteses de cabimento de recurso em sentido estrito, trazidas no art. 581 do Código de Processo Penal e em legislação especial, são exaustivas, admitindo a interpretação extensiva, mas não a analógica. 2. O ato de revogar prisão preventiva, previsto expressamente no inciso V, é similar ao ato de revogar medida cautelar diversa da prisão, o que permite a interpretação extensiva do artigo e, consequentemente, o manejo do recurso em sentido estrito* [...] (Resp 1628262/RS, Rel. Ministro Sebastião Reis Júnior, 6ª Turma, julgado aos 13/12/2016, DJe 19/12/2016)

+ EXERCÍCIOS DE FIXAÇÃO

01. (Juiz de Direito – São Paulo/2009) Quando o intérprete, observando que a expressão contida na norma sofreu alteração no correr dos anos e por isso procura adaptar-lhe o sentido ao conceito atual, ocorre a chamada interpretação

A) sistemática
B) histórica
C) extensiva
D) progressiva

02. (CESPE – Defensor Público Substituto – DPE/RN – 2015) Assinale a opção correta a respeito dos sistemas de processo penal e da interpretação da lei processual penal segundo o CPP e o entendimento do STJ:

A) De acordo com o CPP, a analogia equivale à norma penal incriminadora, protegida pela reserva legal, razão pela qual não pode ser usada contra o réu.
B) No sistema inquistivo, a confissão é considerada a rainha das provas e predominam nele procedimentos exclusivamente escritos.
C) A lei processual penal veda a interpretação extensiva para prejudicar o réu.
D) A interpretação extensiva é um processo de integração por meio do qual se aplica a uma determinada situação para qual inexiste hipótese normativa própria um preceito que regula hipótese semelhante.
E) Para o uso da analogia, é importante considerer a natureza do diploma de onde se deve extrair a norma reguladora.

» GABARITO

01. A alternativa correta é a D, pois contém exatamente o conceito de interpretação progressiva, que significa adaptar a lei às concepções atuais.

02.

Alternativa A: errada. O CPP não trata a analogia como norma penal incriminadora. Para a doutrina, é um método de integração que visa suprir lacunas. Além disso, no direito processual penal, ao contrário do direito penal, a analogia pode ser utilizada mesmo que em prejuízo do réu.

Alternativa **B**: **correta**. Para boa parte da doutrina (v.g. Nucci), no sistema inquisitivo, a confissão é tida como a rainha das provas, preponderando nesse sistema procedimentos escritos.

Alternativa C: errada. Da leitura do art. 3º do CPP percebe-se que nada há que impeça sua utilização até mesmo para prejudicar o réu.

Alternativa D: errada. O que nela está descrito define, na verdade, a analogia.

Alternativa E: errada. A natureza do diploma pouco importa. O importante é saber a natureza da norma, se de cunho material ou processual, ou ambos.

6 INQUÉRITO POLICIAL

6.1. GENERALIDADES

Foi visto que, ante o cometimento de um fato típico, antijurídico e culpável, daí advém para o Estado o *jus puniendi* - direito de punir, que só pode ser levado a efeito através da ação penal. É nesta que deve ser requerida em juízo a pretensão punitiva estatal, para ao final impor a sanção penal correspondente. A ação penal, porém, é por si só um constrangimento ao *status dignitatis* do cidadão, coerção esta que será válida, não ilegal, somente se a imputação feita estiver amparada num mínimo de suporte probatório a indicar a autoria e/ou participação em infração penal, bem como a materialidade – nos delitos que deixam vestígios no mundo real.

Para tanto, o instrumento mais comum, apesar de não exclusivo, é o inquérito policial. Para além deste, podemos citar os inquéritos das Comisssões Parlamentares de Inquérito (CPIs), o inquérito policial militar – IPM, o inquérito procedido pelas polícias da Câmara dos Deputados e do Senado Federal – Súmula 397 do STF, e a investigação a cargo do Ministério Público, fartamente admitida pela jurisprudência.

Ressalte-se que, dos termos da súmula 234 do STJ, extrai-se que o membro do *Parquet* que participou da investigação não se considera suspeito nem impedido para o oferecimento da denúncia.

Ensina José Frederico Marques (MARQUES, 2003. p. 138), "*a 'persecutio criminis' apresenta dois momentos distintos: o da investigação e o da ação penal. Esta consiste no pedido de julgamento da pretensão punitiva, enquanto a primeira é atividade preparatória da ação penal, de caráter preliminar e informativo* [...]". Dito de outro modo, a persecução criminal compreende duas etapas: a) a investigação preliminar, sendo a mais comum o inquérito policial, tratado neste capítulo, que visa fornecer justa causa para a ação penal; b) a ação penal, que só pode ser proposta perante o Judiciário por quem detém legitimidade para tanto, de regra o Ministério Público.

Lembre-se que justa causa para a ação penal é o conjunto de elementos probatórios mínimos acerca da ocorrência da infração penal e respectiva autoria e/ou participação.

O inquérito é uma peça escrita. Como tal, vale ressaltar que com a utilização cada vez maior das plataformas digitais e inovações tecnológicas, renovação esta que se viu acelerada como efeito da pandemia do novo coronavírus, exsurge, a exemplo dos processos judiciais eletrônicos, o desafio do **inquérito policial eletrônico**. Apesar das dificuldades e custos para a implantação, é inegável que traria inúmeras vantagens, dentre elas a celeridade no andamento e conclusão das investigações, ensejando integração aos sistemas do Ministério Público e do Poder Judiciário, a racionalização dos recursos humanos, permitindo a regulamentação do trabalho remoto, quando aplicável, contenção de despesas com recursos materiais, sendo a mais perceptível o imenso gasto com folhas impressas produzidas, o que, somente em relação à Polícia Civil do Estado de São Paulo, estima-se que no período de dois anos e meio desde sua implantação (dezembro de 2015 a julho de 2018), tenha sido **poupado o uso de sete milhões de folhas de papel** (https://justicadigital.com/blog/inquerito-digital-delegacias-sp/ - acesso aos 12/2/2023)

Trata-se de ato complexo, já que a investigação compreende um conjunto de diligências.

6.2. CONCEITO

Tomando emprestada a definição de Renato Brasileiro (LIMA, 2021, p. 153), o inquérito policial "*trata-se de um procedimento de natureza instrumental, porquanto se destina a esclarecer os fatos delituosos relatados na notícia de crime, fornecendo subsídios para o prosseguimento ou o arquivamento da persecução penal. De seu caráter instrumental sobressai sua dupla função:* ***a) preservadora:*** *a existência prévia de um inquérito policial inibe a instauração de um processo penal infundado, temerário, resguardando a liberdade do inocente e evitando custos desnecessários para o Estado;* ***b) preparatória:*** *fornece elementos de informação para que o titular da ação penal ingresse em juízo, além de acautelar meios de prova que poderiam desaparecer com o decurso do tempo.*"

Decerto que o inquérito policial também colabora com a decretação de medidas cautelares, quando cabíveis, caso em que o juiz, ouvido o Ministério Público, poderá impor prisão temporária ou preventiva, busca e apreensão, quebra de sigilos telefônico, bancário e fiscal, por exemplo, afastando direitos fundamentais do investigado. Em todas essas matérias está presente claúsula de reserva de jurisdição, ou seja, jamais poderia a autoridade policial levá-las a efeito sem autorização judicial.

6.3. PERSECUÇÃO CRIMINAL

Pode ser conceituada como o somatório da atividade de investigação criminal – tendo como meio mais comum o inquérito policial, e a ação penal promovida pelo Ministério Público (de regra) ou pelo ofendido, quando a infração penal se persegue mediante ação penal privada.

> **PERSECUÇÃO CRIMINAL =**
> INVESTIGAÇÃO PRELIMINAR + AÇÃO PENAL

6.4. NOTITIA CRIMINIS

Notitia criminis (notícia do crime) é o conhecimento pela autoridade policial, pelo Ministério Público e eventualmente pelo Juiz de um fato aparentemente criminoso.

Em qualquer caso, a notícia crime pode ser oferecida por meio de requerimento do ofendido ou de quem tenha qualidade para representá-lo (art. 5º, II, segunda parte, e §§ 4º e 5º, do CPP).

Qualquer pessoa do povo que tiver conhecimento da existência de infração penal em que caiba ação pública incondicionada poderá, verbalmente ou por escrito, comunicá-la à autoridade policial.

Como vimos, a notícia crime pode ser dirigida à autoridade policial (art. 5º, II, §§ 3º e 5º do CPP) ou ao MP (arts. 27, 39 e 40 do CPP) e, excepcionalmente, ao Juiz (art. 39 do CPP).

Pode ser classificada da seguinte forma:

a. **de cognição imediata ou direta**: quando a própria autoridade policial, por qualquer meio, investigando, tem ciência da prática delitiva;
b. **de cognição mediata ou indireta**: quando a autoridade policial toma conhecimento da infração penal mediante provocação de terceiros, como por exemplo o próprio ofendido ou seu representante legal, o Ministério Público, o Ministro da Justiça nos delitos que exigem sua requisição e o juiz.

6.5. DESTINATÁRIOS DO INQUÉRITO POLICIAL

São o Ministério Público, no caso de infração penal que se apura mediante ação penal pública, seja incondicionada ou condicionada, ou o ofendido, na hipótese de ação penal privada exclusiva ou personalíssima, que com ele formam sua convicção, a chamada *opinio delicti*, para a eventual propositura de denúncia ou queixa.

6.6. JUIZ DAS GARANTIAS

O Ministro do Supremo Tribunal Federal, Luiz Fux, na condição de relator das ações diretas de inconstituconalidade que questionam a matéria, a exemplo das 6.298, 6.299, 6.300 e 6.305, aos 22/01/2020, suspendeu a implantação da figura do Juiz das Garantias, que deveria entrar em vigor aos 23/01/2020, criada que fora pela Lei nº 13.964/19 – pacote anticrime. Referido Ministro suspendeu *sine die* sua implantação, nos seguintes termos, destacando-se o vício de iniciativa dentre os diversos argumentos expostos:

> [...]
> "*Ex positis, na condição de relator das ADIs 6.298, 6.299, 6.300 e 6305, com as vênias de praxe e pelos motivos expostos (art. 99 CF: autonomia financeira e administrativa do Judiciário; ausência prévia de dotação orçamentária, art. 169, § 1º, CF):*
> a. *Revogo a decisão monocrática constante das ADIs 6.298, 6.299, 6.300 e suspendo 'sine die' a eficácia, ad referendum do Plenário,*
> a1. *da implantação do juiz das garantias e seus consectários (Artigos 3º-A, 3º-B, 3º-C, 3º-D, 3ª-E, 3º-F, do Código de Processo Penal);*".

Em que pese a referida decisão ter afetado na integralidade a vigência deste instituto, é certo que em algum momento haverá de ser submetida a referendo do plenário do Supremo Tribunal Federal, que poderá confirmá-la ou não, pelo que reputamos prudente, ao menos, traçar a seguir suas linhas gerais.

> *'Art. 3º-A.* ***O processo penal terá estrutura acusatória, vedadas a iniciativa do juiz na fase de investigação e a substituição da atuação probatória do órgão de acusação.'***

Este dispositivo, na verdade, não trata propriamente do juiz das garantias, sendo uma reafirmação do sistema acusatório previsto na Constituição Federal, que erigiu o Ministério Público à condição de titular exclusivo da ação penal de iniciativa pública – art. 129, inciso I.

A nova norma deixa patente que ao juiz, seja o das garantias ou não, é vedado agir de ofício no decurso da investigação, podendo sim nela atuar, desde que provocado por quem é legitimado a tanto. Por exemplo, enxergando a necessidade de prisão preventiva para assegurar a aplicação da lei penal, o magistrado só poderá deferi-la se provocado pela autoridade policial ou pelo *Parquet*, jamais podendo agir *ex officio*. Idêntica conclusão se impõe caso se revele necessária medida de busca e apreensão.

Essa figura do juiz-protagonista se contrapõe à necessária separação das funções de acusar, defender e julgar, pois assim agindo restaria comprometida sua imparcialidade, devendo a missão de produzir elementos probatórios ser deixada a cargo da polícia judiciária e do Ministério Público, aos quais compete provocar o magistrado quando a medida que se pretende ver deferida estiver sujeita à cláusula de reserva de jurisdição.

> *'Art. 3º-B. O juiz das garantias é responsável pelo controle da legalidade da investigação criminal e pela salvaguarda dos direitos individuais cuja franquia tenha sido reservada à autorização prévia do Poder Judiciário, competindo-lhe especialmente:*
> I. *receber a comunicação imediata da prisão, nos termos do inciso LXII do caput do art. 5º da Constituição Federal;*

Compete a este juiz receber a comunicação de praxe que é exigência constitucional – art. 5º, inciso LXII. Quanto à prisão em flagrância delitiva, existe também a imposição do CPP – art. 306, *caput*.

Resta saber, no caso de entrar em vigor a norma, como haverá de ser regulamentada pelos diversos Tribunais do país a comunicação em regime de plantão dos magistrados, aos finais de semana e feriados.

> II. *receber o auto da prisão em flagrante para o controle da legalidade da prisão, observado o disposto no art. 310 deste Código;*

Referido juiz passará a receber os autos de prisão em flagrante delito, bem como, em decorrência disso, presidirá a audiência de custódia, onde deverá avaliar a legalidade da prisão, homologando o flagrante ou relaxando-o, bem assim verificará a necessidade de conversão em prisão preventiva – art. 310 do CPP.

> III. *zelar pela observância dos direitos do preso, podendo determinar que este seja conduzido à sua presença, a qualquer tempo;*

Ao juiz das garantias cabe resguardar, por exemplo, o devido respeito à integridade física e moral do preso, o uso das algemas nos casos adequados, nos termos da súmula vinculante nº 11, a comunicação imediata da prisão à família do preso ou pessoa por ele indicada, o direito ao silêncio e à assistência da família e de advogado, dentre outros. Em relação a esse ultimo aspecto, destaca-se que o dito juiz deverá assegurar-se de que, não tendo ocorrido indicação de advogado pelo preso, tenha sido comunicada a prisão à Defensoria Pública, que deverá estar presente na audiencia de custódia – art. 306, § 1º, do CPP.

IV. *ser informado sobre a instauração de qualquer investigação criminal;*

Não há precedente em nosso ordenamento processual penal a respeito de idêntica providência. Até então, o juiz tomava conhecimento da investigação quando sua manifestação se fizesse necessária, por exemplo, para a decretação de medida cautelar ou ainda que fosse apenas para conceder dilação de prazo para a tramitação do inquérito. Agora, a simples instauração da investigação, como no caso de portaria lavrada pela autoridade policial, haverá de ser informada ao juiz das garantias, pouco importando se, naquele ensejo, seja necessária decisão do juiz para a prática de alguma diligência.

Existem algumas iniciativas levadas a efeito no sentido de determinar o trâmite direto dos inquéritos policiais entre a polícia judiciária e o *Parquet*, sem a intervenção do poder Judiciário, o que alguns entendem como sendo a melhor forma de resguardar o sistema acusatório, a exemplo do que se deu no Estado de Minas Gerais através de Provimento Conjunto celebrado em 2017 pelas instituições envolvidas.

V. *decidir sobre o requerimento de prisão provisória ou outra medida cautelar, observado o disposto no § 1º deste artigo;*

Até o recebimento da denúncia ou queixa, será competente o juiz das garantias para a decretação de qualquer medida cautelar, seja ela de prisão ou não – art. 3º-C, § 1º, do CPP. Como corolário, qualquer pedido de medida cautelar oferecido no curso da ação penal deverá ser decidido pelo juiz da instrução e julgamento.

VI. *prorrogar a prisão provisória ou outra medida cautelar, bem como substituí-las ou revogá-las, assegurado, no primeiro caso, o exercício do contraditório em audiência pública e oral, na forma do disposto neste Código ou em legislação especial pertinente;*

Temos outra inovação aqui: exigir-se-á, para que se pretenda prorrogar prisão preventiva ou temporária, ou mesmo outra medida cautelar, que isto ocorra no âmbito de audiência pública e oral, onde se exercerá o contraditório. Não há igual exigência em relação ao juiz da instrução e julgamento no curso do processo crime. De toda sorte, não bastasse a implantação das audiências de custódia, desta feita por força da lei, temos agora mais uma exigência legal que contribuirá para o abarrotamento da pauta de audiências do Poder Judiciário.

VII. ***decidir sobre o requerimento de produção antecipada de provas consideradas urgentes e não repetíveis, assegurados o contraditório e a ampla defesa em audiência pública e oral;***

Novamente se exige aqui do juiz das garantias, no âmbito da investigação penal, que somente possa decidir sobre requerimento de produção antecipada de provas consideradas urgentes e não repetíveis no âmbito de audiencia pública e oral. Se entrar em vigor o dispositivo e não se permitir qualquer exceção, não bastará que se colha manifestação escrita da defesa antes de possível prorrogação.

VIII. ***prorrogar o prazo de duração do inquérito, estando o investigado preso, em vista das razões apresentadas pela autoridade policial e observado o disposto no § 2º deste artigo;***

A regra geral do CPP, art. 10, *caput*, em relação a investigado preso, aponta que o inquérito deverá ser concluído no prazo de dez dias a contar da efetiva execução da ordem de prisão, incluindo-se o dia do início na contagem – prazo de natureza material. Doravante, competirá ao juiz das garantias a prorrogação do prazo do inquérito, à luz dos fundamentos oferecidos pela autoridade policial e ouvindo-se, sempre, o Ministério Público.

IX. ***determinar o trancamento do inquérito policial quando não houver fundamento razoável para sua instauração ou prosseguimento;***

Quando o inquérito policial, que por si só é um constrangimento, for instaurado para investigar pessoa ou pessoas determinadas, deverá ter justa causa para a sua tramitação, significando dizer que: 1) há que existir uma infração penal em tese; 2) há que haver ao menos a possibilidade de o investigado/indiciado ser seu autor ou partícipe. Do contrário, abre-se a possibilidade de trancamento do apuratório, por mostrar-se nitidamente abusivo, o que entra no rol das competências do juiz das garantias, equivalendo, na prática, a uma concessão de ordem de *habeas corpus*, o que poderá dar-se de ofício ou a requerimento da defesa.

Tem-se entendido que aplicável aqui o recurso de ofício em relação a tal decisão de trancamento da investigação, nos termos do art. 574, inciso I, do CPP: "*Art. 574. Os recursos serão voluntários, excetuando-se os seguintes casos, em que deverão ser interpostos, de ofício, pelo juiz: I - da sentença que conceder habeas corpus;*".

X. ***requisitar documentos, laudos e informações ao delegado de polícia sobre o andamento da investigação;***

A doutrina indica que esta atribuição do juiz das garantias há que ser exercida com a devida cautela, de molde a evitar que o magistrado intrometa-se na investigação sem que nada tenha sido postulado pelas partes nesse sentido, não descurando de sua imparcialidade e, assim, não pondo em risco o sistema acusatório. Tem-se concluído que tal poder requisitório somente poderá ser exercido se imprescindível ao resguardo de direitos fundamentais do cidadão.

XI. *decidir sobre os requerimentos de:*
a. *interceptação telefônica, do fluxo de comunicações em sistemas de informática e telemática ou de outras formas de comunicação;*
b. *afastamento dos sigilos fiscal, bancário, de dados e telefônico;*
c. *busca e apreensão domiciliar;*
d. *acesso a informações sigilosas;*
e. *outros meios de obtenção da prova que restrinjam direitos fundamentais do investigado;*

Todas as hipóteses aqui reportadas estão sujeitas à clausula de reserva de jurisdição, por interferirem diretamente na seara dos direitos fundamentais do cidadão. Por evidente, idênticas medidas gravosas, se houverem de ser postuladas no curso da ação penal, deverão ser objeto de decisão pelo juiz da instrução e julgamento.

XII. *julgar o habeas corpus impetrado antes do oferecimento da denúncia;*

A redação deste inciso conflita com o momento processual previsto no art. 3º-C do CPP, que dispõe que a competência do juiz das garantias terá fim com o recebimento da denúncia ou queixa, ao passo que fala em *oferecimento da denúncia*. Sem dúvida, são momentos processuais diversos, sendo comum o decurso de lapso temporal entre o oferecimento e o recebimento da inicial acusatória. Há quem defenda, em relação a esta antinomia, que a leitura correta do dispositivo seria no sentido de cessar a competência do juiz das garantias apenas após o recebimento da peça acusatória (LIMA, 2021, p. 124).

XIII. *determinar a instauração de incidente de insanidade mental;*

Se houver, no curso da investigação, dúvida razoável sobre a integridade mental do investigado, o juiz das garantias determinará a instauração do necessário incidente, seja de ofício, seja a requerimento do Ministério Público, do Defensor, do curador, do ascendente, descendente, irmão ou do cônjuge.

XIV. *decidir sobre o recebimento da denúncia ou queixa, nos termos do art. 399 deste Código;*

Doravante, caberá ao juiz das garantias tratar do recebimento ou não da inicial acusatória, seja a denúncia, em crimes de ação pública, seja a queixa, nos de iniciativa privada, podendo rejeitá-las, por exemplo, com fundamento nas hipóteses do art. 395 do CPP, ou recebê-las.

Causa estranheza a menção feita pela lei ao art. 399 do CPP, bastando ver da leitura da parte inicial do *caput* deste artigo que ele se refere a um momento do processo em que já houve o recebimento da denúncia ou queixa.

De toda sorte, doravante, o juízo de admissibilidade da acusação passa a ser feito pelo juiz das garantias, com o que o legislador buscou evitar o contato do juiz da instrução e julgamento com os elementos probatórios colhidos no curso da investigação preliminar.

> XV. ***assegurar prontamente, quando se fizer necessário, o direito outorgado ao investigado e ao seu defensor de acesso a todos os elementos informativos e provas produzidos no âmbito da investigação criminal, salvo no que concerne, estritamente, às diligências em andamento;***

Este dispositivo corrobora os termos da súmula vinculante nº 14 do Supremo Tribunal Federal: "*É direito do Defensor, no interesse do representado, ter acesso amplo aos elementos de prova que, já documentados em procedimento investigatório realizado por órgão com competência de polícia judiciária, digam respeito ao exercício do direito de defesa.*"

Igualmente reforça os termos do direito fundamental insculpido na norma do art. 5º, inciso LXIII, da Constituição Federal, que assegura a todo investigado, seja ele preso ou não, a assistência de advogado.

A negativa de acesso aos autos no intuito de embaraçar o exercício da defesa poderá configurar o crime de abuso de autoridade.

> XVI. ***deferir pedido de admissão de assistente técnico para acompanhar a produção da perícia;***

A figura do assistente técnico, que auxilia as partes utilizando-se de seus conhecimentos técnicos, fora introduzida no processo penal brasileiro pela Lei nº 11.690/2008. Ao menos até o advento do pacote anticrime, era tida praticamente como certa a impossibilidade de admissão do assistente no decorrer da investigação criminal, limitando-se, pois, à ação penal e condicionada à prévia autorização do juiz.

Daqui para frente, porém, por força deste inciso e considerando que o juiz das garantias tem sua atuação adstrita à investigação, imperioso concluir que tal figura passa a ser admitida já no inquérito policial.

O inciso em comento autoriza, portanto, que o magistrado defira a admissão de assistente para acompanhar perícias a realizar-se na investigação, o que obviamente não significa dizer que isto passará a ser requisito para a realização de qualquer perícia, vez que existem aquelas que de modo algum podem ser postergadas, dado o risco de perecimento dos vestígios.

> XVII. *decidir sobre a homologação de acordo de não persecução penal ou os de colaboração premiada, quando formalizados durante a investigação;*

Tratam-se de negócios jurídicos que têm previsão, respectivamente, no art. 28-A, §§ 4º e 6º, do CPP, incluídos pelo pacote anticrime, e na Lei nº 12.850/2013 (Lei das organizações criminosas) – art. 4º, § 7º.

Quando houverem de ser celebrados no curso da investigação, sua homologação competirá ao juiz das garantias.

> XVIII. *outras matérias inerentes às atribuições definidas no caput deste artigo.*

Este inciso deixa patente que o rol dos incisos I a XVIII do art. 3º-B do CPP não é taxativo, pois não seria possível ao legislador prever todas as hipóteses em que se fará necessária a intervenção do juiz das garantias no sentido de resguardar a legalidade da investigação criminal e assegurar os direitos individuais que não podem ser obstados ou limitados sem previa autorização judicial, tudo à luz do *caput* do citado art. 3º-B.

> *§ 2º Se o investigado estiver preso, o juiz das garantias poderá, mediante representação da autoridade policial e ouvido o Ministério Público, prorrogar, uma única vez, a duração do inquérito por até 15 (quinze) dias, após o que, se ainda assim a investigação não for concluída, a prisão será imediatamente relaxada.'*

O dispositivo não modifica a regra geral constante do art. 10 do CPP no que respeita à conclusão do inquérito que versa sobre investigado preso, que continua sendo de 10 dias. Porém, no âmbito da Justiça estadual, traz inovação ao prever a possibilidade de sua prorrogação pelo prazo de 15 dias, uma única vez, a requerimento da autoridade policial e ouvido, sempre, o Ministério Público. Findo este prazo sem que finalizado o inquérito, resta ao juiz das garantias relaxar a prisão, conforme a disciplina do art. 3º-B, inciso VIII e § 2º, do CPP, nos termos da redação trazida pelo pacote anticrime.

> *'Art. 3º-C. A competência do juiz das garantias abrange todas as infrações penais, exceto as de menor potencial ofensivo, e cessa com o recebimento da denúncia ou queixa na forma do art. 399 deste Código.*

Agiu acertadamente o legislador ao afastar a figura do juiz das garantias do âmbito dos Juizados Especiais Criminais, cuja competência restringe-se às infrações penais de menor potencial ofensivo, ou seja, aquelas cuja pena máxima não supera 2 anos, ressalvadas as hipóteses que envolvam violência doméstica e familiar contra a mulher - art. 61 da Lei nº 9.099/95 c/c art. 41 da Lei nº 11.340/06.

É pouco provável, no âmbito destes Juizados, a utilização de medidas gravosas em desfavor do infrator, tais como prisão, interceptação telefônica e outras, aliás, sequer há inquérito policial, mas mera lavratura de termo circunstanciado que, uma vez assinado pelo autor do fato, comprometendo-se a comparecer no Juizado em dia e hora marcados, permite-lhe o direito de não ser preso em flagrante, tampouco exigindo-se fiança – art. 69, § único, da Lei nº 9.099/95.

Nesse cenário, não se justifica ali, de modo algum, a implantação do juiz das garantias.

Em sua derradeira parte, o dispositivo diz que a competência do citado juiz tem fim com o recebimento da peça acusatória, seja a denúncia, seja a queixa em qualquer das modalidades de ação penal privada.

Interessante questão é anotada por Renato Brasileiro a respeito da necessidade ou não de dois membros do Ministério Público, um com atribuição para a investigação, o outro para oficiar em juízo no decurso da ação penal. Arremata o autor: "*Parcial ou imparcial, fato é que o Ministério Público é parte no processo penal, senão no seu sentido material, visto que o poder-dever de acusar e punir não é dele, mas do Estado, mas ao menos em seu sentido formal, pois figura desde o início como parte acusadora, Não há, portanto, nenhuma lógica em se conceber a ideia de um Promotor de Justiça (ou Procurador da República) das garantias, tornando aquele órgão ministerial que tiver atuado na fase investigatória impedido de posteriormente vir a atuar no subsequente processo judicial. Aliás, revela-se absolutamente ilógico cindir a atuação do Ministério Público entre as fases investigatória e judicial da persecução penal, como se o órgão não fosse uno e indivisível. Firmada a premissa de que a concepção do juiz das garantias visa minimizar os riscos de contaminação subjetiva do juiz responsável pelo julgamento do processo, potencializando, pois, a sua imparcialidade, não há porque se aplicar o mesmo raciocínio ao órgão ministerial, já que deste não se pode exigir nenhuma imparcialidade.*" (LIMA, 2021, p. 138).

> ***§ 1º Recebida a denúncia ou queixa, as questões pendentes serão decididas pelo juiz da instrução e julgamento.***

Tal norma há que ser interpretada com certa prudência, pois não é o objetivo da nova lei ensejar que o juiz das garantias postergue a decisão sobre questões suscitadas no curso do inquérito, deixando-as para o juiz da instrução e julgamento pelo simples fato de que já procedeu ao juízo de admissibilidade da peça acusatória.

Nesse sentido, é de bom alvitre que o juiz das garantias somente decida quanto ao recebimento ou não da denúncia ou queixa quando as questões tipicamente da investigação já se acharem por ele decididas.

> *§ 2º As decisões proferidas pelo juiz das garantias não vinculam o juiz da instrução e julgamento, que, após o recebimento da denúncia ou queixa, deverá reexaminar a necessidade das medidas cautelares em curso, no prazo máximo de 10 (dez) dias.*

Consequência óbvia do princípio da independência funcional, não está o juiz da instrução e julgamento obrigado a manter o teor das decisões exaradas pelo juiz das garantias, podendo a qualquer tempo revê-las.

A norma impõe, no caso de existirem medidas cautelares em andamento, que o juiz da instrução se pronuncie em 10 dias acerca da necessidade ou não de sua manutenção. Silenciando o juiz no prazo assinalado, há quem defenda o inarredável reconhecimento de sua ilegalidade, daí impondo-se a revogação da prisão e da medida assecuratória, para exemplificar, aplicando-se, por analogia, o art. 316, parágrafo único, do CPP, na forma da redação trazida pelo pacote anticrime.

Por outro lado, se houver novo contexto fático e jurídico no curso da instrução processual, nada obsta ao juiz da ação penal apreciar e deferir medidas cautelares que antes o juiz das garantias havia negado.

> *§ 3º Os autos que compõem as matérias de competência do juiz das garantias ficarão acautelados na secretaria desse juízo, à disposição do Ministério Público e da defesa, e não serão apensados aos autos do processo enviados ao juiz da instrução e julgamento, ressalvados os documentos relativos às provas irrepetíveis, medidas de obtenção de provas ou de antecipação de provas, que deverão ser remetidos para apensamento em apartado.*
>
> *§ 4º Fica assegurado às partes o amplo acesso aos autos acautelados na secretaria do juízo das garantias.'*

Regra geral, os autos que compõem as matérias a cargo do juiz das garantias não poderão ser apensados aos autos da futura ação penal, exceto no que respeita aos documentos que versem sobre provas irrepetíveis e medidas de obtenção e antecipação de provas.

'Art. 3º-D. O juiz que, na fase de investigação, praticar qualquer ato incluído nas competências dos arts. 4º e 5º deste Código ficará impedido de funcionar no processo.
Parágrafo único. Nas comarcas em que funcionar apenas um juiz, os tribunais criarão um sistema de rodízio de magistrados, a fim de atender às disposições deste Capítulo.'

O *caput* do art. 3º-D do CPP padece de evidente equívoco. Não são os atos previstos nos arts. 4º e 5º do CPP que farão o juiz incidir no impedimento ali apontado. Basta ver que estes artigos não versam sobre atos típicos de jurisdição, mas na verdade sobre o exercício da função de polícia judiciária e sobre formas de instauração do inquérito policial em crimes que se perseguem mediante ação penal pública.

A referência correta que o *caput* deveria ter feito, então, só poderia ser em relação ao art. 3º-B do CPP, caso em que o magistrado incidiria no referido impedimento, ampliando-se, assim, as hipóteses do art. 252 do dito Código.

Não fosse a decisão cautelar proferida pelo Ministro Fux, suspendendo a implantação do juiz das garantias, a nova hipótese de impedimento já teria sido aplicada em um número considerável de comarcas com juiz e Vara únicos.

A ideia do rodízio de magistrados parece esbarrar na garantia que toda a magistratura tem no que concerne à inamovibilidade, pois a eles não se poderia impor verdadeira remoção sem seu assentimento.

'Art. 3º-E. O juiz das garantias será designado conforme as normas de organização judiciária da União, dos Estados e do Distrito Federal, observando critérios objetivos a serem periodicamente divulgados pelo respectivo tribunal.'

Não se pode cogitar da possibilidade de designações discricionárias a cargo dos diversos Tribunais para a escolha dos juízes que atuarão na nova função, sob pena de vulneração das prerrogativas da inamovibilidade e independência functional.

Assim, critérios objetivos devem ser estabelecidos e divulgados pelo respectivo Tribunal.

'Art. 3º-F. O juiz das garantias deverá assegurar o cumprimento das regras para o tratamento dos presos, impedindo o acordo ou ajuste de qualquer autoridade com órgãos da imprensa para explorar a imagem da pessoa submetida à prisão, sob pena de responsabilidade civil, administrativa e penal.
Parágrafo único. Por meio de regulamento, as autoridades deverão disciplinar, em 180 (cento e oitenta) dias, o modo pelo qual as informações so-

bre a realização da prisão e a identidade do preso serão, de modo padronizado e respeitada a programação normativa aludida no caput deste artigo, transmitidas à imprensa, assegurados a efetividade da persecução penal, o direito à informação e a dignidade da pessoa submetida à prisão.'"

Busca-se aqui garantir o respeito à integridade moral do preso, de sorte a não sofrer execração pública, ferindo sua dignidade, o que, se não observado, pode até configurar o crime de abuso de autoridade, nos termos da Lei nº 13.869/2019, art. 13:

> *"Art. 13. Constranger o preso ou o detento, mediante violência, grave ameaça ou redução de sua capacidade de resistência, a:*
> *I - exibir-se ou ter seu corpo ou parte dele exibido à curiosidade pública;*
> *II - submeter-se a situação vexatória ou a constrangimento não autorizado em lei;[...]"*

6.7. PROVIDÊNCIAS INICIAIS

O art. 6º do CPP, em rol não taxativo, aponta as providências iniciais a serem adotadas pela autoridade policial na condução da investigação, sem prejuízo, evidentemente, de outras que no curso do apuratório se mostrarem imprescindíveis à elucidação dos fatos, a saber:

> ***Art. 6º Logo que tiver conhecimento da prática da infração penal, a autoridade policial deverá:***
> I. ***dirigir-se ao local, providenciando para que não se alterem o estado e conservação das coisas, até a chegada dos peritos criminais;*** (Redação dada pela Lei nº 8.862/94)

Providência das mais relevantes, obviamente para as infrações penais que deixam vestígios, sendo inquestionável a relevância da atuação dos *experts* para desvendar os fatos, colhendo elementos probatórios e entregando suas conclusões no laudo.

Só é possível cogitar da apreensão dos objetos e alteração da cena do crime após a liberação pelos peritos. Exceção a esta regra vem inserta na Lei nº 5.970/1973, art. 1º, que por razões óbvias permite: "*em caso de acidente de trânsito, a autoridade ou agente policial que primeiro tomar conhecimento do fato poderá autorizar, independentemente de exame do local, a imediata remoção das pessoas que tenham sofrido lesão, se estiverem no leito da via pública e prejudicarem o tráfego*".

Há que lembrar da regra trazida pelo art. 158-C, § 2º, do CPP, incluído pela Lei nº 13.964/2019: "*É proibida a entrada em locais isolados bem como a remoção de quaisquer vestígios de locais de crime antes da liberação por parte do perito responsável, sendo tipificada como fraude processual a sua realização".*

> II. ***apreender os objetos que tiverem relação com o fato, após liberados pelos peritos criminais;*** (Redação dada pela Lei nº 8.862/94)

Tal apreensão é tratada nos arts. 240 a 250 do CPP, sendo de tal relevância que o art. 11 do CPP impõe que os "*instrumentos do crime, bem como os objetos que interessem à prova, acompanharão os autos do inquérito*".

O art. 175 do CPP, como forma de checar a eficiência dos instrumentos utilizados no delito, reforça a necessidade do exame pericial.

Diligências anteriores à própria instauração do inquérito policial, a exemplo da apreensão de instrumentos do crime, são perfeitamente lícitas, segundo já decidiu o STJ.

> III. ***colher todas as provas que servirem para o esclarecimento do fato e suas circunstâncias;***

Este inciso corrobora a ideia de que o rol deste artigo 6º não é taxativo. Todo e qualquer meio lícito de prova é bem vindo sempre que contribuir para a elucidação da autoria e materialidade delitivas.

Algumas normas preveem o poder requisitório da autoridade policial, mas, quando a situação versar sobre matéria sujeita à cláusula de reserva de jurisdição, obviamente a polícia judiciária dependerá de autorização judicial para acessar os dados protegidos por sigilo.

> IV. ***ouvir o ofendido;***

A versão que a vítima oferece em relação aos fatos pode contribuir sobremaneira para sua elucidação, em que pese seu evidente interesse na causa, inclusive porque existem questões cíveis que poderão ser afetadas a depender da decisão do juízo criminal (ação civil *ex delicto*). Lembre-se que a vítima não é considerada testemunha, mas sim informante, como tal não prestando o compromisso legal de dizer a verdade, não estando sujeita a responder pelo crime de falso testemunho, nada impedindo, porém, que possa ser responsabilizada pelo crime de denunciação caluniosa – art. 339 do Código Penal. Sendo apenas informante, não deverá ser computada no número de testemunhas que cada parte pode arrolar a depender do rito processual.

> V. ***ouvir o indiciado, com observância, no que for aplicável, do disposto no Capítulo III do Título VII, deste Livro, devendo o respectivo termo ser assinado por duas testemunhas que lhe tenham ouvido a leitura;***

Tal diligência é disciplinada, no que lhe for aplicável, pelos arts. 185 a 196 do CPP, tendo o suspeito o evidente direito ao silêncio – art. 5º, inciso LXIII, da Constituição Federal.

O Estatuto da OAB, em seu art. 7º, inciso XXI, alínea *a*, diz ser prerrogativa do advogado assistir seu cliente investigado durante a apuração de infrações penais, permitindo-lhe formular perguntas que eventualmente o delegado poderá indeferir, a exemplo das situações previstas na parte final do *caput* do art. 212 do CPP, aplicável ao caso por analogia, perguntas estas que "*puderem induzir a resposta, não tiverem relação com a causa ou importarem na repetição de outra já respondida.*"

A prerrogativa do advogado de acompanhar seu cliente há que ser interpretada como um direito, jamais como um dever para a autoridade policial, pois se o investigado não indicar procurador constituído, o Delegado pode perfeitamente realizar a inquirição sem a presença de defensor.

Está em desuso a exigência final deste inciso com relação à assinatura de duas testemunhas no termo, sendo considerada mera irregularidade, não tendo o condão de infirmar o valor probatório do interrogatório.

> VI. *proceder a reconhecimento de pessoas e coisas e a acareações;*

O reconhecimento de pessoas ou objetos que alguém possa ter visto em momento anterior é tratado nos arts. 226 a 228 do CPP, para os quais remetemos o leitor. Na acareação, pretende-se esclarecer algum ponto objeto de divergência entre as versões apresentadas por qualquer um que tenha apresentado seu relato sobre os fatos, a realizar-se conforme a disciplina dos arts. 229 e 230 do CPP.

> VII. *determinar, se for caso, que se proceda a exame de corpo de delito e a quaisquer outras perícias;*

Os chamados crimes não transeuntes, ou seja, aqueles que deixam vestígios, exigem que a materialidade delitiva seja comprovada pelo exame de corpo de delito (exame direto), conforme exigência do art. 158 do CPP. Eventualmente, não sendo viável a realização do exame, pelo perecimento dos vestígios, tal comprovação poderá ser feita por via indireta, como no caso da prova testemunhal – art. 167 do CPP. Tal poderia ocorrer, por exemplo, num homicídio em que o agente joga o cadáver ao rio, não sendo possível encontrá-lo, ou o dissolve em ácido, situações essas que, causadas pelo autor do fato, não lhe poderiam beneficiar, ensejando a impunidade.

VIII. ***ordenar a identificação do indiciado pelo processo datiloscópico, se possível, e fazer juntar aos autos sua folha de antecedentes;***

A Lei nº 12.037/2009, em seu art. 5º, prevê expressamente que o processo datiloscópico, o fotográfico e, por vezes, até a coleta biológica fazem parte da identificação criminal:

> *"Art. 5º A identificação criminal incluirá o processo datiloscópico e o fotográfico, que serão juntados aos autos da comunicação da prisão em flagrante, ou do inquérito policial ou outra forma de investigação.*
> *Parágrafo único. Na hipótese do inciso IV do art. 3o, a identificação criminal poderá incluir a coleta de material biológico para a obtenção do perfil genético."*
> (Incluído pela Lei nº 12.654/2012)

A juntada da folha de antecedentes é justificada por uma série de razões, sendo relevante para informar a vida pregressa, apontar possível reincidência, ajudar na convicção do juízo quanto à necessidade ou não de conversão da prisão em flagrante em preventiva, por ocasião da audiência de custódia, dentre outras.

IX. ***averiguar a vida pregressa do indiciado, sob o ponto de vista individual, familiar e social, sua condição econômica, sua atitude e estado de ânimo antes e depois do crime e durante ele, e quaisquer outros elementos que contribuírem para a apreciação do seu temperamento e caráter.***

As circunstâncias aqui apontadas podem contribuir, no caso de futura condenação penal, para a análise pelo juiz das circunstâncias judiciais mencionadas no art. 59 do Código Penal, contribuindo assim para a escorreita dosimetria da pena.

X. ***colher informações sobre a existência de filhos, respectivas idades e se possuem alguma deficiência e o nome e o contato de eventual responsável pelos cuidados dos filhos, indicado pela pessoa presa.*** (Incluído pela Lei nº 13.257, de 2016)

Pretende-se aqui mitigar os efeitos que o cárcere acaba por impor aos filhos, em que pese o princípio da intranscendência, pois sabemos que acaba por gerar estigmatização, situações vexatórias as mais diversas, privação de afeto e até de recursos materiais.

Tais elementos informativos podem contribuir para a tomada de decisões, desde o inquérito até a execução da pena, sendo certo que esta há de ser individualizada e objeto do necessário acompanhamento, de forma a preservar tanto quanto possível a chamada primeira infância, nos termos do respectivo Estatuto - Lei nº 13.257/2016.

Sem prejuízo destas, algumas leis especiais estabelecem outras providências a cargo da autoridade policial, a exemplo do Estatuto da Criança e do Adolescente – arts. 190-A e 190-E (com a redação dada pela Lei nº 13.441/2017), que disciplina a infiltração de agentes de polícia para a investigação de crimes contra a dignidade sexual de criança e de adolescente, e da lei Maria da Penha, que aponta uma série de diligências e cautelas a ser observadas pelo Delegado de Polícia quando da apuração de crimes ali previstos, conforme se observa do quanto disposto em seus arts. 10-A, 12-A e 12-B, acrescidos pela Lei nº13.505/2017.

> *Art. 7º Para verificar a possibilidade de haver a infração sido praticada de determinado modo, a autoridade policial poderá proceder à reprodução simulada dos fatos, desde que esta não contrarie a moralidade ou a ordem pública.*

Nada mais é do que a reconstituição do crime, comum de se ver em crimes de grande repercussão. A nosso ver, não se pode exigir participação ativa do investigado nesta diligência, porquanto não pode ser obrigado a auto incriminar-se. Porém, entendemos razoável que possa ser obrigado a comparecer na ocasião marcada, ainda que ali permaneça em silêncio, pena de condução coercitiva – art. 260 do CPP. Porém, devemos reconhecer que este não é o entendimento do STF (RHC nº 64354), que já disse que o investigado sequer tem a obrigação de comparecer ao local e, como decorrência disso, não poderá ser conduzido à força, tampouco ter contra si, por esse motivo, decretada prisão preventiva.

Não se fará tal diligência se vier a atentar contra a moralidade pública, como por exemplo reproduzir um estupro, ou ainda quando possa perturbar a ordem pública, como no caso de uma chacina de grande repercussão.

6.8. IMPRESCINDIBILIDADE

Já decidiu o Supremo Tribunal Federal que o inquérito policial não é uma condição inafastável para a propositura de ação penal, não havendo nada que impeça seja substituído por outras peças de informação, desde que suficientes para lastrear e dar justa causa à acusação, a exemplo de sindicâncias, processos administrativos, etc.

Nesse sentido o § 5º do art. 39 do CPP não deixa dúvida: "§ 5º *O órgão do Ministério Público dispensará o inquérito, se com a representação forem oferecidos elementos que o habilitem a promover a ação penal, e, neste caso, oferecerá a denúncia no prazo de quinze dias.*"

A autoridade que o preside é o Delegado de Polícia, da chamada Polícia Judiciária, estadual ou federal, distinta da polícia preventiva porque atua em face da infração penal já praticada.

Conquanto eventualmente dispensável, o art. 12 do CPP diz que *o inquérito policial acompanhará a denúncia ou queixa, sempre que servir de base a uma ou outra.*

6.9. APLICAÇÃO DE PRINCÍPIOS

Por não ser o inquérito policial um processo, mas procedimento administrativo informativo, não se lhe aplicam os princípios da atividade jurisdicional, tais como os das nulidades, contraditório, ampla defesa e publicidade.

6.10. INSTAURAÇÃO

O CPP prevê providências preparatórias e anteriores à instauração propriamente dita do inquérito policial, ensejando à autoridade policial a coleta de elementos probatórios que lhe permitirão concluir pela necessidade ou não de instauração do inquérito, evitando, se for o caso, que este seja iniciado de forma temerária, o que pode vir a causar constrangimento ilegal quando direcionado a investigar alguém especificamente, passível de *habeas corpus*. É a chamada verificação de procedência das informações – VPI, a que se refere o art. 5, § 3º, do CPP.

O art. 5º do CPP informa as hipóteses em que dar-se-á a instauração do inquérito policial:

1. **De ofício, por portaria da autoridade policial** (inciso I): hipótese aplicável apenas aos crimes que se perseguem mediante ação penal pública incondicionada, sendo consequência dos princípios da obrigatoriedade e oficiosidade. Lembre-se que, ocorrida infração penal em tese sujeita a esta modalidade de ação penal, é dever da autoridade policial adotar tal providência, sob pena de prevaricar – art. 319 do Código Penal.
2. **Pela lavratura de auto de prisão em flagrante**, nas hipóteses previstas nos arts. 302 e 303 do CPP. Embora não prevista no art. 5º do CPP, não paira dúvida que a prisão em flagrante também é motivo para a instauração de inquérito policial. Somente nas situações de flagrância delitiva é que é possível prender uma pessoa sem que haja determinação judicial. O auto de prisão em flagrante será o documento inicial da investigação a realizar-se pela polícia judiciária, a partir do qual prosseguirão os atos do inquérito. Parte da doutrina entende como possível cogitar a possibilidade de dispensa do inquérito policial em caso de prisão em flagrante, no caso de

os respectivos autos trazerem elementos indiciários suficientes de autoria e materialidade, permitindo de pronto o oferecimento da denúncia, como em caso de tráfico de entorpecentes em que já se tenha juntado o laudo toxicológico preliminar.

3. **Por requisição da autoridade judiciária ou do Ministério Público** (inciso II): Conquanto não haja subordinação da polícia judiciária em relação aos juízes ou ao Ministério Público, a expressão utilizada pelo Código – requisição, não deixa dúvida que trata-se de exigência legal, ordem, não podendo ser desatendida se exarada nos termos da lei, sendo um dever jurídico da autoridade policial.

Com relação à requisição feita por magistrado, caso efetivamente ocorra a implantação do juiz das garantias no Brasil, certamente tal possibilidade será objeto de intenso questionamento, na medida em que o art. 3º-A do CPP consagra o sistema acusatório, procurando afastar iniciativas do juiz na fase de investigação.

4. **Por requerimento do ofendido ou de quem tiver qualidade para representá-lo** (parte final do inciso II): Trata-se do maior interessado em provocar o início da persecução penal, já que não lhe é permitido praticar justiça com as próprias mãos. Detém qualidade para representar o ofendido o seu representante legal (ascendente, tutor ou curador); o curador especial; o cônjuge, ascendente, descendente ou irmão, no caso de morte ou declaração de ausência da vítima. Em caso de indeferimento do requerimento de instauração, resta ao interessado socorrer-se do Ministério Público, que a depender da convicção formada a respeito, poderá requisitar do Delegado que instaure a investigação.
5. **Por delação de terceiro (art. 5º, § 3º, do CPP)**: Só é cabível nas hipóteses de crimes sujeitos a ação penal pública incondicionada. Nos de ação penal pública condicionada, a autoridade policial nada pode fazer enquanto a vítima não demonstrar interesse nesse sentido e desde que o faça antes do decurso do prazo decadencial – 6 meses.

6.11. PROVAS QUE PRODUZ

No curso do inquérito policial, promove-se a inquirição de testemunhas e da vítima (informante), bem como do investigado, elabora-se a prova técnica, em especial o exame de corpo de delito, faz-se busca e apreensão, acareação, reconhecimento, ou seja, produz-se todo meio lícito de prova tendente a desvendar a infração penal.

Dois objetivos básicos devem ser atingidos com a investigação procedida no inquérito policial:

1. fornecer elementos para a convicção (*opinio delicti*) do Ministério Público ou do ofendido, a depender do tipo de ação penal;
2. trazer o suporte probatório suficiente para que a ação penal que venha a ser proposta tenha justa causa, sendo esta o conjunto probatório razoável sobre a existência do delito e da autoria ou participação.

Com relação à oitiva do indiciado, no que for pertinente, há que observar as mesmas regras que cuidam do interrogatório judicial - arts. 185 a 196 do CPP, sendo a ele assegurado o direito de não responder às perguntas que lhe forem dirigidas, ante o direito constitucional de calar-se - art. 5º, inciso LXIII. Tratando-se de procedimento inquisitivo, a autoridade policial não tem o dever de providenciar advogado para acompanhar o interrogatório, sendo esta uma faculdade do investigado. Da mesma forma, o delegado de polícia não se vê obrigado a intimar o advogado ou defensor da data e hora aprazados, podendo perfeitamente proceder ao ato sem a sua presença. Caso compareça, o causídico pode prestar ao assistido a devida assistência, até mesmo orientando-o a permanecer em silêncio.

6.12. SIGILO

O art. 20 do CPP trata da matéria, dizendo que a *autoridade policial assegurará no inquérito o sigilo necessário à elucidação do fato ou exigido pelo interesse da sociedade.*

A discrição no curso da investigação é elemento essencial para que ela possa chegar a bom termo, devendo a polícia judiciária evitar revelar fatos ou circunstâncias que possam colocar em risco o sucesso das investigações ou ainda que possam causar transtornos à ordem pública.

É praticamente pacífico o entendimento de que inconstitucional o art. 21 do CPP, que versa sobre a incomunicabilidade do indiciado, não tendo sido recepcionado pela Carta Magna - arts. 5º, incisos LXII e LXIII e 136, § 3º, inciso IV. Este último veda qualquer possibilidade desta medida ser aplicada em situação de estado de defesa. Se assim o fez em tal contexto, maior razão há para descartá-la em situação de normalidade.

6.13. ORDEM PROCEDIMENTAL NO INQUÉRITO

Diferentemente do que ocorre no processo criminal, não existe uma sequência legal inflexível para a tramitação do inquérito, o que não afeta sua característica de procedimento, já que o legislador conferiu-lhe uma ordem lógica quanto à instauração, desenvolvimento e conclusão, com a confecção do relatório. Cabe à autoridade policial, em conformidade com as circunstâncias de fato, ir produzindo as provas na medida das possibilidades, do contrário, ficaria de mãos atadas em detrimento da busca da verdade real.

6.14. PRAZO

Infere-se do art. 10 do CPP que há prazo certo para o desfecho do inquérito policial em se tratando de crimes **no âmbito da Justiça estadual**:

1. **Havendo apenas investigado/indiciado solto**: o prazo é de 30 dias, porém, se o fato é considerado de difícil elucidação, permite-se à autoridade policial postular a sua prorrogação, que via de regra é concedida. Com a implantação do juiz das garantias, tal dilação será por ele deferida. Até aqui, porém, na prática, esta questão tem sido resolvida diretamente entre a polícia judiciária e o Ministério Público, titular que é da ação penal pública.

A lei não esclarece quantas dilações podem ser deferidas e tampouco o prazo de cada uma delas. Nota-se na praxe a concessão indefinida de dilações, por prazos muitas das vezes mais elásticos que o inicialmente previsto de 30 dias, sem que diligência alguma seja levada a efeito.

2. **Havendo investigado/indiciado preso**: aqui o legislador buscou reduzir significativamente a duração dos inquéritos, deferindo 10 dias, tendo em conta a prioridade com que se deve tratar as situações que digam respeito a privações ao direito fundamental de ir e vir. Não há possibilidade de prorrogação deste prazo com a manutenção da prisão. Caso o Ministério Público considere não ter elementos suficientes à propositura da denúncia e pretenda requisitar da autoridade policial diligências complementares, há que dirigir-se ao juiz nesse sentido, mas requerendo a imediata soltura do preso.

Importante lembrar que, caso se dê a implantação do juiz das garantias, essa possibilidade de prorrogação de inquérito de investigado preso passará a existir, pelo prazo de 15 dias e por uma única vez, desde que assim requeira a autoridade policial, ouvindo-se o *Parquet* - art. 3º-B, inciso VIII, do CPP, na forma da redação dada pelo pacote anticrime.

Note-se que, em situação de prisão preventiva levada a efeito no curso do inquérito, o prazo que antes era de 30 dias passará a ser de 10, contados a partir do dia em que se executa a ordem de prisão.

Algumas legislações extravagantes fixam prazos completamente diferentes para o desfecho de inquéritos em relação a determinados tipos de infrações penais, a saber:

1. **No âmbito da Justiça Federal**: é de 15 dias em se tratando de investigado preso, prorrogável por outros 15, mediante autorização judicial. Se há apenas investigado solto, o prazo é de 30 dias, na forma do art. 10 do CPP.
2. **Crimes contra a economia popular**: é de 10 dias, pouco importando se há ou não preso, descabida a dilação – Lei nº 1.521/51, art. 10, §§ 1º e 2º.
3. **Crimes da lei de tóxicos**: é de 30 dias havendo preso e 90 dias se solto. Pode haver duplicação destes prazos pelo juiz, ouvido antes o Ministério Público, a pedido da autoridade policial – Lei nº 11.343/06, art. 51, *caput* e parágrafo único.
4. **Inquérito policial militar**: o Código de Processo Penal Militar, em seu art. 20, *caput* e parágrafo § 1º, diz que havendo investigado preso o prazo é de 20 dias. Se há apenas solto passa a ser de 40 dias. Não se permite a prorrogação de prazo havendo investigado preso. No caso de apenas solto, existe a possibilidade de dilação por mais 20 dias.

6.15. INDICIAMENTO

O conceito de indiciamento pode ser extraído da leitura do § 6º do art. 2º da Lei nº 12.830/2013, norma esta que disciplina a investigação criminal a cargo do delegado de polícia: "*§ 6º O indiciamento, privativo do delegado de polícia, dar-se-á por ato fundamentado, mediante análise técnico-jurídica do fato, que deverá indicar a autoria, materialidade e suas circunstâncias.*"

Exige a comprovação de indícios razoáveis de autoria ou participação, sendo um ato vinculado da autoridade, descabida qualquer discricionariedade no sentido de escolher quem merece ou não ser indiciado.

Somente a partir deste ato poderá o indivíduo ser chamado de indiciado, pois até então as expressões adequadas são suspeito ou investigado, pessoas em relação às quais se considera haver a possibilidade de que tenham praticado determinado delito. O indiciamento acarreta algumas implicações, dentre elas a anotação em folha de antecedentes.

O indiciamento é ato que somente deve ocorrer no curso da investigação, pois não se vê utilidade em empregá-lo por ocasião da ação penal. Aliás, durante o processo crime, não se fala mais em indiciado, mas sim réu ou acusado. Para além disso, não faz sentido o Ministério Público ou o juiz requisitar da autoridade policial que proceda ao indiciamento, aliás, aquele em nada depende do indiciamento para o oferecimento da denúncia. Se assim agir o juiz, proferindo tal ordem, estaria decerto vulnerando o sistema acusatório. Esta atribuição é ato privativo do delegado em que este faz valer sua *opinio delicti*.

Tal ato pode realizar-se de forma **direta** ou **indireta**, conforme a presença ou ausência do infrator. Se ausente, surge a necessidade do indiciamento indireto, em que a autoridade policial terá de valer-se de dados obtidos de fontes diversas a que possa recorrer.

Excepcionalmente, verificada hipótese de indiciamento arbitrário, cabível em tese a propositura de *habeas corpus*, a ser decidido pelo juiz das garantias, se este vier a ser implantado – art. 3º-B, inciso XII, do CPP. Se deferido o remédio heroico, teremos o chamado desindiciamento, corrigindo a coação ilegal. É de bom alvitre que o próprio delegado, de ofício, quando ao longo da apuração chegar à conclusão de que a pessoa indiciada nada teve a ver com o fato, proceda ao desindiciamento.

Leis orgânicas próprias estabelecem prerrogativas para os juízes e membros do Ministério Público, não podendo eles ser indiciados pela autoridade policial, a quem resta encaminhar a notícia crime e peças de informação à Administração Superior da instituição a que eles pertencem. Tal investigação há que prosseguir perante tais autoridades superiores.

Se a autoridade policial decide por proceder ao indiciamento, terá de apontar com objetividade o tipo ou tipos penais pertinentes, o que acarreta uma série de implicações práticas, muito embora não vincule o Ministério Público: influi no deferimento ou negativa de fiança, bem como em seu valor; interfere na necessidade ou não de exame de corpo de delito complementar para atestar lesão corporal grave, etc.

6.16. TRANCAMENTO

Num regime democrático como o nosso, que zela pelos direitos e garantias individuais, não há espaço para constrangimento ou coação ilegal, em qualquer momento da persecução criminal. Existem remédios jurídicos para reparar isso, sendo o mais conhecido o *habeas corpus*, referido nos arts. 647 e seguintes do CPP.

A ilegalidade pode dar-se das mais variadas formas e causar constrangimentos diversos para o investigado, como a prisão ou a investigação arbitrária, ao arrepio da lei.

Um inquérito pode ser instaurado para apurar um fato criminoso em relação ao qual não se tem qualquer indício de autoria ou participação. Em contexto fático diverso, pode o apuratório ser direcionado contra alguém especificamente, o que acarreta a esta pessoa, em menor ou maior grau, algum constrangimento, que pode ser legal ou ilegal, como se verá.

Caso o inquérito policial seja dirigido a investigar alguém em específico, necessita ter justa causa para que possa tramitar regularmente, em outra palavra:

1. O fato investigado precisa ser definido como infração penal. Exemplo de atipicidade é o furto de uma caixa de fósforos, porquanto nítida a irrelevância da conduta na esfera criminal – princípio da insignificância.
2. Deve haver, em tese, ao menos a possibilidade de o investigado ou indiciado ter envolvimento com o fato, quer como autor quer como partícipe.

Ausente qualquer destes pressupostos, tem espaço o encerramento atípico da investigação, o chamado trancamento, via *habeas corpus*, medida excepcional que deve ser levada a efeito apenas quando patente a ilegalidade do constrangimento sofrido.

A doutrina aponta outras hipóteses de ausência de justa causa para a tramitação do inquérito, como por exemplo:

1. **Hipótese de causa extintiva da punibilidade**: imagine-se um inquérito que investiga fraude no pagamento por intermédio de cheque em que o agente, antes de oferecida a denúncia, repara integralmente o dano (Súmula 554 do STF). Sendo evidente a causa extintiva da punibilidade, viável o ajuizamento do remédio heroico.

2. **Instauração de inquérito sem a representação do ofendido em crime de ação pública condicionada.** Ausente a condição de procedibilidade, cabível também o *HC*.

O controle da legalidade da investigação, segundo dispõe o art. 3º-B, *caput* e inciso IX, do CPP, passará a ser feito pelo juiz das garantias, caso esta figura venha a ser implantada no Brasil. Destacamos o reportado inciso IX: "*determinar o trancamento do inquérito policial quando não houver fundamento razoável para sua instauração ou prosseguimento;*"

6.17. ALTERNATIVAS DECORRENTES DO INQUÉRITO POLICIAL CONCLUÍDO

A partir do momento em que a autoridade policial instaura o inquérito policial jamais poderá arquivá-lo – art. 17 do CPP.

Levado ao conhecimento do Ministério Público o inquérito policial relatado (concluído), este tem as seguintes possibilidades de encaminhamento:

1. **Concluir que o inquérito apurou, tão somente, a existência de crime que se persegue mediante ação de iniciativa exclusivamente privada.** Em tal caso, o órgão do MP se dirigirá ao juiz nos termos do art. 19 do CPP, ou seja, informando que de fato só há crime de ação privada, de sorte que os autos devem aguardar a eventual propositura de queixa-crime pelo ofendido, no prazo referido no art. 38 do CPP – seis meses contados do dia em que vier a saber quem é o autor do fato, pena de decadência e decorrente extinção da punibilidade.
2. **Concluir que a investigação não elucidou suficientemente os fatos e, por isso, requerer o retorno do inquérito à polícia judiciária para a sua complementação.** É o que está posto no art. 16 do CPP que, porém, só admite tal providência em relação a novas diligências imprescindíveis ao oferecimento da denúncia.
3. **Concluir pela declinação de competência.** É o que postulará o membro do Ministério Público se verificar que outro juízo é o competente para o processo relativo ao crime ou crimes que a investigação desvendou. Exemplo disso é o inquérito policial recebido pelo Promotor de Justiça que oficia em Vara Criminal da Justiça estadual se chegar à conclusão de que se trata de crime eleitoral, pelo que requer a remessa a um dos juízes das zonas eleitorais.

4. **Requerer o arquivamento do inquérito**. O art. 28 do CPP foi objeto de grandes inovações ante as modificações promovidas pela Lei 13.964/19 – pacote anticrime, porém, nessa questão do arquivamento, tal alteração foi suspensa por decisão liminar do Ministro Fux na ação declaratória de inconstitucionalidade 6305. Veja-se a atual redação:

> *"Art. 28. Ordenado o arquivamento do inquérito policial ou de quaisquer elementos informativos da mesma natureza, o órgão do Ministério Público comunicará à vítima, ao investigado e à autoridade policial e encaminhará os autos para a instância de revisão ministerial para fins de homologação, na forma da lei.*
> *§ 1º Se a vítima, ou seu representante legal, não concordar com o arquivamento do inquérito policial, poderá, no prazo de 30 (trinta) dias do recebimento da comunicação, submeter a matéria à revisão da instância competente do órgão ministerial, conforme dispuser a respectiva lei orgânica.*
> *§ 2º Nas ações penais relativas a crimes praticados em detrimento da União, Estados e Municípios, a revisão do arquivamento do inquérito policial poderá ser provocada pela chefia do órgão a quem couber a sua representação judicial."*

Em relação aos mecanismos de controle do arquivamento do inquérito policial ou peças de informação, vê-se que o chamado pacote anticrime trouxe inovação que há muito era reclamada por parte da doutrina, eliminando qualquer intervenção do juiz.

Com a suspensão da implantação do juiz das garantias, persiste, por ora, a necessidade de homologação do pedido de arquivamento pelo magistrado, dada a medida cautelar deferida pelo relator das ADIs 6.298, 6.299 e 6.300, Ministro Luiz Fux, que suspendeu a eficácia da alteração deste procedimento – art. 28 do CPP, de forma que, caso o magistrado dele discorde, deverá remeter os autos ao Chefe do Ministério Público, no caso do Ministério Público estadual o Procurador-Geral de Justiça, que poderá decidir pela manutenção do arquivamento ou enviá-lo ao substituto legal para oferecimento de denúncia.

Há quem diga que tal controle judicial, ao negar o arquivamento, viola as diretrizes do sistema acusatório, sendo uma indevida intromissão do julgador.

5. **Oferecer denúncia**: Extrai-se do art. 46 do CPP a regra geral em relação ao prazo para oferecimento da denúncia, sendo de 5 dias em caso de investigado preso, e de 15 dias em relação a investigado solto.

Se há apenas investigado solto, o prazo legal para o *Parquet* é sem dúvida considerado impróprio, pois a peça acusatória poderá ser ofertada a qualquer tempo, salvo prescrição, não havendo preclusão ou outra sanção processual, apenas abrindo-se a oportunidade para a ação penal privada subsidiária da pública.

Se há investigado preso, o prazo deverá ser obedecido com rigor, sob pena de caracterizar constrangimento ilegal, o que deverá levar à soltura.

Se parte dos investigados está solta e outra presa, há que considerar o prazo como se todos estivessem presos.

Algumas legislações especiais trazem prazos diversos:

I. **Crime eleitoral**: 10 dias – art. 357 do Código Eleitoral;
II. **Lei de tóxicos**: 10 dias – art. 54, inciso III, da Lei nº 11.343/06;
III. **Crimes falimentares**: 15 dias na situação apontada na parte final do § 1º do art. 187 da Lei nº 11.101/2005, para o qual remetemos o leitor.

6. **Propor acordo de não persecução penal**: Até o advento do pacote anticrime, este institututo era previsto apenas em Resolução do Conselho Nacional do Ministério Público. Está inserido, atualmente, no art. 28-A do CPP, com a redação dada pela Lei nº 13.964/2019:

> *"Art. 28-A. Não sendo caso de arquivamento e tendo o investigado confessado formal e circunstancialmente a prática de infração penal sem violência ou grave ameaça e com pena mínima inferior a 4 (quatro) anos, o Ministério Público poderá propor acordo de não persecução penal, desde que necessário e suficiente para reprovação e prevenção do crime, mediante as seguintes condições ajustadas cumulativa e alternativamente:*
> *I - reparar o dano ou restituir a coisa à vítima, exceto na impossibilidade de fazê-lo;*
> *II - renunciar voluntariamente a bens e direitos indicados pelo Ministério Público como instrumentos, produto ou proveito do crime;*
> *III - prestar serviço à comunidade ou a entidades públicas por período correspondente à pena mínima cominada ao delito diminuída de um a dois terços, em local a ser indicado pelo juízo da execução, na forma do art. 46 do Decreto-Lei nº 2.848, de 7 de dezembro de 1940 (Código Penal);*
> *IV - pagar prestação pecuniária, a ser estipulada nos termos do art. 45 do Decreto-Lei nº 2.848, de 7 de dezembro de 1940 (Código Penal), a entidade pública ou de interesse social, a ser indicada pelo juízo da execução, que tenha, preferencialmente, como função proteger bens jurídicos iguais ou semelhantes aos aparentemente lesados pelo delito; ou*
> *V - cumprir, por prazo determinado, outra condição indicada pelo Ministério Público, desde que proporcional e compatível com a infração penal imputada."*

Trata-se de mais uma medida despenalizadora, mitigando o princípio da obrigatoriedade da ação penal pública.

Por óbvio, não deve o membro do Ministério Público propor o acordo se está convencido de que é caso de arquivamento do inquérito policial, sendo esta uma medida menos gravosa do ponto de vista do investigado.

A iniciativa do acordo compete somente ao Ministério Público, titular exclusivo que é da ação penal pública, não podendo o magistrado pretender substituir o órgão acusador na apreciação dos requisitos legais. Havendo recusa ministerial, o investigado poderá requerer a remessa dos autos ao órgão da Administração Superior do *Parquet* para que aprecie a negativa - § 14 do art. 28-A do CPP.

Havendo integral cumprimento do acordo, o juízo competente reconhecerá a extinção da punibilidade – art. 28-A, § 13.

Em decisão datada de 06/2/2023, o Supremo Tribunal Federal decidiu que *não é possível a celebração de acordo de não persecução penal em crimes de RACISMO e INJÚRIA RACIAL*. (RHC 222.599, 2ª Turma)

6.18. VALOR PROBATÓRIO

O art. 155 do CPP trata deste tema, informando que *o juiz formará sua convicção pela livre apreciação da prova produzida em contraditório judicial, não podendo fundamentar sua decisão exclusivamente nos elementos informativos colhidos na investigação, ressalvadas as provas cautelares, não repetíveis e antecipadas*.

O princípio do livre convencimento rege a avaliação das provas, não estando o magistrado vinculado a algum valor predeterminado dessa ou daquela prova. É o próprio juiz que dirá se tal ou qual prova é mais ou menos importante para as suas conclusões, que haverão de levar em conta todo o conjunto probatório.

Esse livre convencimento, porém, não é absoluto, pois o juiz jamais poderá embasar um decreto condenatório com base exclusivamente em provas produzidas no inquérito, já que assim estaria ferindo o contraditório.

Sem embargo, as circunstâncias indicadas nas evidências colhidas no inquérito podem constituir elementos válidos de convencimento do julgador e, somadas à prova judicial, servir de fundamento sólido a uma condenação.

6.19. VÍCIOS

Prevalece a compreensão de que, sendo o inquérito policial mero procedimento administrativo e não ato de jurisdição – não há partes *stricto sensu* nem tampouco ali se exercita pretensão acusatória, pelo que os vícios nele eventualmente existentes, regra geral, não contaminam a ação penal a que venha a dar origem. A vulneração a formalidades legais pode acarretar a ineficácia do ato em si - prisão em flagrante, por exemplo, que poderá vir a ser relaxada, mas não acarreta prejuízo à ação penal já iniciada, com denúncia recebida.

Irregularidades acaso existentes podem diminuir o valor probatório dos atos a que se refiram, como no caso da confissão extrajudicial obtida mediante tortura e, a depender do caso, do próprio procedimento como um todo, o que será objeto de análise no exame do mérito da causa. Porém, não há que falar em nulidades, muito menos para invalidar a decorrente ação penal.

Devemos lembrar que eventual vício/irregularidade da investigação pode vir a contaminar os demais atos do inquérito nos quais o defeito repercute e contamina. Exemplo disso seria uma busca e apreensão determinada judicialmente, executada na conformidade da lei, porém, autorizada pelo magistrado a pedido da autoridade policial que fundamentou seu pedido com lastro em informações colhidas em confissão extrajudicial obtida mediante tortura.

JULGADOS/JURISPRUDÊNCIA CORRELATA

STJ:

O chamado fenômeno da serendipidade ou o encontro fortuito de provas - que se caracteriza pela descoberta de outros crimes ou sujeitos ativos em investigação com fim diverso - não acarreta qualquer nulidade ao inquérito que se sucede no foro competente. [...] (REsp 1524528/PE, Relator. Ministro Nefi Cordeiro, 6ª Turma, julgado aos 05/9/2017, DJe 13/9/2017)

A possibilidade de oferecimento do acordo de não persecução penal é conferida exclusivamente ao Ministério Público, não cabendo ao Poder Judiciário determinar ao 'Parquet' que o oferte. (Informativo nº 739)

Constitui fundamentação idônea para o não oferecimento de acordo de não persecução penal (ANPP) a existência de vários registros policiais e infracionais, embora o réu seja tecnicamente primário, bem como a utilização de posição de liderança religiosa para a prática de delito de violação sexual mediante fraude. (Informativo nº 750)

A competência para a execução do acordo de não persecução penal é do Juízo que o homologou. (Informativo nº 757)

Súmula 234: *A participação de membro do Ministério Público na fase investigatória criminal não acarreta o seu impedimento ou suspeição para o oferecimento da denúncia.*

STF:

Não é possível a celebração de acordo de não persecução penal em crimes de RACISMO e INJÚRIA RACIAL". (STF, RHC 222.599, 2ª Turma, julgado aos 06/02/2023)

Notícias anônimas de crime, desde que verificada a sua credibilidade por apurações preliminares, podem servir de base válida **à investigação e à persecução criminal**. [...] (HC 106152, Rel. Min. Rosa Weber, 1ª Turma, julgado aos 29/3/2016, DJe-106, publicado aos 24/5/2016)

A jurisprudência do Supremo Tribunal Federal estabelece que a suspeição de autoridade policial não é motivo de nulidade do processo, pois o inquérito é mera peça informativa, de que se serve o Ministério Público para o início da ação penal. [...] É inviável a anulação do processo penal por alegada irregularidade no inquérito, pois, segundo jurisprudência formada neste Supremo Tribunal, as nulidades processuais concernem tão somente aos defeitos de ordem jurídica pelos quais afetados os atos praticados ao longo da ação penal condenatória. (RHC 131450, Relatora Ministra Cármen Lúcia, 2ª Turma, julgado aos 03/5/2016)

Súmula 397: *O poder de polícia da Câmara dos Deputados e do Senado Federal, em caso de crime cometido nas suas dependências, compreende, consoante o regimento, a prisão em flagrante do acusado e a realização do inquérito.*

+ EXERCÍCIOS DE FIXAÇÃO

01. (FCC – Juiz Substituto – TJ/PE – 2011) Se o crime for de alçada privada, a instauração de inquérito policial:

A) não interrompe o prazo para o oferecimento de queixa.

B) é indispensável para a propositura da ação penal.

C) constitui causa de interrupção da prescrição.

D) suspende o prazo para o oferecimento de queixa.

E) não pode ocorrer de ofício, admitindo-se, porém, requisição da autoridade judiciária.

02. (FGV – Juiz Substituto – TJ/MS – 2008) Relativamente ao inquérito policial, é correto afirmar que:

A) a autoridade assegurará no inquérito o sigilo necessário à elucidação do fato, aplicando, porém, em todas as suas manifestações, os princípios do contraditório e da ampla defesa;

B) a autoridade policial poderá mandar arquivar autos de inquérito por falta de base para denúncia;

C) o inquérito deverá terminar no prazo de 30 dias, se o indiciado estiver preso, ou no prazo de 60 dias, quando estiver solto;

D) o inquérito não acompanhará a denúncia ou queixa quando server de base a uma ou outra;

E) o indiciado poderá requerer à autoridade policial a realização de qualquer diligência.

» GABARITO

01.

A alternativa **A** está **correta**. A instauração de inquérito não interrompe o prazo para oferecer queixa pelo fato de não haver previsão legal nesse sentido.

Alternativa **b**: errada. O inquérito pode, por vezes, ser dispensado. Pode ser, por exemplo, que as peças de informação que aportam ao Ministério Público, advindas de uma Comissão Parlamentar de inquérito, sejam aptas a atestar a justa causa para a futura ação penal.

Alternativa **C**: errada. A instauração de inquérito não está prevista na lei como causa de interrupção da prescrição.

Alternativa **D**: errada. O equívoco também reside na falta de previsão legal.

Alternativa **E**: errada. Em crime de ação penal privada exclusiva, não se pode prescindir do requerimento expresso do ofendido ou seu representante legal.

02.

A alternativa **A** está errada. A primeira parte da assertiva está certa, nos termos do art. 20 do CPP. Porém, prevalece o entendimento de que as manifestações da autoridade policial no inquérito não estão condicionadas à observância do contraditório e ampla defesa.

A alternativa **B** também está errada. Não há motivo algum que autorize a autoridade policial a arquivar autos de inquérito, conforme o art. 17 do CPP.

A alternativa **C** está errada. Nos termos do art. 10 do CPP, o inquérito deve terminar em 10 dias se houver investigado preso ou em 30 dias quando solto.

A alternativa **D** está errada, pois contraria texto espresso da lei – art. 12 do CPP.

A alternativa **E** está **correta**. Esta possibilidade acha-se prevista no art. 14 do CPP. Lembre-se que é possível requerer a diligência, que poderá ser deferida ou não pela autoridade policial.

7 AÇÃO PENAL

Ação penal é o direito subjetivo, público, autônomo e abstrato de pleitear ao Poder Judiciário a aplicação do direito penal objetivo ao caso concreto.

Encontra guarida na Constituição Federal, sendo evidente consequência do princípio da inafastabilidade da jurisdição – *a lei não excluirá da apreciação do Poder Judiciário lesão ou ameaça a direito* – art. 5º, inciso XXXV. Como não se pode fazer justiça com as próprias mãos, resta utilizar-se do direito de ação.

7.1. CONDIÇÕES DA AÇÃO PENAL

São três as **condições genéricas** da ação penal:

a. possibilidade jurídica do pedido;
b. legitimidade para agir (*legitimatio ad causam*);
c. interesse legítimo ou interesse de agir.

I. **Possibilidade jurídica do pedido**

O autor, legitimado que é para promover a ação, deve postular ao juiz uma providência que tenha previsão no ordenamento jurídico.

Outra hipótese de impossibilidade jurídica ocorrerá se o fato narrado na denúncia ou queixa evidentemente não constituir infração penal - o pedido será juridicamente impossível, pois a pretensão, ao final, não será acolhida. O fato é manifestamente atípico.

Em resumo, dar-se-á impossibilidade jurídica do pedido quando:

a. o pedido é uma sanção penal não prevista no direito processual penal brasileiro. Exemplo: castração química;
b. quando o pedido de condenação é fundado num fato que não é típico.

II. **Legitimidade para agir (*legitimatio ad causam*)**

Exige-se aqui a adequação e a utilidade da ação penal, sendo que a necessidade é presumida, já que não se pode aplicar pena sem o necessário processo legal.

Trata-se da pertinência subjetiva da ação, ou seja, as partes.

Apenas o titular do interesse objeto do litígio é que poderá promover a ação penal.

Apenas as partes interessadas no conflito são legítimas: de um lado a que pode promover a ação e de outro aquela contra quem haverá de ser proposta. Esta condição da ação deve verificar-se no polo ativo e no polo passivo da relação processual.

Infere-se daí as duas legitimações:

a. legitimação ativa (para ajuizar a ação);
b. legitimação passiva (em desfavor de quem deve ser proposta).

A regra geral, no polo ativo, é a chamada legitimação ordinária, a cargo do titular da relação jurídica em questão, que no Direito Penal será sempre o Estado, representado pelo Ministério Público – art. 129, inciso I, da Constituição Federal. Lembre-se que o *jus puniendi* é sempre estatal.

Por vezes o texto da lei autoriza alguém que não é o sujeito da relação jurídica a demandar, oportunizando a chamada legitimação extraordinária ou substituição processual, ou seja, alguém em nome próprio defende interesse alheio. É o que se vê na ação penal privada. O particular (ofendido) defende um interesse que pertence ao Estado. É possível, inclusive, embora não usual, o ajuizamento de ação penal privada por pessoa jurídica, a exemplo da difamação, competindo ao representante legal da empresa propor a queixa.

A legitimação passiva é sempre do autor ou partícipe da infração penal.

III. Interesse legítimo ou interesse de agir

Só há interesse de agir no processo penal quando presente a justa causa ou *fumus boni juris* a amparar a imputação, o que se conclui da leitura do art. 648, inciso I, do CPP.

A justa causa é o suporte probatório mínimo em que se deve basear a acusação, porquanto a simples instauração da ação penal já atinge o chamado *status dignitatis* do denunciado. O acusador deverá trazer elementos idôneos a mostrar que há infração penal em tese e indícios razoáveis de que cometida pela pessoa apontada na ação penal.

7.2. CONDIÇÕES ESPECÍFICAS DA AÇÃO PENAL (CONDIÇÕES DE PROCEDIBILIDADE)

As condições de procedibilidade, referidas no art. 24 do CPP, são exigidas pela lei para a propositura da ação penal em alguns casos que ela assim determina.

Exemplificando:

- art. 7º, § 2º, a, do Código Penal (**extraterritorialidade condicionada**): exige-se a entrada do agente no território nacional, no caso de crime praticado no exterior;
- art. 145, parágrafo único, do Código Penal: faz-se necessária a **requisição do Ministro da Justiça** nos crimes contra a honra praticados em desfavor do Presidente da República ou contra chefe de governo estrangeiro;
- **representação do ofendido**, em crimes de ação penal pública condicionada.

7.3. CONDIÇÕES DE PROSSEGUIBILIDADE

Existem também as chamadas condições de prosseguibilidade, diversas das condições de procedibilidade pois são aquelas que possibilitam o prosseguimento do processo, em casos apontados pela lei.

Exemplo desta condição é a hipótese de causa extintiva da punibilidade prevista no art. 60, inciso II, do CPP:

> *"Art. 60. Nos casos em que somente se procede mediante queixa, considerar-se-á perempta a ação penal:*
> *II - quando, falecendo o querelante, ou sobrevindo sua incapacidade, não comparecer em juízo, para prosseguir no processo, dentro do prazo de 60 (sessenta) dias, qualquer das pessoas a quem couber fazê-lo, ressalvado o disposto no art. 36;"*

7.4. AÇÃO PENAL PÚBLICA

Há quem diga que o mais adequado seria dizer ação penal de **iniciativa** pública, pois toda ação penal é pública.

I. **Características**

a. **Necessidade e obrigatoriedade**: como regra, presentes elementos probatórios razoáveis, trazidos pelo inquérito policial ou peças de informação, o Ministério Público tem a obrigação de oferecer a denúncia. O juízo de formação da *opinio delicti* (convencimento) pelo

Parquet é um juízo vinculado de legalidade e não de oportunidade ou conveniência.

A Lei n.º 9.099/95, por meio de seus institutos de caráter despenalizador, como a transação penal e a suspensão condicional do processo, estabeleceu o princípio da obrigatoriedade mitigada ou regrada para as infrações penais de menor potencial ofensivo.

Além disso, o Ministério Público pode fazer acordos para não ajuizar ação penal contra quem cometeu crimes sem violência ou grave ameaça. O pacote anticrime levou o chamado acordo de não persecução penal para dentro do Código de Processo Penal. De acordo com a lei, o acordo pode ser assinado com réus primários quando o crime cominar pena inferior a quatro anos e desde que não envolva violência ou grave ameaça. Quem assinar o acordo fica sujeito a devolver o produto do crime às vítimas, prestar serviço comunitário, pagar multa ou "*cumprir, por prazo determinado, outra condição indicada pelo Ministério Público, desde que proporcional à infração penal cometida*".

O acordo precisa ser homologado pela Justiça e não pode beneficiar reincidentes nem quem já obteve a mesma benesse nos últimos cinco anos. O acordo também depende de o réu confessar o crime e não se aplica aos casos de competência dos juizados especiais criminais.

O acordo de não persecução penal, sobre o qual já falamos no capítulo relativo ao inquérito, está previsto no artigo 28-A do Código de Processo Penal, com a redação dada pela Lei nº 13.964/2019.

b. **Indisponibilidade**: reflete-se na proibição de o Ministério Público desistir da ação penal pública instaurada – art. 42 do CPP, bem assim de recurso que tenha interposto – art. 576 do CPP. Não é exigível do *Parquet* que recorra, mas, se o fizer, não poderá voltar atrás, ainda que o membro que recorreu venha, por algum motivo, a ser substituído por outro. Este princípio sofre também alguma mitigação, basta ver que, preenchidos os requisitos do art. 89 da Lei nº 9.099/95, o acusado poderá vir a ser beneficiado com a suspensão condicional do processo (sursis processual): "*Nos crimes em que a pena mínima cominada for igual ou inferior a um ano, abrangidas ou não por esta Lei, o Ministério Público, ao oferecer a denúncia, poderá propor a suspensão do processo, por dois a quatro anos, desde que o acusado não esteja sendo processado ou não tenha sido condenado por outro crime, presentes os demais requisitos que autorizariam a suspensão condicional da pena (art. 77 do Código Penal)*". Findo o período de prova sem o descumprimento das condições impostas, resta ao juiz reconhecer a extinção da punibilidade – art. 89, § 5º, da citada lei.

c. **Oficialidade**: a atividade persecutória, em juízo, é de iniciativa de um órgão público, o Ministério Público, por previsão constitucional – art. 129, inciso I, desenvolvendo-se por impulso oficial, pois a prática dos atos processuais é determinada de ofício pelo magistrado, independentemente de requerimento das partes. Aplica-se apenas aos crimes de ação penal pública, seja condicionada ou incondicionada. Lembre-se que, na ação privada, se o querelante não promover o andamento do processo por trinta dias seguidos, estará sujeito à perempção.

d. **Divisibilidade**: consiste no fato de que o processo poderá sempre ser desmembrado, no interesse da instrução criminal. Veja-se, a respeito, o art. 80 do CPP: "*Art. 80. Será facultativa a separação dos processos quando as infrações tiverem sido praticadas em circunstâncias de tempo ou de lugar diferentes, ou, quando pelo excessivo número de acusados e para não lhes prolongar a prisão provisória, ou por outro motivo relevante, o juiz reputar conveniente a separação.*" Isto é particularmente importante em ações penais complexas, com vários fatos delituosos e/ou vários réus, com alguns deles respondendo ao processo presos, outros soltos, outros com mandado de prisão expedido.

Parte da doutrina traz abordagem diversa, concluindo que na verdade a ação penal pública rege-se pela indivisibilidade, pelo fato de que o órgão acusador não pode escolher, dentre os envolvidos no crime, quem irá denunciar.

e. **Intranscendência**: temos aqui a garantia constitucional segundo a qual a ação penal é limitada ao réu da ação penal, não devendo atingir seus familiares. A pena, assim, não deverá passar da pessoa do condenado.

Espécies

a. **Ação penal pública incondicionada**: de iniciativa exclusiva do Ministério Público (art. 129, inciso I, da CF), aplica-se a todas as infrações penais em que a legislação nada dispuser em sentido contrário;

b. **Ação penal pública condicionada** (art. 24 do CPP): a norma poderá exigir requisição do Ministro da Justiça ou representação do ofendido ou de quem tenha qualidade para representá-lo. Em geral, este tipo de ação é identificada na lei pelo uso das seguintes expressões, respectivamente: "*Procede-se mediante requisição do Ministro da Justiça*", a exemplo do parágrafo único do art. 145 do Código Penal, e "*somente se procede mediante representação*", como se dá no delito de ameaça – art. 147 do referido Código.

7.4.1. AÇÃO PENAL PÚBLICA CONDICIONADA

Nos termos do art. 24 do CPP, o Ministério Público só pode promover a ação quando existir a condição de procedibilidade exigida.

I. Representação do Ofendido

Conceito

Trata-se pedido/autorização em que o ofendido, seu representante legal ou curador nomeado para a função expressam o desejo de que a ação penal seja instaurada, autorizando a persecução criminal.

Em outra palavra, é a manifestação de vontade da vítima ou de seu representante legal no sentido de autorizar a polícia judiciária e/ou o *Parquet* a desencadear a persecução.

Tal exigência legal é explicada pelo fato de que, por vezes, o interesse do ofendido se sobrepõe ao público na repressão da infração penal, podendo a ação penal trazer mais malefícios e constrangimentos ao ofendido do que o próprio crime trouxe.

Quem pode exercer o direito de representação?

A vítima ou seu representante legal podem exercer o direito de representação.

Se a vítima for criança ou adolescente, poderão representar os pais, tutores ou curadores, ou na ausência destes, o curador especial, a ser nomeado pelo juiz - art. 33 do CPP, aplicável aqui por analogia.

Sem embargo, a jurisprudência tem admitido representação dos avós, tios, irmãos, pais de criação, e outras pessoas pelas quais o menor tenha dependência econômica, etc.

Entende-se que prevalece na representação seu caráter material, dispensando-se maiores formalidades na medida em que basta estar evidenciada a vontade inequívoca da vítima.

O direito de representação pode também ser exercido por procurador da vítima ou de seu representante legal, com poderes especiais, mediante declaração escrita ou oral, segundo informa o art. 39, *caput*, do CPP.

Segundo o art. 24, § 1°, do CPP, no caso de morte do ofendido ou quando declarado ausente por decisão judicial, o direito de representação passará ao cônjuge, ascendente, descendente ou irmão (CADI), enumeração esta que não pode ser ampliada.

Aquele que ainda não completou dezoito anos pode, após perfazer essa idade, oferecer representação, uma vez que a decadência começa a contar desta data (quando completa os 18). Esgotado o prazo para um dos titulares do direito, a representação pode ser oferecida pelo outro, sendo, pois, independentes os prazos.

A representação da pessoa jurídica poderá ser feita por quem o estatuto social ou contrato determinar, tema que não é muito comum de ser tratado nestes documentos. No silêncio, será feita por seus diretores ou sócios gerentes.

É perfeitamente admissível denúncia do Ministério Público em desfavor de pessoa não mencionada na representação, por força do princípio da obrigatoriedade.

A representação pode ser oferecida ao juiz, ao órgão do *Parquet* e à autoridade policial. Nesse sentido o *caput* do art. 39 do CPP. Caso seja implantado o juiz das garantias no Brasil, poderá vir a ser questionada a possibilidade de ofertar representação perante o juiz, ao fundamento de violação do sistema acusatório.

Recebendo a representação, o Ministério Público poderá de plano ajuizar a ação penal, quando entender que já fornecidos os elementos indispensáveis, ou requisitar a instauração de inquérito policial. O juiz pode encaminhá-la ao *Parquet* ou à autoridade policial.

O Ministério Público não se vê obrigado ao oferecimento de denúncia, podendo, mesmo recebendo a representação, concluir pela não instauração do processo crime. Pode, por outro lado, oferecer denúncia com classificação jurídica diferente da contida na representação.

A lei diz que a representação é irretratável após o oferecimento da denúncia - art. 102 do Código Penal e art. 25 do CPP. Asim, até o oferecimento da denúncia, pode ser retratada.

Permite-se a chamada retratação da retratação, podendo o ofendido renovar a representação da qual se retratou, desde que ainda não transcorrido o prazo decadencial, caso em que já estará extinta a punibilidade.

A retratação da representação feita por um dos titulares não se comunica ao outro.

II. Requisição do Ministro da Justiça

Conceito

É um ato administrativo, discricionário, que deve conter a inequívoca manifestação de vontade para a instauração da ação penal, não sendo exigida formalidade especial.

Natureza jurídica

Condição de procedibilidade.

Exemplos:

1. **Art. 145, parágrafo único, 1a parte, do Código Penal** - crimes contra a honra do Presidente da República ou de Chefe de Estado estrangeiro.
2. **Art. 7°, § 3°, alínea *b*, do Código Penal**: delitos praticados contra brasileiro, por estrangeiro, fora do Brasil.

A requisição pode ser feita a qualquer tempo, enquanto não extinta a punibilidade do agente, pois, ao contrário da representação do ofendido, não há decadência.

Não condiciona obrigatoriamente a propositura da ação pelo Ministério Público, que formará sua *opinio delicti* exercendo sua independência funcional.

Discute-se na doutrina a possibilidade de retratação da requisição. Como a lei não prevê a retratabilidade e em se tratando de ato inspirado em razões de ordem política, não comportando adoção de providências de forma irrefletida, exigindo-se ponderação, a nosso ver a posição mais correta é no sentido de que irretratável.

7.5. AÇÃO PENAL NOS CRIMES CONTRA A DIGNIDADE SEXUAL

Com a vigência da Lei nº 13.718 a partir de setembro de 2018 – não houve *vacatio legis*, o *caput* do art. 225 do Código Penal passou a ter a seguinte redação: "*Nos crimes definidos nos Capítulos I e II deste Título, procede-se mediante ação penal pública incondicionada*". O parágrafo único deste art. 225 foi revogado.

A partir desta alteração legal, todos os crimes contra a dignidade sexual passaram a ser de ação penal pública incondicionada, ou seja, tanto as infrações penais definidas nos capítulos I e II do Título VI do Código Penal, quanto as demais inseridas nos demais capítulos, estas últimas pelo fato de que os respectivos tipos penais nada dispõem em sentido contrário, pelo que aplica-se a eles a regra inserta no art. 100, *caput* e § 1º do Estatuto Repressivo, segundo a qual todo crime é de ação penal pública incondicionada, exceto se a lei expressamente a declarar privativa do ofendido ou quando exigir representação deste, o que certamente não é o caso de nenhum dos delitos previstos nos arts. 227, 228, 229, 230, 232-A, 233 e 234 do Código Penal.

As ações penais em tais crimes deverão correr em segredo de justiça - art. 234-B do Código Penal.

7.6. AÇÃO PENAL NOS CRIMES DE ESTELIONATO

Até a vigência da Lei nº 13.964/19 – pacote anticrime, o estelionato era crime que se perseguia mediante ação penal pública incondicionada, exceto se presente uma das hipóteses do art. 182 do Código Penal, por exemplo, crime cometido contra irmão.

Com o pacote anticrime, mais precisamente com a nova redação do § 5º do art. 171 do Código Penal, o estelionato passou a ser de ação penal pública condicionada à representação do ofendido, exceto se a vítima for: "*I – a Administração Pública, direta ou indireta; II – criança ou adolescente; III – pessoa com deficiência mental; ou IV – maior de 70 (setenta) anos de idade ou incapaz.*"

7.7. AÇÃO PENAL PRIVADA

Conquanto o ***jus puniendi*** seja sempre estatal, em algumas hipóteses o Estado transfere à vítima a legitimidade para acusar. O direito de punir continua do Estado. O direito de agir, por seu turno, cabe ao particular.

7.7.1. TITULARIDADE

É da vítima ou seu representante legal.

Exige procurador legalmente habilitado - art. 44 do CPP. A procuração deve conter poderes especiais, devendo constar do mandato o nome do querelado e a menção do fato criminoso. Por equívoco, o dispositivo fala em "*nome do querelante*", o que evidentemente não é o caso.

No caso de pobreza, o ofendido poderá socorrer-se da Defensoria Pública. A pobreza é legalmente definida como a impossibilidade da vítima e de seus representantes legais de proverem as despesas do processo sem privar-se de recursos indispensáveis à manutenção própria ou da família – art. 32, § 1º, do CPP. Sua comprovação poderá ser feita por atestado da autoridade policial ou qualquer outro meio.

Segundo o art. 33 do CPP, ocorrerá a nomeação de curador especial, se o ofendido for menor de 18 anos, ou mentalmente enfermo, ou retardado mental e não tiver representante legal (pai, tutor, curador), ou houver colidência de interesses.

O menor de 18 anos de idade não pode propor queixa-crime, devendo aguardar completar esta idade para fazê-lo. O prazo decadencial começa a fluir a partir do momento em que a pessoa perfizer 18 anos.

Conforme o art. 37 do CPP, o representante da pessoa jurídica será a pessoa prevista em seu estatuto. No silêncio do estatuto, a representação da pessoa jurídica ocorrerá por seus sócios-gerentes ou diretores.

7.7.2. PRINCÍPIOS

a. **Princípio da oportunidade ou conveniência**: cabe ao titular do direito de agir a faculdade de propor ou não a queixa, de acordo com sua conveniência, pouco importando se detém provas cabais contra os envolvidos no fato.

b. **Disponibilidade**: o ofendido (querelante) pode prosseguir ou não com a ação penal; pode dispor dela e do recurso – art. 576 do CPP. A desistência da ação não tem previsão expressa no CPP, mas é sem dúvida admitida porque decorre do princípio da disponibilidade. Verdadeira hipótese de desistência dá-se no caso de perempção previsto no art. 60, inciso I, do CPP, bastando, para tanto, que deixe de promover o andamento do processo por trinta dias seguidos.

c. **Indivisibilidade**: Acha-se previsto no art. 48 do CPP, pelo qual a queixa contra qualquer dos autores ou partícipes do crime obrigará o processo contra todos os demais e o Ministério Público zelará pela indivisibilidade da ação penal. Assim, o ofendido não poderá optar, entre os infratores, quais vai processar. Não oferecer queixa contra um importa em renúncia tácita que aproveita a todos os demais. Este defeito da queixa, porém, pode vir a ser sanado pelo querelante, via aditamento da inicial acusatória, desde que não decorrido o prazo decadencial de 6 meses. O membro do Ministério Público não pode aditar a queixa para a inclusão de corréu, tampouco para incluir fato criminoso não abordado pelo querelante, porque assim agindo estaria vulnerando a regra da legitimidade para agir.

d. **Intranscendência**: também aplicável à ação privada, por força do qual a ação penal é limitada ao réu, não devendo atingir seus familiares.

7.7.3. ESPÉCIES DE AÇÃO PENAL PRIVADA

a. **Exclusiva ou principal**: somente pode ser proposta pelo ofendido ou por seu representante legal. Caso aquele venha a falecer antes da propositura da ação, esta poderá ser intentada, respeitado o prazo decadencial de 6 meses, por seu cônjuge, ascendente, descendente ou irmão (CADI)– art. 31 do CPP. Ao companheiro em caso de união estável também se tem reconhecido esse direito.

A Parte Especial do Código Penal e a legislação penal especial especificam quais os delitos que a admitem, usualmente utilizando-se da expressão "*só se procede mediante queixa*".

Se o querelante acaba morrendo após o início do processo-crime, os mesmos sucessores podem nela prosseguir, substituindo assim o polo ativo, desde que o façam no prazo de sessenta dias a partir do falecimento – art. 60, inciso II, do CPP. Não o fazendo, deverá ser reconhecida a perempção, extinguindo-se a punibilidade.

b. **Personalíssima**: é aquela que só pode ser intentada pela vítima, não havendo qualquer possibilidade de sucessão por morte ou ausência.

Acha-se prevista no art. 236 do Código Penal - induzimento a erro essencial e ocultação de impedimento no casamento. O respectivo parágrafo único diz: "*A ação penal depende de queixa do contraente enganado e não pode ser intentada senão depois de transitar em julgado a sentença que, por motivo de erro ou impedimento, anule o casamento.*"

Em caso de morte do titular no curso da ação penal, esta não poderá prosseguir, ocorrendo uma espécie de perempção, não se aplicando aqui o art. 100, § 4°, do Código Penal: o direito não passa ao cônjuge, ascendente, descendente ou irmão.

Na hipótese de ação penal privada personalíssima, a queixa não pode ser apresentada por representante legal ou curador especial, porquanto a lei se refere especificamente ao "*contraente enganado*". Sendo a vítima incapaz (doente mental) ou menor de 18 anos, não é possível a instauração da ação penal. Somente a recuperação da vítima, na primeira hipótese, ou a maioridade processual, na segunda, ensejará a propositura da queixa. Até que isto se dê, não há que falar em decadência.

c. **Ação penal privada subsidiária da pública ou supletiva**: Conforme o art. 5°, inciso LIX, da Constituição Federal, art. 100, § 3°, do Código Penal e art. 29 do CPP, nos casos de crime de ação penal pública, se o *Parquet* não oferece a denúncia dentro do prazo, poderá a ação penal ser instaurada mediante queixa do ofendido ou de quem tenha a qualidade para representá-lo. Só tem lugar, assim, na inércia do Ministério Público, sendo descabida na hipótese de pedido de arquivamento, pois o respectivo membro é o titular da ação penal, tendo agido dentro de sua convicção e independência funcional.

A possibilidade de ação subsidiária não afasta a titularidade que era originalmente do Ministério Público, que aqui pode aditar a queixa para a inclusão de corréu ou fatos que tenham sido omitidos, oferecer denúncia substitutiva e funcionar em todo o processo, retomando a ação caso a vítima a abandone.

O prazo para intentar a ação subsidiária é de seis meses a contar do dia em que se esgotar o prazo para oferecimento de denúncia, conforme o art. 38, *caput*, do CPP.

7.7.4. DO MINISTÉRIO PÚBLICO NA AÇÃO PENAL PRIVADA

Dos termos do art. 29 do CPP infere-se que o *Parquet* poderá:

a. **aditar a queixa**. Em caso de ação privada exclusiva, não poderá aditar para incluir fato em relação ao qual somente se admite iniciativa do ofendido, bem como incluir corréu, porque estaria violando a regra de legitimação para agir. O aditamento, para ele, só é permitido para corrigir questões técnicas (capitulação, indicação do procedimento adequado, etc.);
b. **repudiar a queixa, quando inepta**, requerendo ao juízo que não a receba;
c. **intervir em todos os termos do processo**;
d. **fornecer elementos de prova**, juntando documentos, perícias, requerendo a inquirição de testemunhas, etc.;
e. **interpor recurso**;
f. **a todo tempo, em caso de negligência do querelante, retomar a ação como parte principal (na ação subsidiária)**, pois não cabe aqui a perempção.

Não possibilitar a intervenção do Ministério Público em todos os termos da ação privada é motivo para decretar-se nulidade - art. 564, III, do CPP, tratando-se de nulidade relativa que pode vir a ser sanada - art. 572, CPP.

Como dito, se houver negligência do querelante, na ação penal privada subsidiária da pública, deve o *Parquet* retomar a qualquer tempo a ação, não havendo perempção em casos tais.

Conforme os arts. 45 e 48 do CPP, na ação penal exclusivamente privada, o Ministério Público intervém como fiscal da ordem jurídica, em todos os termos do processo.

O *Parquet*, nas ocasiões em que tiver de falar nos autos, deve manifestar-se depois do querelante e antes do querelado, que se manifesta por último como forma de lhe assegurar na plenitude o exercício dos princípios da ampla defesa e contraditório.

O Ministério Público e o juiz devem ter em mente que não há renúncia tácita se o direito de queixa for exercido paulatinamente, à medida que os envolvidos vierem a ser conhecidos pelas provas obtidas na investigação ou por outros meios lícitos.

JULGADOS/JURISPRUDÊNCIA CORRELATA

STJ:

"Falta de menção do fato delituoso na procuração, bem como do nome dos querelados, configura defeito sanável a qualquer tempo, pois não interfere na 'legitimatio ad causam'. Precedentes. IV. Não procede a alegação de decadência do direito de queixa, pois, como já ressaltado, o vício do instrumento procuratório pode ser sanado a qualquer tempo, sendo independente do prazo decadencial determinado pela lei processual para a propositura da queixa-crime" (RHC 16.221/MG - Rel. Min. Gilson Dipp - 5ª Turma, julgado aos 05/8/2004 - DJ 06/9/2004)

"Oferecida a queixa-crime dentro do prazo legal, não está caracterizada a decadência [...] *Eventuais vícios ou irregularidades no instrumento de mandato podem ser sanadas a qualquer tempo, mesmo após o decurso do prazo decadencial, nos termos do art. 569 do Código de Processo Penal. A falta de menção ao fato delituoso na procuração configura defeito sanável a qualquer tempo pois não interfere na* ***legitimatio ad causam****. Precedentes. 5. Ordem denegada"* (HC 131.078/PI - Rel. Min. Alderita Ramos de Oliveira, Desª Convocada, 6ª Turma - julgado aos 14/8/2012 - DJe 14/2/2013)

Súmula 542: *A ação penal relativa ao crime de lesão corporal resultante de violência doméstica contra a mulher é pública incondicionada.*

Súmula 648: *A superveniência da sentença condenatória prejudica o pedido de trancamento da ação penal por falta de justa causa feito em habeas corpus.*

STF:

Súmula 714: *É concorrente a legitimidade do ofendido, mediante queixa, e do Ministério Público, condicionada à representação do ofendido, para a ação penal por crime contra a honra de servidor público em razão do exercício de suas funções.*

+ EXERCÍCIOS DE FIXAÇÃO

01. (FCC - 2010 - TRE-RS - Analista Judiciário) A penalidade imposta ao querelante, ou aos seus sucessores, em virtude do desinteresse em prosseguir na ação penal privada, denomina-se:

A) decadência.
B) prescrição da pretensão punitiva.
C) prescrição da pretensão executória.
D) perempção.
E) preclusão.

02. (FGV - 2010 - PC - AP - Delegado de Polícia)

Relativamente ao tema ação penal, analise as afirmativas a seguir:

I. Diz-se que a parte tem interesse juridicamente tutelado para propor a ação, quando poderá obter uma melhora concreta na sua situação jurídica em decorrência do acolhimento do seu pedido (utilidade) e quando não lhe seja possível atingir tal melhora a não ser que recorra ao Judiciário (necessidade).
II. O conceito de legitimidade ativa no processo penal significa que, sendo certo que determinados crimes são processados mediante ação pública e outros mediante ação privada, somente pode ajuizar a respectiva ação aquele que tiver legitimidade (MP ou querelante).
III. A denúncia ou queixa será rejeitada quando faltar justa causa para o exercício da ação penal.

Assinale:

A) se somente a afirmativa I estiver correta.
B) se somente a afirmativa II estiver correta.
C) se somente a afirmativa III estiver correta.
D) se somente as afirmativas II e III estiverem corretas.
E) se todas as afirmativas estiverem corretas.

» GABARITO

01. A alternativa correta é a d (perempção). Basta ler, a respeito, o art. 60 do CPP, que em seu inciso II diz: "*II - quando, falecendo o querelante, ou sobrevindo sua incapacidade, não comparecer em juízo, para prosseguir no processo, dentro do prazo de 60 (sessenta) dias, qualquer das pessoas a quem couber fazê-lo...*". O *caput* deste dispositivo fala em perempção, que é uma das causas extintivas da punibilidade.

02. A alternativa correta é a e (todas corretas). De fato, não há qualquer reparo a ser feito nas três assertivas.

8 AÇÃO CIVIL *EX DELICTO*

A prática da infração penal torna certo o dever de reparar o dano toda vez que a prática criminosa venha a atingir bens juridicamente tutelados por normas civis. Há situações em que a resposta estatal, através da justiça penal, por si só é o bastante para a recomposição da ordem jurídica, a exemplo da conduta de portar substâncias entorpecentes para consumo próprio (art. 28 da Lei nº 11.343/2006).

Caso a infração penal praticada venha a atingir também a seara cível – art. 186 do Código Civil, surge para o ofendido ou seus sucessores, a faculdade de propor, na esfera cível, ação destinada à reparação dos prejuízos causados pelo crime.

Surge daí, então, a ação civil *ex delicto*, sendo estas as seguintes possibilidades postas na legislação:

1. **Art. 63 do** CPP: esperar o trânsito em julgado da sentença condenatória criminal, que atesta a obrigação de indenizar (art. 91, inciso I, do Código Penal), tendo força de título executivo judicial, nos exatos termos do art. 515, inciso VI, do Código de Processo Civil;
2. **Art. 64 do** CPP: caso não queira aguardar a decisão na esfera criminal, poderá de pronto ajuizar a ação civil de conhecimento, de natureza condenatória, pleiteando a indenização que reputar justa.

Por vezes, o dano proveniente do delito não tem caráter patrimonial, ou seja, atinge o moral da vítima. Diz-se, em tal caso, que cabível a reparação *stricto sensu*, como forma de amenizar a dor por ela experimentada.

O dever de indenizar não depende da punição ou da punibilidade, as quais ficam sujeitas a inúmeras vicissitudes, tais como a extinção da punibilidade, falta de provas de autoria ou participação de algum agente, etc.

O art. 935 do Código Civil diz o seguinte: "*Art. 935. A responsabilidade civil é independente da criminal, não se podendo questionar mais sobre a existência do fato, ou sobre quem seja o seu autor, quando estas questões se acharem decididas no juízo criminal.*" Nosso legislador, no particular, adotou a prevalência da esfera criminal sobre a cível em relação a certas questões que aquela decidir, impedindo nesta a reabertura da discussão quanto à ocorrência do crime e sua autoria ou participação, por exemplo.

A ação civil *ex delicto* consistente na ação civil de conhecimento, na forma do art. 64 do CPP, poderá vir a ser proposta não só contra o infrator, mas também em desfavor do terceiro considerado responsável civil, ou até ambos, sempre no juízo cível, segundo as regras de competência comum do Código de Processo Civil. O juiz civil poderá suspender o andamento do processo uma vez intentada a ação penal, mas essa suspensão é facultativa e poderá durar no máximo um ano, como resulta da combinação do parágrafo único do art. 64 do CPP com os arts. 313, §§ 4° e 5° e 315, § 2°, ambos do Código de Processo Civil.

Em relação às decisões absolutórias na esfera criminal, podemos afirmar que, em relação à ação civil, produzem a sua extinção pela coisa julgada ou impedem a sua execução toda vez que reconhecerem:

I. **categoricamente a inexistência material do fato**, nos termos do art. 386, inciso I, do CPP;
II. **a legítima defesa real entre agente e vítima**, excluídas, portanto, a descriminante putativa e em favor de terceiro;
III. **a ocorrência de exercício regular de direito**. Quem exerce regularmente um direito não pode, por óbvio, estar cometendo um ilícito penal ou civil.
IV. **situação de estrito cumprimento de dever legal**. Neste caso, a exclusão de indenização protege o agente, mas não o Estado, nos termos do art. 37, § 6°, da Constituição Federal, que cuida da responsabilidade objetiva.

Não podemos deixar de falar sobre o reconhecimento do estado de necessidade, que em princípio também faz coisa julgada no cível, mas, nos termos do Código Civil – art. 188, parágrafo único, a situação pode se tornar indenizável:

> "*Art. 188. Não constituem atos ilícitos:*
> [...]
> II. *a deterioração ou destruição da coisa alheia, ou a lesão a pessoa, a fim de remover perigo iminente.*
> *Parágrafo único. No caso do inciso II, o ato será legítimo somente quando as circunstâncias o tornarem absolutamente necessário, não excedendo os limites do indispensável para a remoção do perigo.*"

A Lei nº 11.690/2008 acrescentou nova hipótese de absolvição ao art. 386 do CPP, a do inciso IV, nestes termos: "*estar provado que o réu não concorreu para a infração penal;*". Em tal caso, demonstrada que foi cabalmente a negativa de autoria, igualmente inviável qualquer pretensão de indenização no cível – art. 935 do Código Civil.

Caso a sentença penal absolutória, numa dessas hipóteses, sobrevenha ao pagamento de eventual indenização, poderá servir de fundamento para ação de repetição de indébito.

Por outro lado, **não fazem coisa julgada no cível** o advento de arquivamento do inquérito policial, de decisão que julga extinta a punibilidade ou de sentença penal absolutória que reconheça que o fato imputado não constitui crime. Igualmente a ação civil poderá ser proposta e julgada se a sentença penal absolutória não reconheceu categoricamente a inexistência material do fato.

Como vimos, a sentença penal condenatória transitada em julgado é título executivo judicial (CPC, artigo 515, inciso VI) e será executada no juízo cível. A execução em tal caso, porém, somente poderá ser promovida contra o réu condenado na ação penal e nunca contra o terceiro tido como responsável civil, porquanto este não foi parte no processo crime e, assim, a ele não foi oportunizado exercer a ampla defesa e contraditório. Somente pode ter contra si um título executivo judicial aquele que ao menos foi citado para a ação, não sendo válido o argumento de que caberiam embargos pois, em caso de título judicial, tal forma de impugnação tem âmbito bastante limitado. A sentença criminal condenatória será um dos fundamentos da ação de conhecimento contra o terceiro, o qual, entretanto, terá o direito de defender-se, aduzindo, por exemplo, inexistência de vínculo fático atributivo do dever de indenizar, a exemplo do município que, ao contestar ação indenizatória decorrente de acidente de trânsito, tenta comprovar que seu servidor, que exerce o cargo de motorista, estava fora de serviço quando o teria provocado.

Pode acontecer que, promovida a execução da sentença penal condenatória transitada em julgado contra o acusado, venha este, em decisão posterior, a ser absolvido, venha a sentença a ser anulada ou venha a ser declarada extinta a punibilidade em sede de revisão criminal – art. 621 do CPP. Neste caso, a decisão revisional dá fim ao título, impedindo a execução ou tornando-a nula. Se já houve pagamento, poderá haver repetição do indébito caso o fundamento da absolvição seja um daqueles em que a coisa julgada penal torna a situação não indenizável no cível.

A ação civil *ex delicto*, em qualquer de suas formas, poderá ser proposta pelo próprio ofendido ou seu representante legal. Mas, se ele for pobre, a ação, ao menos pela redação do art. 68 do CPP, poderá ser promovida pelo Ministério Público a seu requerimento. Entretanto, atualmente, tem-se entendido que o *Parquet* não tem legitimidade para isso nas comarcas em que a Defensoria Pública já se acha estruturada.

JULGADOS/JURISPRUDÊNCIA CORRELATA

STJ:

"Embora tanto a responsabilidade criminal quanto a civil tenham tido origem no mesmo fato, cada uma das jurisdições utiliza critérios diversos para verificação do ocorrido. A responsabilidade civil independe da criminal, sendo também de extensão diversa o grau de culpa exigido em ambas as esferas. A decisão criminal que não declara a inexistência material do fato permite o prosseguimento da execução do julgado proferido na ação cível ajuizada por familiar da vítima do ato ilícito." (REsp 1.117.131, Rel. Min. Nancy Andrighi, julgado aos 01/6/2010)

"Em se tratando de responsabilidade civil 'ex delicto', o exercício do direito subjetivo da vítima à reparação dos danos sofridos somente se torna plenamente viável quando não pairam dúvidas acerca do contexto em que foi praticado o ato ilícito, sobretudo no que diz respeito à definição cabal da autoria, que é objeto de apuração concomitante no âmbito criminal. 3. Desde que haja a efetiva instauração do inquérito policial ou da ação penal, o lesado por optar por ajuizar a ação reparatória cível antecipadamente, ante o princípio da independência das instâncias (art. 935 do CC/2002), ou por aguardar a resolução da questão no âmbito criminal, hipótese em que o início do prazo prescricional é postergado, nos termos do art. 200 do CC/2002." (REsp 1.631.870/SE - 3ª Turma - Rel. Min. Ricardo Villas Bôas Cueva - j. aos 10/10/2017 - DJe 24/10/2017)

+ EXERCÍCIOS DE FIXAÇÃO

01. (FCC - 2010 – TRE/AL - Analista Judiciário - Adaptada) Não faz coisa julgada, permitindo a propositura da ação civil, a decisão que

A) reconhece ter sido o ato praticado em estrito cumprimento de dever legal ou no exercício regular de direito.
B) absolve o réu por reconhecer a inexistência material do fato.
C) julga extinta a punibilidade.
D) absolve o réu por ter ele agido sob estado de necessidade defensivo.
E) julga improcedente a ação penal por ter o acusado agido em legítima defesa própria.

02. (FCC - 2009 - TJ-AP - Técnico Judiciário) A ação civil prevista no CPP poderá ser promovida, dentre outras hipóteses,

A) desde que não tenha sido julgada extinta a punibilidade do autor do crime.
B) somente pela vítima ou seu representante legal.
C) após intentada a ação penal, hipótese em que deverá ser suspenso o curso desta.
D) desde que não tenha sido proferida sentença absolutória fundada na atipicidade do fato objeto do processo-crime.
E) quando a sentença absolutória não tiver reconhecido categoricamente a inexistência material do fato.

» GABARITO

01. A alternativa correta é a C. A leitura do art. 65 do CPP, por si só, elimina as alternativas A, D e E. Sobre a alternativa B (errada), encontra resposta na leitura do art. 66 do CPP.

02. A alternativa correta é a E. A alternativa A está errada porque eventual extinção da punibilidade não impede a reparação do dano. A B também está errada porque os sucessores também são legitimados. A alternativa C acha-se errada porque não é condição para a ação civil, além disso a suspensão referida é facultativa.

9 COMPETÊNCIA

9.1. PARÂMETROS LEGAIS

Do art. 69 do CPP extrai-se:

> *"Art. 69. Determinará a competência jurisdicional:*
> *I. o lugar da infração:*
> *II. o domicílio ou residência do réu;*
> *III. a natureza da infração;*
> *IV. a distribuição;*
> *V. a conexão ou continência;*
> *VI. a prevenção;*
> *VII. a prerrogativa de função."*

9.2. JURISDIÇÃO

Não existe, na sociedade, vida em comum sem que surja, vez ou outra, algum tipo de conflito entre quem a compõe. Sendo vedada a autotutela – exceto, é claro, em situações extraordinárias, como na legítima defesa, cabe ao Estado solucionar a lide por meio do exercício da jurisdição, *poder-dever* inerente à soberania, por meio do qual, em substituição às partes envolvidas no litígio, age em prol da segurança jurídica e da ordem social. Vale relembrar, aliás, que o particular que insiste em fazer *justiça com as próprias mãos* pode ser responsabilizado pelo crime do artigo 345 do Código Penal (exercício arbitrário das próprias razões):

> *"Exercício arbitrário das próprias razões*
> *Art. 345. Fazer justiça pelas próprias mãos, para satisfazer pretensão, embora legítima, salvo quando a lei o permite:*
> *Pena - detenção, de quinze dias a um mês, ou multa, além da pena correspondente à violência."*

Para dirimir tais conflitos, ao exercer a jurisdição, o Poder Judiciário aplica o direito objetivo a casos concretos por meio dos seus membros, os magistrados. No entanto, necessária a divisão de tarefas entre eles, não sendo possível que os juízes possam decidir todas as causas indistintamente, a seu talante. Se assim não fosse, teríamos, por exemplo, conflito de competência entre o STF e algum TJ. Ademais, haveria violação ao *princípio do juiz natural*, o direito que cada cidadão tem de saber, previamente, qual autoridade é competente para processá-lo e julgá-lo se vier a praticar conduta definida como infração penal. A essa divisão da jurisdição damos o nome de *competência*.

Podemos dizer, grosso modo, que a divisão de competências equivale às fatias de uma imensa pizza. Praticado um furto no município de Rio Branco, no Acre, não pode um ministro do Superior Tribunal de Justiça avocar o julgamento originário do caso. Da mesma forma, se um deputado federal eleito pelo Acre pratica, no exercício do mandato e com ele tendo relação, o crime de corrupção passiva, não pode o Tribunal de Justiça do referido Estado pretender julgá-lo, pois a competência originária é do Supremo Tribunal Federal.

9.3. PASSO A PASSO DA COMPETÊNCIA

Para descobrir qual juízo é competente para processar e julgar, basta seguir o passo a passo trazido no CPP, ressalvando-se que, a nosso ver, a primeira etapa deve ser a análise de eventual foro por prerrogativa de função, afinal, quando presente, a análise dos demais se revela desnecessária. Para exemplificar, se praticada a infração penal por deputado federal ou senador, durante o exercício do mandato e em função do cargo, a competência originária será do Supremo Tribunal Federal (CF, art. 102, I, *b*), pouco importando o lugar da infração (CPP, art. 70), o domicílio ou residência do réu (CPP, art. 72), a distribuição (CPP, art. 75) ou a solução pela prevenção (CPP, art. 83).

9.4. JUSTIÇA ESPECIAL E JUSTIÇA COMUM

9.4.1. JUSTIÇA ESPECIAL

As Justiças Militar e Eleitoral têm competência para processar e julgar a prática de algumas infrações penais. Em relação à primeira, Militar, a Constituição estabelece que a competência se restringe ao julgamento de militares. Portanto, caso, por exemplo, um civil pratique crime de dano contra um veículo do Exército, a competência será da Justiça comum. Na CF:

"Art. 125. Os Estados organizarão sua Justiça, observados os princípios estabelecidos nesta Constituição.
§ 4º. Compete à Justiça Militar estadual processar e julgar os militares dos Estados, nos crimes militares definidos em lei e as ações judiciais contra atos disciplinares militares, ressalvada a competência do júri quando a vítima for civil, cabendo ao tribunal competente decidir sobre a perda do posto e da patente dos oficiais e da graduação das praças."

Em 2017, o conceito de crime militar foi ampliado pela Lei nº 13.491, que alterou a redação do artigo 9º do Código Penal Militar. Até então, eram considerados crimes militares apenas aqueles trazidos no CPM. A partir da nova lei, todos os delitos podem ser considerados militares, previstos ou não no CPM, desde que observadas as condições estabelecidas no mencionado dispositivo. A Justiça Militar existe nas esferas federal e estadual.

ANTES	DEPOIS
Art. 9º Consideram-se crimes militares, em tempo de paz: II - os crimes previstos neste Código, embora também o sejam com igual definição na lei penal comum, quando praticados: (...)	Art. 9º Consideram-se crimes militares, em tempo de paz: II - os crimes previstos neste Código e os previstos na legislação penal, quando praticados: (...)

A Justiça Eleitoral é competente para processar e julgar os crimes eleitorais, tipificados na legislação eleitoral (Código Eleitoral e legislação eleitoral especial) e os que lhes forem conexos – artigo 121 da CF. Portanto, a competência da Justiça Eleitoral é definida pela matéria. Alguns exemplos: a calúnia eleitoral (CE, art. 324), a denunciação caluniosa eleitoral (CE, art. 326-A), etc.

Embora ramo da justiça especializada, temos de ter cuidado em relação à Justiça do Trabalho, pois ela não detém competência penal alguma, competindo à Justiça Federal (comum) o processo e o julgamento de crimes contra a organização do trabalho, quando tenham por objeto a organização geral do trabalho ou direito dos trabalhadores considerados coletivamente. Por outro lado, se houver apenas a violação dos direitos individuais de trabalhadores, a Justiça estadual será competente. Não cabe, portanto, à Justiça do Trabalho processar e julgar esses delitos.

9.4.2. JUSTIÇA COMUM

A Justiça comum é composta pela Justiça Federal e pela Justiça dos Estados e do Distrito Federal. Embora objeto de muitas controvérsias, a competência da Justiça Federal é tratada no rol trazido pelo artigo 109 da Constituição Federal. Quanto à Justiça dos Estados, a competência é residual. Ou seja: o que não for da Justiça Federal, será da Estadual.

Na CF:

> "*Art. 109. Aos juízes federais compete processar e julgar:* [...]
> *IV. os crimes políticos e as infrações penais praticadas em detrimento de bens, serviços ou interesse da União ou de suas entidades autárquicas ou empresas públicas, excluídas as contravenções e ressalvada a competência da Justiça Militar e da Justiça Eleitoral;*

Importa notar, em relação aos crimes políticos, que há de ser observada a Lei nº 14.197/2021, que revogou a Lei nº 7.170/1983.

O inciso IV não fala em sociedade de economia mista, a exemplo do Banco do Brasil, caso em que a competência será da Justiça estadual.

As contravenções penais são processadas e julgadas pela Justiça estadual, nos Juizados Especiais Criminais, ainda que praticadas em detrimento de bens, serviços ou interesse da União ou de suas entidades.

> *V. os crimes previstos em tratado ou convenção internacional, quando, iniciada a execução no País, o resultado tenha ou devesse ter ocorrido no estrangeiro, ou reciprocamente;*

O inciso V estabelece a competência da Justiça Federal para processar e julgar os denominados crimes à distância, desde que previstos em tratado ou convenção internacional.

> *V-A as causas relativas a direitos humanos a que se refere o § 5º deste artigo;*

O inciso V-A trata do incidente de deslocamento de competência na hipótese de grave violação de direitos humanos. Portanto, afasta-se, excepcionalmente, a competência da Justiça estadual. Foi o que ocorreu no caso da missionária Dorothy Stang, morta no Estado do Pará, fato que repercutiu enormemente dentro e fora do Brasil.

> *VI. os crimes contra a organização do trabalho e, nos casos determinados por lei, contra o sistema financeiro e a ordem econômico-financeira;*

Nas infrações penais contra a organização do trabalho, a Justiça Federal será competente somente quando o delito lesionar, coletivamente, os direitos dos trabalhadores.

Sobre os crimes contra o sistema financeiro nacional, veja-se o artigo 26 da Lei nº 7.492/86, que estabelece a competência da Justiça Federal.

Na Lei 8.137/1990, que define os crimes contra a ordem tributária, econômica e contra as relações de consumo, não é atribuída a competência da Justiça Federal para o respectivo processo e julgamento.

> *VII. os habeas corpus, em matéria criminal de sua competência ou quando o constrangimento provier de autoridade cujos atos não estejam diretamente sujeitos a outra jurisdição;*

É o que se dá, por exemplo, quando impetrado *habeas corpus* em desfavor de ato de delegado de Polícia Federal.

> *VIII. os mandados de segurança e os habeas data contra ato de autoridade federal, excetuados os casos de competência dos tribunais federais;*
> *IX. os crimes cometidos a bordo de navios ou aeronaves, ressalvada a competência da Justiça Militar;*

A respeito desse tema, remetemos o leitor aos §§ 1º e 2º do artigo 5º do Código Penal.

> *X. os crimes de ingresso ou permanência irregular de estrangeiro, a execução de carta rogatória, após o 'exequatur', e de sentença estrangeira, após a homologação, as causas referentes à nacionalidade, inclusive a respectiva opção, e à naturalização;*

A conduta de *reingressar no território nacional o estrangeiro que dele foi expulso* é crime – art. 338 do Código Penal.

> *XI. a disputa sobre direitos indígenas.*"

Súmula 140 do Superior Tribunal de Justiça: "*Compete à justiça comum estadual processar e julgar crime em que o indígena figure como autor ou como vítima.*"

O simples fato de o autor ou a vítima ser indígena não é bastante para que a competência seja da Justiça Federal. É imprescindível que o fato atinja os interesses gerais dos índios, assumindo caráter transindividual.

O fato de a Polícia Federal atuar no inquérito não gera qualquer impacto na competência. É possível que esta instituição investigue crimes de competência da Justiça estadual, sem que isso modifique a competência ou impeça a atuação da Polícia Civil do respectivo Estado. O assunto é tratado no artigo 144, § 1º, da Constituição Federal:

> *"Art. 144. [...]*
> *§ 1º. A polícia federal, instituída por lei como órgão permanente, organizado e mantido pela União e estruturado em carreira, destina-se a:*

I. apurar infrações penais contra a ordem política e social ou em detrimento de bens, serviços e interesses da União ou de suas entidades autárquicas e empresas públicas, assim como outras infrações cuja prática tenha repercussão interestadual ou internacional e exija repressão uniforme, segundo se dispuser em lei;
II. prevenir e reprimir o tráfico ilícito de entorpecentes e drogas afins, o contrabando e o descaminho, sem prejuízo da ação fazendária e de outros órgãos públicos nas respectivas áreas de competência;
III. exercer as funções de polícia marítima, aeroportuária e de fronteiras;
IV. exercer, com exclusividade, as funções de polícia judiciária da União."

9.5. COMPETÊNCIA PELO LUGAR DA INFRAÇÃO

Da leitura do *caput* do art. 70 do CPP percebe-se, de plano, que nessa matéria fora adotado o critério da **teoria do resultado** (consumação do delito):

> *"Art. 70. A competência será, de regra, determinada pelo lugar em que se consumar a infração, ou, no caso de tentativa, pelo lugar em que for praticado o último ato de execução.*
> *§ 1º. Se, iniciada a execução no território nacional, a infração se consumar fora dele, a competência será determinada pelo lugar em que tiver sido praticado, no Brasil, o último ato de execução.*
> *§ 2º. Quando o último ato de execução for praticado fora do território nacional, será competente o juiz do lugar em que o crime, embora parcialmente, tenha produzido ou devia produzir seu resultado."*

Não sendo hipótese de foro por prerrogativa de função, a primeira indagação a fazer para estabelecer a competência é saber em que local a infração penal se consumou. Tendo essa resposta, eliminamos milhares de possibilidades. Veja-se o seguinte passo a passo:

I. Madson perpetrou crime de receptação. Qual juízo é competente para julgá-lo?

II. A princípio, qualquer um dos cerca de vinte mil juízes do Brasil. Porém, saber onde o crime se consumou (teoria do resultado, *caput* do art. 70 do CPP) irá reduzir drasticamente esse número. O crime se deu no Estado do Ceará.

III. O Tribunal de Justiça do Ceará tem aproximadamente quatrocentos juízes – não há competência originária dos Desembargadores, pois não é caso de foro por prerrogativa de função.

IV. A receptação se consumou na comarca de Beberibe, onde, por hipótese, vamos imaginar que há duas varas criminais.

V. Sendo dois os juízos possivelmente competentes, como resolver o impasse? Pela distribuição, na forma do art. 75 do CPP (se não for aplicável ao caso a prevenção, na forma do art. 83 do CPP).

Sobre os critérios da distribuição e prevenção, falaremos em breve.

Lembrando: para definir a competência com base no lugar da infração, temos de considerar o local onde a infração penal se consumou, pouco importando o lugar da atividade. Isso porque o artigo 70 do CPP adota a *teoria do resultado.*

9.6. TEORIA DA ATIVIDADE

Imagine o seguinte fato delituoso: agindo com *animus necandi* - intento de matar, Pedro efetuou disparou contra Roberto. A conduta ocorreu no município e comarca de Ouro Preto do Oeste (RO). Por não ser uma grande localidade, os populares que socorreram Roberto decidiram levá-lo até Porto Velho (RO), capital e comarca, onde há melhor estrutura hospitalar. No entanto, apesar dos esforços empreendidos, a vítima morreu enquanto passava por procedimento cirúrgico, em Porto Velho, no hospital João Paulo II, local onde o homicídio acabou se consumando.

Pelos exatos termos do artigo 70 do CPP, *caput*, Pedro deveria ser processado e julgado, pelo homicídio, na comarca de Porto Velho, onde o crime se consumou - teoria do resultado. No entanto, todo o enredo dos fatos se deu em Ouro Preto do Oeste, local da conduta, onde em princípio será mais produtiva a obtenção de provas (inquirição de testemunhas, perícia na cena do crime, etc.) para a persecução criminal daí decorrente. Não bastasse, foi naquela comarca do interior onde o crime teve repercussão, abalando a sociedade, e por esse motivo a polícia, o juízo criminal e a Promotoria de Justiça locais são as instituições que devem dar satisfação à comunidade ouro-pretense.

Note-se, assim, que não faz sentido aplicar, no exemplo colacionado (o chamado crime plurilocal), a teoria do resultado. Para casos tais, os Tribunais Superiores flexibilizam a regra e decidem contra o texto da lei, aplicando a teoria da atividade (nesse sentido, STF, RHC 116.200/RJ).

No STJ:

> *"1. Sabe-se que a competência será, de regra, determinada pelo lugar em que se consumar a infração, ou, no caso de tentativa, pelo lugar em que for praticado o último ato de execução (art. 70 do CPP). 2. "Em situações excepcionais, a jurisprudência desta Corte tem admitido a fixação da competência para o julgamento do delito no local onde tiveram início os atos executórios, em nome da facilidade*

para a coleta de provas e para a instrução do processo, tendo em conta os princípios que atendem à finalidade maior do processo que é a busca da verdade real." (CC 151.836/GO, Rel. Min. Reynaldo Soares da Fonseca, TERCEIRA SEÇÃO, DJe 26/6/2017). 3. No caso, pelos elementos presentes nos autos, há evidências de que a principal responsável pelo delito de falsa comunicação de crime e por arquitetar a tentativa de estelionato contra a seguradora encontra-se no Rio de Janeiro, localidade em que seria acionado o seguro, sendo que a mera circunstância de o transportador contratado e o carro terem sido encontrados no Estado no Mato Grosso do Sul não pode transferir a apuração das infrações para tal localidade." (STJ, CC 169.792/RJ)

HIPÓTESE	MOMENTO CONSUMATIVO
Crimes materiais	Consumam-se com o resultado naturalístico, com a modificação no mundo externo. É o que acontece com o homicídio, quando a vítima, de fato, morre. Em concursos, atenção ao estelionato. *3. Nos termos do art. 70 do Código de Processo Penal, a competência será de regra determinada pelo lugar em que se consumou a infração. 4. No caso de estelionato, crime material tipificado no art. 171 do CP, a consumação se dá no momento e lugar em que o agente aufere proveito econômico em prejuízo da vítima.* (STJ, CC 161.087/BA)
Crimes formais	Embora possa existir um resultado naturalístico, a consumação ocorre com a prática de conduta prevista em lei. Um bom exemplo é a concussão (CP, art. 316), crime em que o funcionário público exige do particular vantagem indevida. Para a consumação, basta a exigência, pouco importando o efetivo recebimento. Portanto, com fundamento no artigo 70 do CPP, se a exigência for praticada no município "X" e o recebimento da vantagem no município "Y", a competência para processar e julgar será do juízo do município "X", onde o delito se consumou. *1. O crime de concussão, por ser delito formal e instantâneo, se consuma no momento em que o agente exige a vantagem indevida, sendo o recebimento em si, mero exaurimento da ação delituosa. 2. O primeiro fato delituoso apurado se consumou na cidade de Cuiabá, local de onde partiram as ligações telefônicas, nas quais se exigia a vantagem indevida, sendo, portanto, competente o Juízo da Vara Especializada da referida comarca.* (STJ, RHC 48.159)
Crimes de mera conduta	São aqueles em que não há um resultado naturalístico. Logo, a conduta é o parâmetro tanto para a consumação quanto para estabelecer a competência Ex.: no crime de violação de domicílio (CP, art. 150), basta o ingresso clandestino em casa alheia para a consumação do delito.
Crimes qualificados pelo resultado	São aqueles em que o agente atua com dolo na conduta antecedente, menos gravosa, mas produz resultado mais grave a título de dolo ou culpa (crimes preterdolosos). A consumação ocorre com a produção do resultado qualificador. Ex.: em um latrocínio (CP, art. 157, § 3º, II), a competência é fixada pelo lugar onde a vítima morre.

9.7. TEORIA MISTA DO CÓDIGO PENAL

No estudo do artigo 70 do CPP, quando se aborda a *teoria do resultado*, muitos poderiam perguntar: e a teoria mista ou da ubiquidade, do artigo 6º do Código Penal, como fica? Veja: o artigo 6º do estatuto repressivo não trata de competência, mas sim de aplicação ou não da lei penal brasileira a uma situação concreta. Por outro lado, o artigo 70 do CPP não tem nada a ver com o tema aplicação da lei penal, versando apenas sobre competência.

Imagine o seguinte fato: fingindo ser colaborador de empresa de telefonia, um indivíduo residente na Bolívia enviou a moradores do Brasil falsos boletos para pagamento de contas em atraso. Não percebendo que se tratava de golpe, uma senhora, moradora de Rio Branco/AC, quitou o boleto recebido, pensando ser, de fato, uma cobrança de operadora de telefonia.

A lei penal brasileira haverá de ser aplicada para punir o criminoso? Sim. Embora o estelionatário tenha praticado a conduta enquanto no exterior, o resultado ocorreu no Brasil. Para a teoria mista, adotada no artigo 6º do Código Penal, *considera-se praticado o crime no lugar em que ocorreu a ação ou omissão, no todo ou em parte, bem como onde se produziu ou deveria produzir-se o resultado*. E a competência, como fica? O processo e julgamento do crime compete ao lugar onde o delito se consumou, pois, em regra, adota-se a teoria do resultado - CPP, art. 70, *caput*.

9.8. MOMENTO DO RESULTADO

De acordo com o artigo 70 do CPP, a competência é fixada onde o resultado se verificou. Em alguns crimes, não há dificuldade em visualizar o momento da consumação – no homicídio, quando a vítima morre; na lesão corporal, quando sofre, de fato, a lesão. Porém, em outros, a solução pode não ser tão fácil, a exemplo dos crimes preterdolosos. Para não incidir em erro, veja as seguintes situações pontuais, muitas vezes cobradas em concursos.

9.9. CRIMES À DISTÂNCIA

São as infrações penais em que a ação ou omissão ocorre no território nacional e o resultado no estrangeiro, ou vice-versa. A lei brasileira deve ser aplicada, conforme artigo 6º do Código Penal. Quanto à competência, a regra está no § 1º do artigo 70 do CPP: se, iniciada a execução no território nacional, a infração se consumar fora dele, a competência será determinada pelo lugar em que tiver sido praticado, no Brasil, o último ato de execução. Exemplo: agindo com vontade de matar, Reinaldo efetua disparos contra Marcelo. A conduta ocorreu na cidade de Brasileia, no Acre. Imediatamente, populares o levam até Cobija, cidade fronteiriça, na Bolívia, mas ele não resiste aos ferimentos e morre. No exemplo dado, a competência será do juízo responsável pela cidade de Brasileia/AC.

E se o inverso tivesse ocorrido? Se Reinaldo disparasse os tiros em Cobija, na Bolívia, e Marcelo morresse em Brasileia, no Acre? Lembre-se, a regra do artigo 6° do CP não tem nada a ver com competência. Nesse caso, deve ser aplicado o disposto no § 2° do artigo 70 do CPP: quando o último ato de execução for praticado fora do território nacional, será competente o juiz do lugar em que o crime, embora parcialmente, tenha produzido ou devia produzir seu resultado.

9.10. TENTATIVA

Lembrando: *diz-se o crime tentado quando, iniciada a execução, não se consuma por circunstâncias alheias à vontade do agente* – art. 14, inciso II, do Código Penal.

Nestes casos, por óbvio, a competência não há como ser firmada pela consumação, pelo que deve ser considerado o último ato de execução. Exemplo: agindo com vontade de matar, Francinaldo perseguiu Jonas em uma rodovia e, ao longo do caminho, vários disparos foram efetuados. A perseguição se estendeu por vários municípios – começou em Jaru e terminou em Presidente Médici/RO, mas tiros foram disparados ao longo do caminho, nas cidades de Ouro Preto do Oeste e Ji-Paraná. No último município, Presidente Médici, Francinaldo sofreu um acidente e, por isso, não conseguiu consumar o homicídio. A quem compete processar e julgar o crime? Ao juízo de Presidente Médici. No entanto, há que ter cuidado: nos crimes dolosos contra a vida, essa regra pode vir a ser flexibilizada.

9.11. CRIME CONTINUADO OU PERMANENTE

> Art. 71 do CPP: "*Tratando-se de infração continuada ou permanente, praticada em território de duas ou mais jurisdições, a competência firmar-se-á pela prevenção.*"

No crime continuado, o agente comete vários crimes (ex.: quatro furtos). No entanto, como os delitos são de mesma espécie e a execução se deu pelas mesmas condições de tempo, lugar, maneira de execução e outras semelhantes, podemos considerar ter havido um crime único. Ou seja, na prática, o sujeito praticou, efetivamente, quatro furtos, mas o artigo 71 do Código Penal faz com que seja considerada a existência de um único furto – os três posteriores não passaram da continuação do primeiro.

No crime permanente, a situação é diversa: há, efetivamente, um único crime, mas a consumação se prolonga no tempo. O melhor exemplo é a extorsão mediante sequestro (CP, art. 159). Enquanto a vítima permanecer sequestrada, portanto, privada de sua liberdade, o crime continuará em consumação, ainda que a conduta perdure por anos, podendo haver a qualquer tempo prisão em flagrante delito.

Numa e noutra hipótese, podem surgir questionamentos a respeito da competência para processar e julgar o fato ou fatos. A solução dar-se-á pela prevenção, conforme o art. 83 do CPP.

Interessante regra de competência foi trazida em relação ao crime de estelionato pela Lei nº 14.155/2021, que acrescentou o § 4º ao art. 70 do CPP:

> "[...]
> *§ 4º Nos crimes previstos no art. 171 do Decreto-Lei nº 2.848, de 7 de dezembro de 1940, quando praticados mediante depósito, mediante emissão de cheques sem suficiente provisão de fundos em poder do sacado ou com o pagamento frustrado ou mediante transferência de valores,* ***a competência será definida pelo local do domicílio da vítima, e, em caso de pluralidade de vítimas, a competência firmar-se-á pela prevenção.***"

9.12. COMPETÊNCIA PELO DOMICÍLIO OU RESIDÊNCIA DO RÉU

No CPP:

> *"Art. 72. Não sendo conhecido o lugar da infração, a competência regular-se-á pelo domicílio ou residência do réu.*
> *§ 1º. Se o réu tiver mais de uma residência, a competência firmar-se-á pela prevenção.*
> *§ 2º. Se o réu não tiver residência certa ou for ignorado o seu paradeiro, será competente o juiz que primeiro tomar conhecimento do fato.*
> *Art. 73. Nos casos de exclusiva ação privada, o querelante poderá preferir o foro de domicílio ou da residência do réu, ainda quando conhecido o lugar da infração."*

Pode ocorrer de não ser conhecido o lugar da infração, primeiro passo para fixar a competência (CPP, art. 70). Como exemplo disso, um furto ocorrido numa viagem de ônibus, de madrugada, enquanto a vítima dormia. Em tal caso, temos de considerar o lugar de domicílio ou residência do réu. É preciso ter cuidado, pois muitos imaginam que o domicílio do acusado é o primeiro parâmetro para descobrir quem é o julgador competente, como acontece no CPC, art. 46. No entanto, frise-se, em processo penal, o domicílio do réu é considerado critério subsidiário, quando não for possível descobrir o lugar onde o delito se consumou - CPP, art. 70. Ademais, se a residência do réu for incerta ou caso não se saiba onde está, será competente o juiz que primeiro tomar conhecimento do fato (prevenção). Por fim, se tiver mais de uma residência, a competência também deve ser firmada pela prevenção (CPP, art. 83).

Extrai-se do artigo 73 do CPP hipótese de foro de eleição, situação rara de se ver na prática porém muitas vezes cobrada em provas. Consiste em que, nos casos de exclusiva ação privada (ex.: calúnia), o querelante poderá escolher entre o foro de domicílio ou residência do réu ou o lugar da infração. Ou seja, pode optar entre as regras dos artigos 70 e 71 do CPP.

9.13. COMPETÊNCIA PELA NATUREZA DA INFRAÇÃO

No CPP:

> *"Art. 74. A competência pela natureza da infração será regulada pelas leis de organização judiciária, salvo a competência privativa do Tribunal do Júri.*
> *§ 1º. Compete ao Tribunal do Júri o julgamento dos crimes previstos nos arts. 121, §§ 1º e 2º, 122, parágrafo único, 123, 124, 125, 126 e 127 do Código Penal, consumados ou tentados.*
> *§ 2º. Se, iniciado o processo perante um juiz, houver desclassificação para infração da competência de outro, a este será remetido o processo, salvo se mais graduada for a jurisdição do primeiro, que, em tal caso, terá sua competência prorrogada.*
> *§ 3º. Se o juiz da pronúncia desclassificar a infração para outra atribuída à competência de juiz singular, observar-se-á o disposto no art. 410; mas, se a desclassificação for feita pelo próprio Tribunal do Júri, a seu presidente caberá proferir a sentença (art. 492, § 2º)."*

Imagine a seguinte situação fática: João praticou o crime de tráfico de drogas (art. 33 da Lei nº 11.343/06) na cidade de São Luís, Maranhão, onde fora preso. Com base nessa informação, sabemos que a competência recairá em algum dos juízes da comarca. Mas, qual? O Tribunal de Justiça do Estado do Maranhão, por meio de sua lei de organização judiciária, decidiu pela criação da *Vara de entorpecentes, acidentes de trânsito e contravenções penais de São Luís*. Portanto, embora haja nove varas criminais genéricas naquela comarca, a competência será da vara especializada, como estabelecido pela lei local.

9.13.1. COMPETÊNCIA DO JÚRI

Em que pese a liberdade conferida aos Tribunais de Justiça dos Estados, para que criem varas especializadas, quando necessário, deve sempre ser respeitada a competência privativa do Tribunal do Júri, conforme estabelecido na Constituição (art. 5º, inciso XXXVIII, alínea *d*).

Pode vir a ocorrer conflito de normas (antinomia), como no caso de a Constituição de um Estado prever hipótese de foro por prerrogativa de função, desde que respeitados os balizamentos impostos pela Constituição Federal. O tema costuma ser cobrado com certa frequência em relação aos prefeitos e a competência do Tribunal do Júri para os crimes dolosos contra a vida. Quanto a isso, a situação se resolve com a prevalência da competência constitucional do Tribunal do Júri sobre o foro por prerrogativa criado exclusivamente na Constituição estadual.

Da leitura dos arts. 74, § 1º, e 78, inciso I, ambos do CPP, chega-se à conclusão de que o júri é competente para julgar os crimes dolosos contra a vida, consumados ou tentados, bem assim os crimes a eles conexos. Tal entendimento é reforçado pelo fato de que a competência constitucional do júri é mínima, podendo ser ampliada por lei ordinária.

A súmula 603 do STF esclarece que "*a competência para o processo e julgamento do latrocínio é do juiz singular e não do Tribunal do Júri*".

9.13.2. DESCLASSIFICAÇÃO

Ao julgar um caso concreto, o juiz pode desclassificar a infração penal, de uma para outra. Exemplo: Mohamed foi denunciado pela prática de homicídio doloso, pois, em determinada ocasião, perdeu o controle do seu automóvel enquanto participava de um *racha*, provocando a morte de um pedestre. Todavia, ao final da instrução processual, que correu na 2ª Vara do Tribunal do Júri da comarca *X*, restou demonstrado que o resultado foi produzido a título de culpa, na modalidade imprudência. Ou seja, o mencionado juiz deixou de ser competente, afinal, ocorreu um homicídio culposo – ao Tribunal do Júri compete apenas o julgamento dos crimes dolosos contra a vida. Nesse caso, o juiz da 2ª Vara do Júri não remeterá o réu a júri popular, devendo remeter os autos ao juízo competente (ex.: juiz da *Vara de Crimes de Trânsito*, se houver - artigo 419, *caput*, do CPP).

Observe que, **no rito do júri**, o momento da desclassificação interfere no que deve ser feito pelo juízo. Imagine, nesse contexto, um outro acidente de trânsito que não redundou em morte, mas em lesões na vítima (lesão corporal culposa de trânsito):

I. se a desclassificação ocorrer **na primeira fase**, o juiz deverá remeter os autos a quem, de fato, compete o julgamento – por exemplo, o juiz da *Vara do Júri* remete os autos ao titular do Juizado Especial Criminal. Esta situação encontra fundamento no art. 419, *caput*, do CPP;

II. se a desclassificação se der por **decisão do Conselho de Sentença** (segunda fase do rito), deverá ser proferida sentença pelo juiz-presidente, sem remessa dos autos a outro juízo. Aqui foram os jurados que entenderam ter havido crime de lesão corporal (que não compete ao júri), em vez de homicídio. Aqui, o caso encontra fundamento no art. 492, § 1º, do CPP:

> "*§ 1º Se houver desclassificação da infração para outra, de competência do juiz singular, ao presidente do Tribunal do Júri caberá proferir sentença em seguida, aplicando-se, quando o delito resultante da nova tipificação for considerado pela lei como infração penal de menor potencial ofensivo, o disposto nos arts. 69 e seguintes da Lei nº 9.099, de 26 de setembro de 1995.*" (Redação dada pela Lei nº 11.689, de 2008)

9.14. COMPETÊNCIA POR DISTRIBUIÇÃO

> "*Art. 75. A precedência da distribuição fixará a competência quando, na mesma circunscrição judiciária, houver mais de um juiz igualmente competente.*
> *Parágrafo único. A distribuição realizada para o efeito da concessão de fiança ou da decretação de prisão preventiva ou de qualquer diligência anterior à denúncia ou queixa prevenirá a da ação penal.*"

Superados os passos anteriores, pode haver mais de um juízo competente. Exemplo: um roubo se consumou no município de Porto Velho/RO. Logo, sabemos que a competência será de um dos juízos da respectiva comarca. No entanto, há quatro varas criminais genéricas, competentes para processar e julgar esse fato. Para resolver esse aparente conflito, a solução se dá pela distribuição. Atualmente, isso ocorre de forma automática pelo sistema informático do tribunal, que distribui os processos, de forma equânime, entre os julgadores competentes.

A competência por distribuição é feita apenas quando houver mais de um juízo competente, como no exemplo das quatro varas criminais da capital de Rondônia. Se houvesse uma única vara na comarca ou se o assunto em discussão fosse objeto de competência de vara única especializada (ex.: Juizado Especial Criminal), não haveria motivo para a aplicação do artigo 75 do CPP.

9.15. COMPETÊNCIA POR CONEXÃO OU CONTINÊNCIA

A conexão e a continência não são critérios ou causas de fixação da competência, mas razões que determinam sua modificação, atraindo para atribuição de um juízo ou juiz a infração penal que a princípio deveria estar a cargo de outro. Por motivos de segurança, economia processual, unidade de julgamento, via de regra, dá-se a reunião em um processo de mais de um ilícito penal.

9.15.1. CONEXÃO

Conexão (CPP, art. 76): há pluralidade de infrações, que estão conectadas entre si. É o que se verifica na conexão intersubjetiva por simultaneidade (art. 76, I), quando duas ou mais infrações são perpetradas ao mesmo tempo, por várias pessoas reunidas ocasionalmente, sem que estejam em concurso de pessoas. Exemplo: diversas pessoas saqueando um supermercado, mas sem que exista liame subjetivo entre elas, pois nada fora combinado anteriormente (não há, portanto, concurso de pessoas).

No CPP:

> *"Art. 76. A competência será determinada pela conexão:*
> *I. se, ocorrendo duas ou mais infrações, houverem sido praticadas, ao mesmo tempo, por várias pessoas reunidas, ou por várias pessoas em concurso, embora diverso o tempo e o lugar, ou por várias pessoas, umas contra as outras;*
> *II. se, no mesmo caso, houverem sido umas praticadas para facilitar ou ocultar as outras, ou para conseguir impunidade ou vantagem em relação a qualquer delas;*
> *III. quando a prova de uma infração ou de qualquer de suas circunstâncias elementares influir na prova de outra infração."*

Para melhor compreensão do tema, a doutrina costuma dividir a conexão em três espécies: conexão intersubjetiva (inciso I), conexão objetiva (inciso II) e conexão instrumental (inciso III).

CONEXÃO INTERSUBJETIVA (INCISO I)
Por simultaneidade: duas ou mais pessoas, que não estão agindo em concurso, em um mesmo lugar, ao mesmo tempo, praticam infrações diversas. Ex.: depredação (crime de dano) cometida por várias pessoas reunidas ocasionalmente em um campo de futebol.
Por concurso: duas ou mais pessoas em concurso praticam mais de uma infração, embora diverso o tempo e o lugar. Ex.: quatro indivíduos estão unidos para o roubo de um automóvel que tem por destino o Paraguai. Enquanto dois praticam o assalto, outros dois aguardam na fronteira, para garantir a travessia do veículo.
Por reciprocidade: duas ou mais infrações praticadas por várias pessoas, umas contra as outras. Exemplo: uma pessoa tentando matar outra, e vice-versa, sem que exista legítima defesa nas condutas.

CONEXÃO OBJETIVA (INCISO II)
Teleológica: ocorre quando uma infração penal é praticada para facilitar outra. Ex.: o crime de falsidade material (CP, art. 297 ou art. 298), quando cometido para a prática de outro delito - desde que não seja o caso de consunção.
Sequencial: uma infração é praticada para ocultar, manter a impunidade ou garantir a vantagem de crime já praticado. Ex.: ocultar cadáver após um homicídio.

CONEXÃO PROBATÓRIA (INCISO III)
É a que fica caracterizada quando a prova de uma infração for imprescindível para a prova de outra. Ex.: não é possível à acusação comprovar a receptação sem demonstrar a origem ilícita da *res*, no caso, por meio de furto.

9.15.2. CONTINÊNCIA

Continência (CPP, **art.** 77): quando se discute os fatos, não há como separá-los, cindi-los. É o que ocorre no concurso de pessoas (Código Penal, art. 29). Imagine-se furtos diversos praticados por várias pessoas, presente o liame subjetivo entre os envolvidos, que agiram mancomunados. Nesse caso, haveria um único furto praticado por duas ou mais pessoas em concurso.

No CPP:

> *"Art. 77. A competência será determinada pela continência quando:*
> *I. duas ou mais pessoas forem acusadas pela mesma infração;*
> *II. no caso de infração cometida nas condições previstas nos arts. 51, § 1º, 53, segunda parte, e 54 do Código Penal."*

CONTINÊNCIA POR CUMULAÇÃO SUBJETIVA (INCISO I)
É a que ocorre quando presente o concurso de pessoas. Não se confunde com a conexão por concurso, pois nesta há várias pessoas cometendo vários fatos criminosos - a pluralidade de infrações é característica da conexão.

CONTINÊNCIA POR CUMULAÇÃO OBJETIVA (INCISO II)
Note que a redação do inciso II está desatualizada. Deveriam nele constar os artigos 70, 73 e 74 do CP, a saber: Concurso formal: mediante uma única ação, o sujeito produz dois ou mais resultados. Ex.: dirigindo de forma imprudente, perde o controle do automóvel, invade a calçada e mata três pessoas. *Aberratio ictus*: por erro ou acidente na execução, o criminoso atinge pessoa diversa da pretendida. Ex.: Marcos quer matar Jonas, mas atinge Adair. *Aberratio criminis:* o sujeito quer praticar uma infração, mas, por erro ou acidente na execução, comete outra mais grave. Ex.: quis praticar o crime de dano ao atirar pedra em um veículo, mas causou lesões corporais graves em uma pessoa que estava em seu interior.

9.15.3. FORO PREVALENTE

Usualmente, tanto a conexão quanto a continência têm como consequências a unidade de processos e a prorrogação de competência.

Ocorrendo a prorrogação, há necessidade de saber qual foro ou juízo deverá prevalecer. Para tanto, o art. 78 do CPP traça as regras:

> *"Art. 78. Na determinação da competência por conexão ou continência, serão observadas as seguintes regras:*
> *I. no concurso entre a competência do júri e a de outro órgão da jurisdição comum, prevalecerá a competência do júri;*
> *II - no concurso de jurisdições da mesma categoria:*
> *a. preponderará a do lugar da infração, à qual for cominada a pena mais grave;*
> *b. prevalecerá a do lugar em que houver ocorrido o maior número de infrações, se as respectivas penas forem de igual gravidade;*
> *c. firmar-se-á a competência pela prevenção, nos outros casos;*
> *III. no concurso de jurisdições de diversas categorias, predominará a de maior graduação;*
> *IV. no concurso entre a jurisdição comum e a especial, prevalecerá esta."*

Tais diretrizes podem ser resumidas no esquema a seguir.

HIPÓTESE	CONSEQUÊNCIA
Crime contra a vida	Se um dos fatos caracterizar crime doloso contra a vida, a competência do júri deve prevalecer. Exemplo: se praticado um homicídio e uma ocultação de cadáver, compete ao júri o julgamento dos dois delitos. Em verdade, a jurisdição especial deve prevalecer sobre a comum. É a regra.
Jurisdições de categorias diversas	Prevalece a de maior graduação.

HIPÓTESE	CONSEQUÊNCIA
Jurisdições de mesma categoria	Se houver concurso entre juízos competentes, prevalecerá: O do lugar da infração à qual for cominada pena mais grave; Se iguais as penas, no lugar onde houver ocorrido o maior número de infrações; Se não for possível estabelecer a força atrativa a partir dos parâmetros anteriores, resta a fórmula genérica: a prevenção.
Justiça Federal e Justiça Estadual	Havendo concurso entre a JF e a JE, deve prevalecer a competência da Justiça Federal.

Em algumas hipóteses, embora presente a conexão ou continência, não ocorrerá a reunião dos processos. É o que diz o artigo 79 do CPP, segundo o qual os processos serão separados e julgados por magistrados diversos quando houver concurso entre: (1) Justiça comum e Justiça Militar; (2) Justiça comum e juizado de menores. Ex.: em um furto praticado, em concurso, por um adolescente e um adulto, cada um será processado perante o juízo competente – o adolescente, em uma vara da infância e da juventude, e o adulto em uma vara criminal.

> *"Art. 80. Será facultativa a separação dos processos quando as infrações tiverem sido praticadas em circunstâncias de tempo ou de lugar diferentes, ou, quando pelo excessivo número de acusados e para não lhes prolongar a prisão provisória, ou por outro motivo relevante, o juiz reputar conveniente a separação."*

Ainda que os processos estejam reunidos em razão da conexão ou continência, é possível separá-los (divisibilidade), nos termos do artigo 80 do CPP. Isso pode se dar em razão das circunstâncias de tempo ou de lugar ou em virtude do excessivo número de acusados. Imagine, por exemplo, o julgamento conjunto de dez, vinte réus. O processo seria extremamente moroso, com prejuízo à persecução penal, possivelmente ensejando impunidade.

Art. 82 do CPP:

> *"Art. 82. Se, não obstante a conexão ou continência, forem instaurados processos diferentes, a autoridade de jurisdição prevalente deverá avocar os processos que corram perante os outros juízes, salvo se já estiverem com sentença definitiva. Neste caso, a unidade dos processos só se dará, ulteriormente, para o efeito de soma ou de unificação das penas."*

O dispositivo em questão estabelece a possibilidade de avocação dos processos em hipótese de conexão ou continência, desde que haja jurisdição prevalente (ex.: *Câmara Criminal* em relação à *Vara Criminal*, na competência por prerrogativa de função). Não será possível a avocação se já houver sentença definitiva, hipótese em que ocorrerá a unificação das penas na fase de execução penal (Lei de execução penal, art. 66, III, "a").

9.16. COMPETÊNCIA POR PREVENÇÃO

No CPP:

> *"Art. 83. Verificar-se-á a competência por prevenção toda vez que, concorrendo dois ou mais juízes igualmente competentes ou com jurisdição cumulativa, um deles tiver antecedido aos outros na prática de algum ato do processo ou de medida a este relativa, ainda que anterior ao oferecimento da denúncia ou da queixa (arts. 70, § 3º, 71, 72, § 2º, e 78, II, c)."*

A prevenção pode ser tida como a *carta coringa* da competência. Quando, ao final de todos os passos anteriores, não se chegar à conclusão de qual é o juízo competente, o artigo 83 do CPP resolverá a questão. Segundo o dispositivo, concorrendo dois ou mais juízes igualmente competentes ou com jurisdição cumulativa, será competente aquele que anteceder o outro ao praticar algum ato do processo ou de medida a este relativa, mesmo que antes do oferecimento da denúncia ou queixa.

9.17. COMPETÊNCIA PELA PRERROGATIVA DE FUNÇÃO

Muitas das vezes, atualmente, este critério é visto como sinônimo de impunidade. Justifica-se pela importância de determinadas funções e cargos públicos cujos ocupantes, enquanto os exercem, se praticarem alguma infração penal, deverão ser processados e julgados por órgãos colegiados da jurisdição, onde atuam magistrados com bastante experiência. Esta é, em resumo, a razão de ser do instituto.

Com a vigência da Constituição Federal de 1988, os critérios de competência *ratione personae* passaram a ser tratados com exclusividade em âmbito constitucional, razão pela qual o art. 86 do CPP não foi recepcionado pela CF/88, sendo o assunto tratado inteiramente no art. 102, inciso I, alíneas *b* e *c*, da Carta Magna.

O art. 87 do CPP acha-se, também, em completo desuso.

O art. 105 da CF/88, inciso I, alínea *a*, trata da competência originária do Superior Tribunal de Justiça em matéria penal – nos crimes comuns, os governadores dos Estados, apenas para exemplificar.

Quanto aos Tribunais de Justiça estaduais, a CF/88 dispõe que as Constituições locais definirão suas competências, mas impõe que serão competentes para o processo e julgamento dos prefeitos municipais (art. 29, inciso X).

Não pode ser beneficiado com o foro por prerrogativa de função aquele que exercer eventualmente o cargo ou função.

O foro por prerrogativa de função exclui a regra do foro pelo local da infração. Portanto, o Tribunal de Justiça competente é o do Estado da respectiva autoridade, ainda que o crime tenha sido praticado em outro Estado.

Quando cessar o exercício funcional também cessará a competência especial por prerrogativa de função, devendo a ação ser proposta perante a 1ª instância. Caso o processo já esteja ocorrendo perante a 2ª instância, cessado o exercício funcional deverá ser remetido à 1ª instância.

Os parágrafos 1º e 2º do art. 84 do CPP foram julgados inconstitucionais – ver ADI 2797.

O Supremo Tribunal Federal, em decisão de maio/2018 – Ação Penal 937 (AP 937-QO, Tribunal Pleno, Rel. Min. Roberto Barroso), adotou interpretação bastante restritiva quanto às hipóteses de foro por prerrogativa de função para Senadores e Deputados Federais, dizendo que só se aplicam a crimes cometidos durante o exercício do cargo e em razão das funções a ele relacionadas.

9.18. DISPOSIÇÕES ESPECIAIS

No CPP:

> *"Art. 88. No processo por crimes praticados fora do território brasileiro, será competente o juízo da Capital do Estado onde houver por último residido o acusado. Se este nunca tiver residido no Brasil, será competente o juízo da Capital da República."*

O artigo 88 do CPP estabelece a competência na hipótese de extraterritorialidade (Código Penal, art. 7º), quando a legislação brasileira será aplicada a fatos ocorridos em território estrangeiro. Por força desta norma, a competência será fixada pela capital do Estado onde houver por último residido o acusado. Caso nunca tenha residido em nosso país, será competente o juízo da capital do Brasil.

Os artigos 89 e 90 do CPP, para os quais remetemos o leitor, fixam a competência nas hipóteses do artigo 5º, §§ 1º e 2º, do Código Penal, quando praticada a infração penal a bordo de embarcação ou aeronave. Segundo o artigo 109, IX, da CF, compete à Justiça Federal o processo e julgamento dos crimes cometidos a bordo de navios ou aeronaves, ressalvada a competência da Justiça Militar – atente-se ao fato de que as contravenções penais devem ser excluídas da competência da JF, nos termos do artigo 109, inciso IV. O artigo 91 funciona de forma subsidiária, quando não resolvida a competência nos dois artigos anteriores.

JULGADOS/JURISPRUDÊNCIA CORRELATA

STJ:

Informativo 761: *Compete à Justiça Federal processor e julgar o conteúdo de falas de suposto cunho homofóbico divulgadas na internet, em perfis abertos da rede social Facebook e na plataforma de compartilhamento de vídeos Youtube, ambos de abrangência internacional.* CC 191.970-RS, Rel. Min. Laurita Vaz, julgado aos **14/12/2022**.

Compete à Justiça Federal apreciar pedido de medida protetiva de urgência decorrente de crime de ameaça contra mulher, iniciado no estrangeiro com resultado no Brasil e cometido por meio de rede social de grande alcance. CC 150712/SP. Jurisprudência em teses. Ed. 205.

Súmula 208: *Compete à Justiça Federal processor e julgar prefeito municipal por desvio de verba sujeita a prestação de contas perante órgão federal.*

STF:

"AÇÃO DIRETA DE INCONSTITUCIONALIDADE. EMENDA N.21/2006 À CONSTITUIÇÃO DO ESTADO DE SÃO PAULO. PREVISÃO DE FORO POR PRERROGATIVA DE FUNÇÃO A DELEGADO-GERAL DE POLÍCIA CIVIL POR CRIMES COMUNS E DE RESPONSABILIDADE: INCONSTITUCIONALIDADE. PRECEDENTES DO SUPREMO TRIBUNAL FEDERAL. AÇÃO DIRETA PROCEDENTE. *1. Na organização do Judiciário estadual as competências de seus órgãos são limitadas pelos princípios da Constituição da República. Ausência de fundamento constitucional de instituição de foro para estabelecer privilégios processuais. Princípio da igualdade. 2. Afronta ao inc. VII do art. 129 da Constituição da República, pelo qual o controle externo da atividade policial é função institucional do Ministério Público. 3. Ação direta de inconstitucionalidade julgada procedente para declarar inconstitucional a expressão 'o Delegado Geral da Polícia Civil' posta no inc. II do art. 74 da Constituição do Estado de São Paulo"* (ADI 5.591, Tribunal Pleno, Rel. Min. Cármen Lúcia, j. aos 22/3/2021, DJe-085 05/5/2021)

Súmula 702: *A competência do Tribunal de Justiça para julgar Prefeitos restringe-se aos crimes de competência da Justiça comum estadual; nos demais casos, a competência originária caberá ao respectivo tribunal de segundo grau* - referência feita ao Tribunal Regional Federal ou ao Tribunal Regional Eleitoral.

Súmula 704: *Não viola as garantias do juiz natural, da ampla defesa e do devido processo legal a atração por continência ou conexão do processo do corréu ao foro por prerrogativa de função de um dos denunciados.*

Súmula 706: *É relativa a nulidade decorrente da inobservância da competência penal por prevenção.*

+ EXERCÍCIOS DE FIXAÇÃO

01. (CEBRASPE/2019) A respeito de jurisdição e competência no processo penal, assinale a opção correta.

A) Em caso de crime praticado por prefeito em concurso com partícipe que não tenha foro privilegiado, a separação do processo será obrigatória, e a competência para julgamento será do Tribunal de Justiça.

B) No caso de ter sido praticado mais de um crime, um deles com o objetivo de se conseguir impunidade em relação ao outro, a competência será determinada pela conexão.

C) Ocorrerá a conexão intersubjetiva por reciprocidade se duas ou mais infrações forem cometidas por duas pessoas contra terceira pessoa sem unidade de desígnios.

D) A precedência da distribuição fixará a competência quando em comarcas contíguas houver mais de um juiz competente, face o início da execução ou o resultado do crime.

E) É da competência da justiça estadual o julgamento dos crimes de embriaguez ao volante e contrabando descobertos em diligência policial, por se tratar de competência por conexão instrumental.

02. (CEBRASPE/2016) No que se refere ao lugar da infração, a competência será determinada

A) pelo domicílio do réu, no caso de infração permanente praticada no território de duas ou mais jurisdições conhecidas.

B) pela prevenção, no caso de infração continuada praticada em território de duas ou mais jurisdições conhecidas.

C) de regra, pelo local onde tiver sido iniciada a execução da infração, ainda que a consumação tenha ocorrido em outro local.

D) pelo local onde tiver começado o *iter criminis*, no caso de tentativa.

E) pelo lugar em que tiver sido iniciada a execução no Brasil, se a infração se consumar fora do território nacional.

» GABARITO

01. A alternativa correta é a B, basta ver o art. 76, inciso II, do CPP. A alternativa A está em desacordo com as súmulas 702 e 704 do STF. A alternativa C não descreve a intersubjetiva por reciprocidade – parte final do inciso I do art. 76 do CPP. A alternativa D está errada – art. 75, *caput*, do CPP. A alternativa E está errada, porque em desacordo com as súmulas 122 e 155 do STJ.

02. A alternativa correta é a B, basta ver o art. 71 do CPP. A alternativa A está em desacordo com este art. 71. A alternativa C está em desacordo com a teoria do resultado, inserida no art. 70 do CPP. A alternativa D está errada, pois em desacordo com a parte final do *caput* do art. 70 do CPP (ultimo ato de execução). A alternativa E está errada, porque em desacordo com o § 1º do art. 70 do Código.

10 QUESTÕES E PROCESSOS INCIDENTES

10.1. QUESTÕES PREJUDICIAIS

As questões prejudiciais são tudo aquilo que deve ser decidido antes do julgamento definitivo. Porém, nem toda questão que haverá de ser resolvida antes do julgamento definitivo (mérito) pode ser tida como prejudicial, pois pode tratar-se de uma preliminar.

Assim, questão prejudicial é toda aquela que deve receber valoração jurídica, de direito penal ou não, devendo ser decidida antes da questão principal, levando, às vezes, à suspensão do processo crime enquanto não resolvida.

Chama-se de **prejudicialidade homogênea** toda vez que a questão prejudicial é do mesmo ramo de direito, no caso o penal, da prejudicada ou principal; chama-se de **prejudicialidade heterogênea** quando a questão prejudicial é de outro ramo do direito que não o penal. Exemplo desta pode ser extraído do crime de induzimento a erro essencial e ocultação de impedimento no casamento, ante a exigência do parágrafo único do art. 236 do Código Penal: "*A ação penal depende de queixa do contraente enganado e* ***não pode ser intentada senão depois de transitar em julgado a sentença que, por motivo de erro ou impedimento, anule*** *o casamento.*"

O art. 92 do CPP cuida das questões prejudiciais obrigatórias ou devolutivas absolutas, as quais se dão quando a decisão sobre a existência do crime depende da solução de controvérsia que o juiz considere séria e fundada sobre o estado civil das pessoas. Nesta hipótese, a ação penal será necessariamente suspensa até que no juízo cível a matéria seja dirimida por sentença transitada em julgado.

Por sua vez, o art. 93 do CPP cuida das questões prejudiciais facultativas ou devolutivas relativas, as quais se dão quando se depende de decisão do juízo cível a respeito de assuntos que **não versem** sobre o estado civil das pessoas, a exemplo de discussão sobre a propriedade da coisa objeto de crime contra o patrimônio.

Sendo o caso de questão prejudicial facultativa, a suspensão da ação penal não é obrigatória, ficando a critério do magistrado valorar se a questão é ou não de difícil solução. Se decidir pela suspensão, esta só poderá dar-se após a inquirição de testemunhas e realização de outras provas tidas como de natureza urgente.

A arguição da prejudicial, em qualquer caso, pode ser trazida por qualquer das partes ou reconhecida de ofício pelo juiz.

Da decisão que determinar a suspensão do processo em virtude de questão prejudicial cabe recurso em sentido estrito – art. 581, inciso XVI, do CPP.

10.2. EXCEÇÕES

Exceções são procedimentos incidentais em que se alegam preliminares processuais que podem provocar o afastamento do juiz ou do juízo, ou a extinção do processo.

Nos termos do art. 95 do Código de Processo Penal, podem ser opostas as seguintes exceções: suspeição, incompetência do juízo, litispendência, ilegitimidade de parte e coisa julgada.

As exceções são os procedimentos rituais em que se invocam essas matérias, as quais, porém, podem ser apresentadas como simples *objeção,* ou seja, independentemente de procedimento próprio, por simples alegação nos autos, mesmo porque podem ser conhecidas de oficio. O Código de Processo Civil distinguiu bem exceções de objeções, devendo estas ser apresentadas em preliminar de contestação. No processo civil, exceções propriamente ditas são apenas as de incompetência relativa, suspeição e impedimento, observando-se quanto à última que se trata, também, de objeção, porque a matéria pode ser conhecida independentemente do procedimento ritual.

As exceções processuais podem ser dilatórias e peremptórias. Chamam-se dilatórias aquelas que pretendem o afastamento do juiz ou o deslocamento do juízo, sem a extinção definitiva do processo. São as de suspeição e de incompetência. Chamam-se peremptórias as que podem levar, se procedentes, à extinção do processo. São as de litispendência, ilegitimidade de parte e coisa julgada.

As exceções processuais são defesas indiretas que atacam a regularidade da ação e do processo, distinguindo-se das exceções materiais, que são alegações de fatos que extinguem ou impedem o resultado pretendido pela acusação, no plano do direito material, como a alegação de excludentes. Na área tipicamente penal, é exceção material a exceção da verdade nos crimes contra a honra. As exceções materiais pertencem às peças de defesa e aparecem independentemente de procedimento próprio, porque integram o mérito. A própria exceção da verdade não tem disciplina procedimental específica no Código de Processo Penal, podendo integrar as peças defensivas. No caso de ser apresentada de modo a provocar a deslocação da competência, se o querelante tem foro por prerrogativa de função, há necessidade de que se destaquem peças para conhecimento do tribunal, desde que se acate o entendimento de que o tribunal examina apenas a exceção e não o processo inteiro.

De maneira geral, o Código de Processo Penal adotou o seguinte procedimento para as exceções, que atende aos reclamos de praticidade e racionalidade, tendo em vista que a matéria de exceção é também objeção: apresentada a exceção, o juiz, se puder examiná-la de plano ou apenas com prova documental, pode fazê-lo nos próprios autos, declarando-se suspeito ou incompetente, ou extinguindo o processo independentemente da formação onerosa de procedimento apartado. Se, porém, houver recusa da alegação e houver necessidade de apresentação de prova, o juiz determinará a autuação em apenso, a fim de que não se perturbe o desenvolvimento do processo principal. No apenso desenvolver-se-á a atividade probatória especial. É o que acontece, por exemplo, no caso de exceção de coisa julgada, se não for possível, pelos documentos apresentados, constatar-se se o fato é, ou não, realmente o mesmo.

As exceções não suspendem, de regra, o andamento do processo principal, cujo andamento poderá ser sustado, todavia, se a parte contrária reconhecer o fundamento da arguição. Mesmo sem esse reconhecimento, o juiz pode, de ofício, determinar a suspensão se entender que a alegação tem consistência, a fim de evitar a prática de atos que podem ser inúteis se o processo vier a ser extinto, ou declarados nulos se procedente a exceção.

Cabe conceituar as matérias que podem ser objeto de exceção.

A *suspeição é* a situação enquadrada no art. 254 do Código de Processo Penal, que leva à dúvida quanto à imparcialidade do magistrado.

Podem, também, ser objeto de exceção os impedimentos e as incompatibilidades (arts. 252 e 253), os quais, a despeito de serem objeções, adotarão o procedimento da exceção se houver necessidade de prova e o juiz não os reconheceu de plano.

A *incompetência* é a situação de inadequação do foro ou do juízo em face das regras de determinação da competência. Qualquer razão de incompetência pode ser alegada: a de foro, a de juízo, a de justiça especial etc. E, mesmo, a decorrente de conexão ou continência.

A *litispendência* é a situação que decorre da existência de outro processo penal sobre o mesmo fato, entendido como fato da natureza, ocorrência da realidade e não somente fato descrito na denúncia ou queixa.

A *ilegitimidade de parte* é a inadequação da titularidade legal da ação penal, ativa e passiva, à que, de fato, está sendo colocada no processo. Como se sabe, os crimes são de ação de iniciativa pública ou de iniciativa privada. No polo passivo, somente pode figurar pessoa maior de 18 anos. Esta última situação é pertinente à legitimidade ou capacidade processual, não *ad causam,* mas cabe, também, na possibilidade de ser objeto da exceção. É necessário insistir-se que, no caso de ilegitimidade, a exceção é peremptória, ou seja, se procedente a alegação, o processo é totalmente nulo, o qual em nada pode ser aproveitado. Ou seja, queixa não pode ser aproveitada como denúncia e vice-versa. Se da decretação da nulidade decorre prescrição ou decadência, a situação é imutável e irreversível.

A *coisa julgada* é o fato que impede a repetição do processo penal sobre o mesmo fato contra o mesmo réu.

Algumas observações finais sobre o tema:

Todos esses fatos processuais, inclusive a suspeição, podem ser reconhecidos de ofício, e a qualquer tempo, pelo juiz, que deverá mandar remeter os autos ao substituto legal, ao juiz competente ou extinguir o processo nos casos de litispendência, ilegitimidade de parte e coisa julgada, de modo que é de menor importância o momento em que sejam apresentados por meio de exceção.

No caso de suspeição, poderá o juiz declarar-se suspeito por motivo íntimo, não sendo obrigado a declará-lo expressamente nos autos.

Todavia, poderá o juiz ser chamado a esclarecê-lo aos órgãos censórios do tribunal, que poderá aferir sua razoabilidade e determinar providências punitivas administrativas. Processualmente, porém, o afastamento do magistrado é definitivo.

A exceção de suspeição (entenda-se também impedimento) pode ser dirigida contra o órgão do Ministério Público e auxiliares da justiça.

Não contra a autoridade policial (art. 107), a qual, contudo, poderá declarar-se suspeita e afastar-se do caso.

Da decisão do juiz a respeito da exceção de suspeição do membro do Ministério Público ou auxiliares da justiça, depois de determinar prova, se necessário, e ouvir o excepto, não cabe recurso. Todavia, se houver ilegalidade no caso de procedência da exceção, o afastado pode impetrar mandado de segurança porque teria direito líquido e certo a sua manutenção em atividade no processo.

No caso de exceção de incompetência, se procedente, o juiz decretará a nulidade dos atos decisórios (art. 567), e, no caso de suspeição, o tribunal anulará todos, sem prejuízo de sanções ao magistrado que não se afastou com erro inescusável (art. 101).

10.3. CONFLITO DE COMPETÊNCIA

O conflito de competência é referido pelo Código em terminologia ultrapassada, chamando-o de conflito de jurisdição.

O conflito pode ser positivo ou negativo. Será positivo se dois juízes ou tribunais se considerarem competentes para a mesma ação, e negativo se dois juízes ou tribunais recusarem sua competência em face do mesmo processo. A divergência, positiva ou negativa, pode também resultar de controvérsia sobre a unidade do juízo, junção ou separação de processos.

O conflito pode ser suscitado pela parte interessada, pelo Ministério Público e por qualquer dos juízos ou tribunais que divergem.

O conflito, se positivo, será suscitado por requerimento da parte ou do Ministério Público, ou por representação do juízo ou tribunal envolvido diretamente perante o tribunal competente para dirimí-lo. Ao recebê-lo, o tribunal poderá determinar a suspensão do processo principal a fim de evitar a nulidade, requisitando informações dos órgãos jurisdicionais em divergência. Se negativo, poderá ser suscitado nos próprios autos, os quais serão remetidos ao tribunal para julgamento. Na instrução do incidente poderá ser determinada diligência probatória.

Os Tribunais de Justiça dos Estados julgam o conflito no caso de divergência entre juízes a eles subordinados; o Superior Tribunal de Justiça julga os conflitos entre tribunais, ressalvada a competência do Supremo Tribunal Federal, ou entre tribunais e juízes a eles não vinculados e entre juizes subordinados a tribunais diferentes, como por exemplo um juiz federal e um estadual; o Supremo Tribunal Federal, os conflitos de competência entre os Tribunais Superiores ou entre estes e qualquer outro tribunal; os Tribunais Regionais Federais, o julgamento dos conflitos entre juízes vinculados ao tribunal, bem como o conflito verificado, na respectiva Região, entre o Juiz Federal e o juiz estadual investido na jurisdição federal (Súmula 3 do STJ).

O Código de Processo Penal não disciplinou os conflitos de atribuições entre autoridades administrativas e judiciárias, apesar de a Constituição da República prever a competência para dirimi-los (art. 105, I, *g*). A situação, de fato, pode surgir como, por exemplo, divergência entre o juiz da execução e a autoridade penitenciária. Todavia, essa divergência, na verdade, não caracteriza um conflito, porque este pressupõe autoridades com funções da mesma natureza. Por outro lado, na hipótese de divergência entre autoridade administrativa e judiciária, esta decide autônoma e prevalentemente, utilizando até, se for o caso, meios coativos para fazer valer sua decisão. Da parte da autoridade administrativa, se insistir na divergência, caberá a utilização dos instrumentos de natureza contenciosa na defesa de sua posição, de modo que, em realidade, não se instaura um conflito enquanto incidente processual.

10.4. RESTITUIÇÃO DE COISAS APREENDIDAS

Há três tipos de coisas que podem interessar ao processo penal e que poderão ser apreendidas: os instrumentos do crime, os bens proveito da infração e objetos de simples valor probatório.

Uma vez apreendidas, as coisas não poderão ser devolvidas, até o trânsito em julgado da sentença final, enquanto se mantiver o interesse para o processo. Cessado este, as coisas deverão ser devolvidas a seus legítimos donos, ressalvando-se contudo o disposto no art. 91, II, do Código Penal, que determina, como efeito da condenação, "*a perda em favor da União, ressalvado o direito do lesado ou de terceiro de boa-fé: a) dos instrumentos do crime, desde que consistam em coisas cujo fabrico, alienação, uso, porte ou detenção constitua fato ilícito; b) do produto do crime ou de qualquer bem ou valor que constitua proveito auferido pelo agente com a prática do fato criminoso*".

Se não houver dúvida quanto ao direito do interessado sobre a coisa nem dúvida quanto à possibilidade de a coisa apreendida ser enquadrada numa das hipóteses do art. 91, II, do Código Penal, a devolução da coisa ao proprietário ou legítimo possuidor pode ser feita pela autoridade policial ou pelo juiz, lavrando-se termo nos autos do inquérito ou do processo. Não pode haver dúvida, também, sobre a licitude administrativa ou penal do uso ou porte da coisa, porque não serão devolvidas coisas de porte ilícito, independentemente de condenação.

Se houver dúvida, somente o juiz pode decidir sobre a devolução, mediante requerimento, que será autuado em apartado. Em cinco dias o interessado poderá fazer a prova que desejar. Também autuar-se-á em apartado o incidente de restituição se a coisa foi apreendida com terceiro de boa-fé, que será intimado para alegar e provar o seu direito em prazo igual ao do reclamante, tendo ambos dois dias para arrazoar após a apresentação das provas. No pedido de restituição será sempre ouvido o Ministério Público.

Durante o tempo em que as coisas permanecem apreendidas, a autoridade que as tem sob sua guarda é responsável por sua conservação, podendo o Estado ser responsabilizado no caso de perecimento ou deterioração, nos termos do art. 37, § 6°, da Constituição Federal.

Por essa razão, se as coisas forem facilmente deterioráveis, devem ser avaliadas e levadas a leilão público, depositando-se o dinheiro apurado.

As coisas apreendidas não reclamadas e que não forem objeto de perdimento serão vendidas em leilão, depositando-se o apurado para arrecadação de bens de ausentes. Os instrumentos do crime serão inutilizados ou recolhidos a museu criminal.

10.5. MEDIDAS ASSECURATÓRIAS

Consistem em medidas cautelares, tomadas no âmbito do processo criminal, para assegurar os direitos do ofendido ou seus sucessores, em relação a futura indenização ou reparação dos danos causados pela prática criminosa, para pagamento das despesas processuais ou sanções pecuniárias devidas ao Estado ou até mesmo para obstar a obtenção de lucro com a atividade delitiva. Tais medidas podem afetar não só o autor ou partícipe da infração penal, mas também o responsável civil, quando for o caso. Três são as modalidades de medidas assecuratórias: o sequestro, a hipoteca legal e o arresto.

10.5.1. SEQUESTRO

Trata-se, enquanto medida constritiva e acautelatória, da retenção de bens móveis e imóveis adquiridos pelo indiciado e/ou acusado com o proveito da infração, ainda que já tenham sido transferidos a terceiros, como forma de impedir que deles se desfaça, no curso da persecução penal, quem quer que esteja em seu poder, de sorte a garantir a reparação do dano ao ofendido em futura ação civil *ex delicto*, para garantir o adimplemento de pena pecuniária e custas processuais ou mesmo para não ensejar lucro com a atividade criminosa.

O art. 125 do CPP exige que os bens tenham sido obtidos com o proveito da infração, pelo que a medida não poderá recair sobre: a) bens preexistentes, ou seja, tudo aquilo que fora adquirido pelo investigado/acusado antes da prática delitiva; b) bens adquiridos posteriormente ao crime, mas sem a utilização dos proventos dele decorrentes.

Entretanto, frise-se que os bens do réu/indiciado adquiridos com recursos lícitos também são passíveis de medidas assecuratórias, pois cabível em tese a hipoteca legal (bens imóveis) ou arresto (bens móveis), que poderão recair sobre bens de origem lícita.

A comprovação da existência de indícios veementes da proveniência ilícita dos bens é requisito inarredável para a decretação do sequestro – art. 126 do CPP. Indícios, por óbvio, não são prova cabal e inequívoca tal qual se exige, por exemplo, para eventual sentença condenatória, pois aqui o magistrado haverá de orientar-se, tendo dúvida, pelo *in dubio pro reo*.

O sequestro poderá ser embargado por terceiro ou pelo próprio investigado/réu. Sendo este o embargante, sua fundamentação ficará adstrita à alegação de não terem os bens sido adquiridos com proveito da infração – art. 130, I, do CPP. Em relação ao terceiro, poderá opor-se ao fundamento de que os obteve de boa-fé – art. 130, II, do CPP. Em qualquer caso, diz o parágrafo único do art. 130 do CPP que: "*Não poderá ser pronunciada decisão nesses embargos antes de passar em julgado a sentença condenatória.*", com o que pretende esta norma evitar julgamentos contraditórios entre o processo incidente e o principal.

Somente o magistrado pode determinar o sequestro, quer seja de ofício, quer seja a pedido do Ministério Público ou do ofendido, ou, ainda, mediante representação formulada pela autoridade policial, podendo ocorrer tanto por ocasião do inquérito policial quanto no decurso da ação penal – art. 127 do CPP.

Efetivado o sequestro, o juiz determinará a sua averbação no registro de imóveis, dando publicidade ao ato – art. 128 do CPP.

Deverão cessar os efeitos do sequestro se verificadas as hipóteses abaixo, elencadas no art. 131 do CPP:

a. caso a ação penal não seja ajuizada no prazo de sessenta dias, contado da data em que for concluída a diligência;
b. se o terceiro, a quem tiverem sido transferidos os bens, prestar caução que garanta a aplicação do disposto no art. 91, inciso II, *b*, segunda parte, do Código Penal - perdimento de qualquer bem ou valor que constitua proveito auferido pelo agente com a prática do fato criminoso;
c. se for julgada extinta a punibilidade ou absolvido o acusado, por sentença transitada em julgado.

É possível cogitar o sequestro de bens móveis se não cabível à espécie a busca e apreensão referida no art. 240 do CPP (art. 132 do CPP), isto é, quando os bens não forem produto direto da infração penal, mas sim proventos dela.

O pacote anticrime – Lei nº 13.964/2019, trouxe nova redação ao art. 133 do CPP, impondo que, com o trânsito em julgado da sentença condenatória, o juiz, de ofício ou a requerimento do interessado ou do Ministério Público, determinará a avaliação e a venda dos bens, cujo perdimento tenha sido decretado, em leilão público (*caput*). O que há de novidade aqui é a legitimidade ministerial.

Outra alteração veio com o §2º (incluído pelo pacote anticrime) do referido art. 133: agora o valor apurado deverá ser recolhido ao fundo penitenciário nacional, salvo se houver previsão diversa em lei especial.

A Lei nº 12.964/12, que trata das organizações criminosas, alterou o Código Penal para prever a possibilidade de mais um efeito civil da condenação criminal: "a *perda de bens ou valores equivalentes ao produto ou proveito do crime quando estes não forem encontrados ou quando se localizarem no exterior* " - art. 91, § 1º.

Já o § 2º do dito dispositivo dispõe: "*Na hipótese do §1º, as medidas assecuratórias previstas na legislação processual poderão abranger bens ou valores equivalentes do investigado ou acusado para posterior decretação de perda.*". Trata-se, sem dúvida, de hipótese de sequestro estabelecida pela Lei nº 12.964/12.

O pacote anticrime, ao acrescentar o art. 133-A ao CPP, trouxe inovação em relação à utilização de bens sequestrados, dispondo que poderão ser utilizados por órgãos de segurança pública, do sistema prisional, do sistema socioeducativo, da Força Nacional de Segurança Pública e do Instituto Geral de Perícia, para o desempenho de suas atividades cotidianas, o que não exclui destes órgãos o dever de preservação dos bens, nos termos do art. 37, § 6º, da Constituição Federal, devendo também ter em mente a possibilidade de uma sentença absolutória ou até a falta de comprovação de que adquiridos com proventos da infração.

O recurso cabível em desfavor da decisão que defere ou nega o sequestro é a apelação – art. 593, II, do CPP.

10.5.2. HIPOTECA LEGAL

Esta medida assecuratória pretende garantir ao ofendido a necessária reparação em face da infração penal que sofreu.

Atento aos interesses da vítima ou sucessores, o art. 387 do CPP, com a redação dada pela Lei nº 11.719/2018, passou a prever como requisito da sentença condenatória a fixação de *valor mínimo para reparação dos danos causados pela infração, considerando os prejuízos sofridos pelo ofendido* - inciso IV.

A hipoteca legal é, assim, importante meio para assegurar os interesses do ofendido, sem prejuízo do ajuizamento, quando necessário, da ação civil *ex delicto*, em qualquer de suas duas modalidades – ação civil de conhecimento ou execução da sentença penal condenatória transitada em julgado.

Igualmente a hipoteca legal se presta a assegurar o pagamento das custas e despesas processuais.

O art. 1489, inciso III, do Código Civil, vem em idêntico sentido:

> *"Art. 1.489. A lei confere hipoteca:*
> [...] *III – ao ofendido, ou aos seus herdeiros, sobre os imóveis do delinquente, para satisfação do dano causado pelo delito e pagamento das despesas judiciais;"* [...]

À luz do art. 140 do CPP, a reparação dos danos ao ofendido tem preferência em relação às despesas processuais e penas pecuniárias.

A especialização da hipoteca legal haverá de incidir sobre bens imóveis cuja origem é lícita, podendo ser requerida em qualquer fase da ação penal, desde que não haja dúvida quanto à ocorrência da infração e presentes indícios suficientes de autoria ou participação, podendo recair sobre bens do terceiro responsável civil.

Conquanto a lei não seja tão clara a respeito, prevalece o entendimento de que essa medida assecuratória não é cabível por ocasião do inquérito policial.

Não apenas o ofendido é legitimado a requerer a medida, apesar de ser o único mencionado no art. 134 do CPP, mas também, por óbvio, o seu representante legal ou herdeiros.

Em que pese os termos do art. 142 do CPP, é cediço que o Ministério Público só detém legitimidade para postular a medida, em favor de vítima ou sucessor pobre na forma da lei, se na comarca não existir Defensoria Pública devidamente estruturada, em razão da reconhecida inconstitucionalidade progressiva do dispositivo. Igualmente não pode o *Parquet* atuar para defender os interesses da Fazenda Pública, o que é atribuição da advocacia pública, sendo vedada àquela instituição a representação judicial e consultoria jurídica de entidades públicas – art. 129, inciso IX, da Constituição Federal.

O art. 135 do CPP traz o procedimento que regula a especialização da hipoteca, cuja leitura recomenda-se em sua inteireza. Merece destaque, a nosso sentir, o fato de que cabe ao juiz, com a cautela que lhe é recomendável, corrigir o valor atribuído à responsabilidade, caso lhe pareça excessivo ou até deficiente - § 3º, não devendo autorizar a inscrição da hipoteca para além do imóvel ou imóveis necessários à garantia da responsabilidade - § 4º.

O § 5º do citado art. 135 poderá ser útil quando da execução da sentença penal condenatória transitada em julgado, em sede de liquidação, quando se pretender novo arbitramento, se qualquer das partes não se conformar com o arbitramento anterior.

10.5.3. ARRESTO

Esta medida busca a indisponibilidade de bem de origem lícita, o que a difere do sequestro, pretendendo assegurar futura indenização à vítima ou ao Estado. É, de regra, mais célere que a especialização da hipoteca legal, que pode demorar, tornando indisponível o bem até que feita a inscrição no registro de imóveis.

Tal qual na hipoteca legal, esta medida pode alcançar também as sanções pecuniárias e as despesas do processo.

O arresto do imóvel poderá ser decretado de início pelo magistrado, devendo ser levantado se, no prazo de quinze dias, não for promovido o processo de inscrição da hipoteca legal – art. 136 do CPP.

Entende-se cabível também o arresto de bens móveis penhoráveis, se o infrator ou o terceiro responsável civil não possuir bens imóveis ou os tiver em valor insuficiente, na dicção do art. 137 do CPP.

Sendo tais bens móveis fungíveis e facilmente deterioráveis, a solução apontada pela lei é no sentido da avaliação e decorrente leilão público, depositando-se o dinheiro apurado, na forma dos arts. 120, § 5º e 137, § 1º, ambos do CPP.

O processo relativo ao arresto deverá correr em autos apartados (art. 138 do CPP), impondo a lei que a medida seja levantada ou cancelada a hipoteca se, por sentença transitada em julgado, o acusado for absolvido ou venha a ser extinta a punibilidade, por qualquer das causas inseridas no art. 107 do Código Penal.

Tal qual na hipoteca legal, o *Parquet* pode vir a requerer o arresto em favor do pobre desde que o faça nas comarcas em que não há Defensoria Pública estruturada.

A lei nº 12.694/2012 fez incluir no CPP o art. 144-A, que permite ao juiz determinar *a alienação antecipada para preservação do valor dos bens sempre que estiverem sujeitos a qualquer grau de deterioração ou depreciação, ou quando houver dificuldade para sua manutenção.*

Recomendável a leitura em sua inteireza do art. 91-A do Código Penal, acrescido pela Lei nº 13.964/2019 (pacote anticrime), que estabeleceu a figura da perda alargada ou confisco alargado, que dar-se-á em relação ao patrimônio incompatível com os rendimentos lícitos demonstrados pelo acusado.

A decisão que indefere ou concede o arresto é tida como irrecorrível, por não ter força de definitiva, exigência esta contida no art. 593, inciso II, do CPP para fins de apelação, sendo possível cogitar a interposição de mandado de segurança na tentativa de revertê-la.

10.6. INSANIDADE MENTAL DO ACUSADO

Se houver dúvida razoável sobre a sanidade mental do acusado, o juiz, de ofício, ou a requerimento do Ministério Público, do defensor, do curador, do ascendente, descendente, cônjuge ou irmão do réu, deverá determinar a instauração do incidente de insanidade a fim de que seja ele submetido a exame médico-legal, para averiguar a sua imputabilidade.

Tal exame deverá ser sempre específico para os fatos relatados no inquérito ou no processo, não podendo ser substituído por interdição civil ou exame de insanidade realizado em razão de outro fato. Isto se dá em virtude do sistema biopsicológico sobre a inimputabilidade acolhido pelo Código Penal, segundo o qual os peritos devem responder se à época do fato o acusado era, ou não, capaz de entender o caráter criminoso do fato e de determinar-se segundo esse entendimento. Desta forma, não pode haver aproveitamento de outro exame referente a outro fato.

Outro exame médico-legal ou a interdição civil serão elementos circunstanciais que levam à determinação da realização do exame específico, podendo contribuir para o livre convencimento do juiz, mas não o substituem.

Havendo suspeita de insanidade, o exame é indispensável, mas não se realizará se nenhuma dúvida existir sobre a capacidade mental do acusado. Simples alegação não basta para a instauração do incidente, que, aliás, causa gravame ao próprio acusado, devendo o juiz evitar procrastinar o andamento da ação penal se verificado intuito protelatório.

O exame de insanidade, que será autuado em apartado para depois ser apensado aos autos principais, poderá ser instaurado desde a prática delitiva, mas será sempre determinado pelo juiz competente. A autoridade policial poderá representar postulando a instauração do incidente. Instaurado este, o juiz nomeará curador para o acusado, ficando suspenso o processo principal se já iniciado, exceto quanto a diligências que possam ser prejudicadas pelo adiamento, caso em que serão acompanhadas pelo curador. As partes podem formular quesitos e indicar assistentes técnicos – art. 159, § 3º, do CPP, devendo necessariamente responder-se às questões extraídas do art. 26 do Código Penal. Se o acusado estiver preso, será internado em estabelecimento especializado de cada Estado para o exame. Se solto, os peritos estabelecerão a forma do exame, se em ambulatório ou mediante internação, determinando-se esta, também, se o acusado atrapalhar o exame deixando de comparecer às sessões de análise.

O prazo para a realização do exame é, em princípio, de 45 dias, mas tal prazo pode vir a ser renovado tantas vezes, dentro do razoável, quantas houver necessidade segundo sugerido pelos peritos.

O incidente não deverá ter decisão de mérito pelo juiz, porque a imputabilidade será examinada como elemento a ser considerado na sentença do processo-crime, retomando, apenas, o processo o seu curso, com a apresentação do laudo. Se este concluir pela inimputabilidade ou semi-imputabilidade, o processo deverá retomar o seu curso com a presença do curador. Se, ao revés, concluir pela imputabilidade, continuará sem ele.

O juiz não ficará necessariamente vinculado ao laudo, mas, se o contrariar, deverá ter sólidos fundamentos para embasar sua decisão.

O art. 152 regula a hipótese de a doença mental surgir após a infração, estabelecendo:

"Se se verificar que a doença mental sobreveio à infração o processo continuará suspenso até que o acusado se restabeleça, observado o § 2° do art. 149.
§ 1° O juiz poderá, nesse caso, ordenar a internação do acusado em manicômio judiciário ou em outro estabelecimento adequado.
§ 2° O processo retomará o seu curso, desde que se restabeleça o acusado, ficando-lhe assegurada a faculdade de reinquirir as testemunhas que houverem prestado depoimento sem a sua presença".

O parágrafo primeiro, sem dúvida, é inconstitucional, achando-se revogado pela Constituição de 1988 porquanto vulnera o devido processo legal e a presunção de inocência. Sem culpa formada, ou seja, sem que haja reconhecimento da existência do fato punível em todas as suas circunstâncias, o acusado permaneceria à disposição da justiça penal por tempo indeterminado, isto é, até que se recupere. O dispositivo preconiza restrição à liberdade, determinada por juiz criminal sem que se tenha verificado por sentença a existência de crime. Viola o artigo, também, a presunção de inocência, uma vez que, sem sentença transitada em julgado, presume o contrário, ou seja, que o denunciado é culpado.

Mais adequado seria uma destas duas soluções: ou a ação penal permanece suspensa até que o acusado se restabeleça e nenhuma restrição de ordem penal pode ser-lhe aplicada, ou o processo deve seguir normalmente até a sentença e seu trânsito em julgado, e somente se reconhecer a sua culpabilidade poderá sofrer ele restrição penal, que será a pena e não a medida de segurança. A pena, então, deverá ser imposta, se privativa da liberdade e em circunstâncias que exijam o recolhimento, mediante internação em hospital de custódia e tratamento psiquiátrico, conforme estabelecido na Lei de Execução Penal, em seu art. 108, para o caso de a doença mental sobrevir ao início do cumprimento da pena.

Em suma, ao doente mental que não o era na época do fato não se pode infligir nenhuma restrição de natureza penal diferente da que pudesse ser aplicada ao acusado são, tampouco poderá sua situação ser agravada em virtude da doença mental.

JULGADOS/JURISPRUDÊNCIA CORRELATA

STJ:

[...] **MEDIDA CAUTELAR DE SEQUESTRO DE BEM MÓVEL. EMBARGOS DE TERCEIRO. BOA-FÉ. RELAÇÃO JURÍDICA PREEXISTENTE. ILICITUDE PREVIAMENTE ADMITIDA. RESTITUIÇÃO. POSSIBILIDADE**. [...] 2. Há confusão no *decisum* quanto às figuras do terceiro de boa-fé do art. 130, I, do Código de Processo Penal - CPP e terceiro de boa-fé estranho ao processo (art. 129 do CPP), pelo fato do bem não ter sido diretamente transferido do investigado ao comprador e por ter sido adquirido meses antes de efetivada a restrição, razão pela qual foram aplicadas regras processuais não condizentes ao caso concreto, porque, ainda que se referisse a terceiro de boa-fé, não se vislumbra a hipótese do art. 129 do CPP, mas a do art. 130, I, do CPP, em razão da prévia admissão de ilicitude no modo de aquisição do bem por parte do investigado. [...] (agravo regimental nos embargos declaratórios no agravo em recurso especial n.º 1.643.161/PR, 5ª Turma, unânime, Rel. Min. Joel Ilan Paciornik, julgado aos 9/12/2020, DJ de 17/12/2020).

AGRAVO REGIMENTAL EM RECURSO ORDINÁRIO EM MANDADO DE SEGURANÇA. ATO JUDICIAL QUE DETERMINA ARRESTO DE BENS DE TERCEIRO EM MEDIDA CAUTELAR CONEXA A AÇÃO PENAL NA QUAL O MARIDO DA RECORRENTE É INVESTIGADO POR SUPOSTAS FRAUDES LICITATÓRIAS EM CONTRATOS COM MUNICÍPIOS, DESTINADOS À VENDA DE INSUMOS PARA O COMBATE À PANDEMIA. [...] *A restituição das coisas apreendidas, mesmo após o trânsito em julgado da ação penal, está condicionada tanto à ausência de dúvida de que o requerente é seu legítimo proprietário, quanto à licitude de sua origem e à demonstração de que não foi usado como instrumento do crime, conforme as exigências postas nos arts. 120, 121 e 124 do Código de Processo Penal c/c o art. 91, II, do Código Penal.* [...] 8. Agravo regimental desprovido. (agravo regimental no Recurso em mandado de segurança nº 68964 - MG, 5ª Turma, Rel. Min. Reynaldo Soares da Fonseca, julgado aos 22.11.2022, DJ 28/11/2022)

"Processual penal. Incidente de insanidade mental. Nomeação do curador. Há que dizer-se sanada a omissão, se curados foram os interesses do acusado pelo defensor que constituíra, o qual acompanhou diligentemente o incidente, formulando quesitos à perícia que, ademais, concluiu pela plena sanidade mental do paciente". (STJ, REsp 85.309/SC, 5ª Turma, Rel. Min. José Dantas, DJ 02/3/1998)

Súmula 428: *Compete ao Tribunal Regional Federal decidir os conflitos de competência entre juizado especial federal e juízo federal da mesma seção judiciária.*

+ EXERCÍCIOS DE FIXAÇÃO

01. (Magistratura/DF) Constitui exceção peremptória:

A) incompetência do juízo;

B) litispendência;

C) suspeição;

D) nenhuma das alternativas acima é correta.

02. (OAB/MG 2006.3) Quanto às questões incidentais (processos incidentais ou incidentes) no processo penal, assinale a alternativa CORRETA:

A) São admissíveis no processo penal as medidas assecuratórias consistentes em sequestro e hipoteca legal de bens do acusado.

B) Não se pode realizar sequestro de bens imóveis adquiridos pelo indiciado com o proveito da infração, caso estes já tenham sido transferidos para terceiros.

C) A restituição de coisa apreendida somente pode ser efetivada pelo Juiz nos casos em que não existam dúvidas quanto ao direito do reclamante.

D) Não se admite nenhuma hipótese de incidente de falsidade documental.

» GABARITO

01. A alternativa correta é a B, pois, dentre as três apontadas, é a única que levará à extinção do processo caso seja reconhecida pelo juízo.

02. A alternativa correta é a A, estando tais medidas previstas no art. 125 e seguintes do CPP e 134 do mesmo Código. O artigo 125 permite o sequestro ainda que os bens já tenham sido transferidos a terceiro, o que elimina a alternativa B. A alternativa C está errada, pois também o Delegado de Polícia pode fazer a restituição se não houver dúvida quanto ao direito do reclamante. Os arts. 145 a 148 do CPP admitem o incidente de falsidade documental, daí porque errada a alternativa D.

11 PROVAS

Prova é toda forma lícita de se demonstrar, em contraditório, perante o juiz da causa, uma verdade. Tem íntima ligação com o princípio da verdade real, em que se busca compreender os fatos como realmente se deram no mundo real.

Do conceito supra, podemos obter alguns dos princípios gerais aplicáveis às provas no processo penal brasileiro:

I. **princípio da audiência contraditória**: não se admite que uma prova seja produzida sem a ciência da outra parte, pelo que toda prova há que admitir contraprova.

II. **princípio da auto-responsabilidade das partes**: as partes devem arcar com as consequências de sua inércia probatória ou de seus atos intencionais.

III. **princípio da comunhão ou da aquisição**: a prova, embora produzida por uma das partes, pode vir a ser usada por todos os sujeitos da relação processual, pois se destina a reconstruir os fatos que se alega.

IV. **princípio da publicidade**: via de regra, os atos processuais, incluídos aí os probatórios, são públicos, nos termos do art. 792 do CPP.

V. **princípio do livre convencimento motivado**: o juiz tem liberdade para apreciar as provas carreadas aos autos – art. 155 do CPP, não estando vinculado a valorações predeterminadas pela norma. Tal liberdade não exime o julgador de fundamentar todas as suas decisões. Via de regra, o juiz só poderá utilizar-se da prova produzida no decorrer do processo penal, pois fora submetida ao crivo do contraditório e ampla defesa. Por vezes, o juiz pode também valer-se de elementos probatórios carreados pelo inquérito policial, se tais provas forem cautelares, não repetíveis e antecipadas.

O Código de Processo Civil de 2015, em seu art. 371, a respeito da avaliação da prova pelo juiz, abandonou a expressão "livre", o que tende a ter reflexo também na esfera penal, corroborando a noção de que o magistrado deverá ter limites para a sua fundamentação, que terá de estar amparada no ordenamento jurídico e na prova dos autos.

No Tribunal do júri, em relação aos jurados, o sistema aplicável é o da íntima convicção ou livre convicção, pelo qual valora-se livremente as provas, sendo desnecessária qualquer motivação para a tomada de decisões (art. 5º, inciso XXXVIII, alínea *c*, da Constituição Federal), que inclusive são sigilosas.

Toda e qualquer prova lícita pode ser usada no processo penal, existindo limitação apenas no que se refere ao estado das pessoas, caso em que haverão de ser seguidas as restrições estabelecidas na legislação civil – art. 155, parágrafo único, do CPP. Assim, para exemplificar, o casamento se prova pela respectiva certidão, o nascimento e o óbito idem.

11.1. ÔNUS DA PROVA

O art. 156 do CPP, com a redação dada pela Lei nº 11.690/2008, diz:

> *"A prova da alegação incumbirá a quem a fizer, sendo, porém, facultado ao juiz de ofício: I – ordenar, mesmo antes de iniciada a ação penal, a produção antecipada de provas consideradas urgentes e relevantes, observando a necessidade, adequação e proporcionalidade da medida; II – determinar, no curso da instrução, ou antes de proferir sentença, a realização de diligências para dirimir dúvida sobre ponto relevante."*

Nesse contexto, compete ao órgão acusador, seja o MP ou o ofendido, demonstrar a existência do fato delitivo (materialidade) e autoria, do dolo ou culpa, bem como de quaisquer circunstâncias que possam majorar a pena.

Por outro lado, cabe à defesa comprovar a ocorrência de excludentes de ilicitude e de culpabilidade, bem assim de eventual causa de extinção da punibilidade – art. 107 do Código Penal, e de quaisquer circunstâncias que possam ensejar mitigação da pena.

Nos termos do inciso VI do art. 386 do CPP, embora seja ônus da defesa a prova da existência de excludentes de ilicitude e de culpabilidade, é possível que se dê a absolvição sem a sua demonstração cabal, sempre que houver dúvida a seu respeito: "*ou mesmo se houver fundada dúvida sobre sua existência;*".

Esse método de distribuição da prova não poderá jamais descurar da obediência ao princípio constitucional da presunção de inocência, do qual decorre o *in dubio pro reo*.

O CPP, em seu art. 156, permite que o juiz ordene, mesmo antes da ação penal, portanto, por ocasião do inquérito, *a produção antecipada de provas consideradas urgentes e relevantes, observando a necessidade, adequação e proporcionalidade da medida* (inciso I), bem como lhe deferiu iniciativa probatória (inciso II), podendo *determinar, no curso da instrução, ou antes de proferir sentença, a realização de diligências para dirimir dúvida sobre ponto relevante.*

O intento do legislador, ao conferir esta iniciativa probante do juiz, é no sentido de se ver alcançar a verdade real, o que é objeto de intenso questionamento por parte da doutrina, que diz ser inconstitucional a figura do "juiz-instrutor".

Se vier a ser implantada a figura do juiz das garantias no Brasil, competirá a este determinar a produção de provas consideradas urgentes e não repetíveis, assegurados o contraditório e ampla defesa em audiência pública e oral – art. 3º-B, inciso VII, do CPP, na forma da redação dada pelo pacote anticrime.

Ainda em relação ao inciso II do art. 156, deve ser observado que tais poderes instrutórios deferidos ao magistrado, ao argumento da busca da verdade real, não se lhe podem permitir que venha a fazer as vezes das partes, substituindo a eventual inércia ou desídia destas em matéria probatória. A atitude do julgador em tal aspecto deve ter caráter complementar, pois o ônus da prova continua recaindo sobre as partes, especialmente em relação ao órgão acusador. Não pode, assim, o juiz assumir protagonismo, devendo manter-se na posição de destinatário final da prova, de sorte a julgar com imparcialidade. Diz-se que seus poderes instrutórios são, em resumo, supletivos, residuais ou subsidiários.

Ao término da instrução processual, chegado o momento de proferir sentença, se o conjunto probatório não lhe permite concluir nem pelas teses da acusação nem pelas defensivas, o caminho a ser trilhado é o da absolvição, por força do princípio do *favor rei*, cujo aspecto mais conhecido é o *in dubio pro reo.*

Interpretado o art. 156 do CPP desta forma, ou seja, considerando a atividade probatória do magistrado como tendo caráter complementar, poder-se-á considerar tal dispositivo como compatível com as alterações promovidas pela Lei nº 13.964/2019 – pacote anticrime, em especial o art. 3º-A do CPP.

Parte da doutrina sustenta, em relação ao inciso I do art. 156 do CPP, sua inconstitucionalidade e incompatibilidade com o art. 3º-A do CPP, com a redação dada pelo pacote anticrime, pois violaria a imparcialidade e o sistema acusatório, colocando o juiz em situação de protagonismo na produção da prova, antecipando-se à iniciativa das partes, em especial do órgão acusatório oficial, o Ministério Público.

11.2. MEIOS DE PROVA

Apesar de o CPP enumerar alguns meios de prova, a exemplo do exame de corpo de delito e outras perícias, do interrogatório, da confissão, das declarações da vítima, das testemunhas, do reconhecimento de pessoas ou coisas, dos documentos, da acareação, é certo que permitido utilizar-se, no processo penal, de todo meio lícito de prova, sendo pois a enumeração constante dos arts. 158 a 250 do Código não taxativa. Assim, os chamados meios de prova inominados, não mencionados na lei, são perfeitamente admissíveis.

Tal sistema de liberdade da prova, que se coaduna com a busca da verdade real, encontra limites na inadmissibilidade de utilização no processo de toda prova obtida por meios ilícitos – art. 5º, inciso LVI, da Constituição Federal. Já o art. 157, *caput*, do CPP, diz: "*São inadmissíveis, devendo ser desentranhadas do processo, as provas ilícitas, assim entendidas as obtidas em violação a normas constitucionais ou legais.*"

Corroborando o entendimento doutrinário de que o juiz que manteve contato com a prova ilícita juntada aos autos teria comprometida, de algum modo, sua imparcialidade para o julgamento da causa, surge a norma do § 5º do art. 157 do CPP, inserida pelo pacote anticrime, segundo a qual: "*O juiz que conhecer do conteúdo da prova declarada inadmissível não poderá proferir a sentença ou acórdão*". Consagrou-se, assim, a teoria da contaminação do entendimento.

Porém, aos 22 de janeiro de 2020, nas ADIs 6.298, 6.299, 6.300 e 6.305, o relator Ministro Luiz Fux exarou decisão monocrática deferindo a medida cautelar pretendida para suspender a eficácia deste § 5º do art. 157 do CPP, ou seja, do juiz sentenciante que conheceu de prova declarada inadmissível.

Ausente a eficácia do dispositivo, ao menos por ora, nada impede a regular atuação do juiz que tomou conhecimento do conteúdo da prova tida como inadmissível, podendo ele prolatar sentença ou acórdão.

A doutrina estabelece diferença entre provas inadmissíveis, conforme a natureza da norma vulnerada:

I. **prova ilícita em sentido estrito**: aquela que fora obtida com desrespeito ao direito material, legal ou constitucional, a exemplo de medida de busca e apreensão levada a efeito sem autorização judicial;
II. **prova ilegítima**: aquela obtida ou juntada à ação penal de forma contrária a norma de direito processual, como é o caso da apresentação aos jurados, em plenário, de documento que a parte adversa não teve ciência com a antecedência exigida (3 dias úteis, art. 479, *caput*, do CPP).

Tanto em relação a uma quanto a outra – ilicitude em sentido estrito ou ilegitimidade, a utilização da prova jamais será admitida. Se vier a ocorrer, no entanto, não há motivo para reconhecer nulidade da ação penal. A consequência será a perda do valor probatório, inclusive dos elementos de convicção derivados da prova inadmissível, nada impedindo, porém, que o juízo forme sua convicção à luz de outras provas.

No art. 157, § 1º, o CPP estabelece a impossibilidade de utilização das provas ilícitas por derivação – teoria dos frutos da árvore envenenada, vedação esta que já se aplicava ao processo penal brasileiro por conta de decisões do Supremo Tribunal Federal. Explica-se: tais provas são decorrência de uma prova ilícita originária, sendo certo que a ilicitude só restará caracterizada caso haja demonstração de nexo causal entre as provas ou se as derivadas não puderem ser obtidas mediante fonte independente das primeiras.

Exemplo de prova ilícita por derivação dá-se na hipótese de confissão extrajudicial (prova primária) obtida mediante tortura, em que a autoridade policial obtém elementos de convicção para postular busca e apreensão em endereço mencionado pelo investigado, cautelar esta que acaba por ser deferida pelo juízo, tendo sido encontrados objetos diversos provenientes de furtos (prova secundária) – estes objetos constituem-se em provas ilícitas por derivação daquela primeira, não devendo ser apreendidos ou periciados ou servir de qualquer modo para a convicção do julgador.

À luz do princípio do prejuízo que informa o sistema de nulidades processuais, a prova ilícita que não tiver direta ou indiretamente influído na decisão da causa não deverá acarretar nulidade, nos termos do art. 566 do CPP.

A doutrina e a jurisprudência têm mitigado a teoria dos frutos da árvore envenenada, aplicando o princípio da proporcionalidade nas situações em que a não utilização da prova ilícita possa acarretar prejuízo aos direitos do réu inocente, por exemplo. A prova ilícita *pro reo*, assim, é uma das manifestações da teoria da proporcionalidade no campo probatório. Destarte, permite-se que uma prova obtida com desrespeito a direitos fundamentais de terceiros possa ser aproveitada pelo réu, inclusive quando este a produzir. De fato, não haveria ilicitude da prova quando o acusado, que teria agido amparado por estado de necessidade, tivesse que atingir garantia ou direito alheio para atestar sua inocência.

Por outro lado, não se vem aceitando no Brasil a utilização da proporcionalidade *pro societate* (em favor da sociedade).

Outra hipótese de mitigação ocorre quando se afasta a ilicitude da prova se ela não possuir nexo causal com a prova ilícita originária ou se for possível sua obtenção por uma fonte independente. Nesse sentido, tem-se como fonte independente aquela que, por si só, produzida regularmente na investigação ou no processo, teria o condão de conduzir ao fato que se pretende comprovar – art. 157, § 2º, do CPP.

Mais uma hipótese de relativização da teoria dos frutos da árvore envenenada diz respeito à teoria da descoberta inevitável da prova, que ocorre quando se chegar à conclusão de que a prova seria conseguida de qualquer maneira, por atos válidos de investigação, pelo que deve ser aproveitada, afastando-se a contaminação. Ora, se todo modo a prova seria obtida, não houve um real proveito com a vulneração da lei. Para exemplificar, podemos citar as informações obtidas de testemunha em interceptação telefônica não autorizada judicialmente, sendo que dita testemunha seria inevitavelmente inquirida no curso da investigação ou da ação penal.

Para diferenciar uma e outra hipótese de mitigação da teoria, considere que:

I. na teoria da prova absolutamente independente não há qualquer nexo causal entre a prova ilícita e as outras provas produzidas no feito;

II. na teoria da descoberta inevitável da prova existe esse nexo causal, porém, ele não se mostra decisivo, já que a prova derivada, ainda que ilicitude não houvesse, seria produzida dentro dos ditames da lei.

II.3. PROVA EMPRESTADA

Trata-se da prova lícita produzida em um processo que, por meio da reprodução documental, será transportada/juntada documentalmente em outro, seja ele físico ou eletrônico, produzindo neste efeitos regulares.

Doutrina e jurisprudência indicam alguns requisitos a cumprir para que a prova emprestada possa ser aproveitada, a saber:

I. há que ser produzida em processo originário formado entre as mesmas partes do processo para o qual se pretende transportar;
II. deve ter sido produzida, no processo originário, sob o crivo do contraditório. Assim, não se pode tomar emprestada prova produzida em inquérito policial;
III. no processo anterior, a prova deve ter sido produzida com obediência das formalidades previstas em lei;
IV. o fato probando deve ser o mesmo.

Preenchidos os requisitos supra, a prova emprestada pode se prestar a embasar um decreto condenatório, não havendo hierarquia entre a mesma prova nos autos originários e nos autos onde fora juntada. Percebe-se também que não há nada que impeça o empréstimo de prova produzida em processo cível. Também não há nenhum empecilho a empréstimo de prova produzida em regular procedimento administrativo fiscal, para efeito de instrução processual penal.

Na eventualidade do processo originário ter sido anulado, há que verificar o nexo causal entre o ato nulo e a prova emprestada para perquirir se esta deve ou não ser atingida pela nulidade. Lembre-se que, no caso de nulidade relativa, somente os atos decisórios serão anulados, de acordo com o art. 567 do CPP, preservando-se, assim, os atos instrutórios. Ao contrário, se for o caso de nulidade absoluta, tanto os atos decisórios quanto os instrutórios serão atingidos, maculando-se a prova emprestada.

No processo atual em que a prova emprestada será juntada, esta perderá seu caráter originário, ingressando como prova documental, pouco importando que tenha caráter diverso no processo de origem. Assim, uma prova testemunhal na origem ingressará no processo posterior como prova documental.

11.4. OBJETO DA PROVA E FINALIDADE

São objeto de prova todos os fatos que acusação e defesa pretendem demonstrar. Devem ser relevantes ao deslinde da causa. Algumas vezes se exige da parte a prova do direito, quando este encontrar previsão em legislação internacional, estadual ou municipal ou, ainda, estiver contido em direito consuetudinário. Parte-se da premissa de que o magistrado não teria a obrigação de conhecer tais normas.

A finalidade da prova é contribuir para o convencimento do magistrado acerca da verdade do fato que se alega.

Certos fatos independem de prova:

I. **Fatos notórios**: são aqueles "*nacionalmente conhecidos, não se podendo considerar os relativos a uma comunidade específica, bem como os atuais, uma vez que o tempo faz com que a notoriedade se esmaeça, levando a parte à produção da prova*" (NUCCI, 2017, p.392). É o caso da testemunha que ao prestar esclarecimentos recorda-se, muito tempo depois, que a tentativa de homicídio se deu num dia 07 de setembro, isto porque em sua lembrança o fato ocorreu logo após o desfile cívico alusivo ao acontecimento histórico.

II. **Fatos que contém presunção legal *juris et de jure* (presunção absoluta)**: fatos em relação aos quais não há como fazer prova em sentido contrário. Ex.: não é possível comprovar que uma pessoa de dezesseis anos é imputável. Nas presunções relativas – *juris tantum*, porém, é possível afastar a presunção.

III. **Fatos intuitivos**: são fatos que se demonstram por si sós. É o caso do art. 162, parágrafo único, do CPP, que informa não haver necessidade de exame interno cadavérico quando as lesões externas evidenciam a *causa mortis*, o que se daria, por exemplo, num cadáver carbonizado achado dentro de um avião que caiu e explodiu.

IV. **Fatos irrelevantes, inúteis ou impertinentes**: são fatos cujo esclarecimento em nada contribuirá para o julgamento do processo, como por exemplo perguntar da testemunha se a árvore próxima ao local do homicídio estava frondosa. No CPP: "*Art. 212. As perguntas serão formuladas pelas partes diretamente à testemunha, não admitindo o juiz aquelas que puderem induzir a resposta,* ***não tiverem relação com a causa*** *ou importarem na repetição de outra já respondida.*" (grifamos)

11.5. CLASSIFICAÇÃO DAS PROVAS

A doutrina aponta quatro critérios para classificar a prova, a saber:

I. **Quanto à eficácia**:

a. **direta**: quando, por si só, demonstra o fato probando;

b. **indireta**: tal prova demonstra um fato através do qual se deduz o fato que se pretende comprovar, a exemplo dos indícios – art. 239 do CPP;

II. **Quanto à fonte**:

a. **pessoal**: é a fonte que o ser humano fornece, ou seja, uma manifestação humana, como a prova testemunhal, as declarações do ofendido, etc.;

b. **real**: é a prova que surge do fato, consistindo numa coisa, como o cadáver e as pegadas em crime de furto.

III. **Quanto ao valor ou efeito**:

a. **plena**: é aquela bastante para, por si só, levar a certeza ao julgador quanto ao fato probando, dando cabo da controvérsia;

b. **incompleta ou não plena**: leva ao juízo de probabilidade quanto ao fato probando, o que não é o bastante para uma condenação, mas pode ser utilizada para a decretação de medidas cautelares.

IV. **Quanto à origem**:

a. **originária**: não há qualquer intermediário entre o fato e o meio de prova, a exemplo da testemunha presencial;

b. **derivada**: quando há intermediação entre o fato e o meio de prova, como na testemunha por ouvir dizer (*hearsay testimony*)

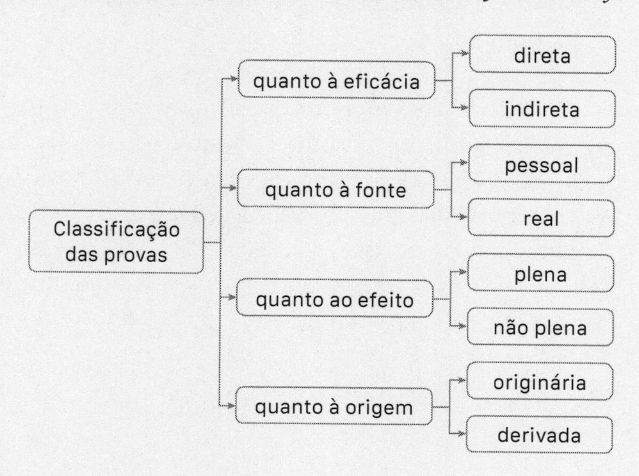

11.6. SERENDIPIDADE/ENCONTRO FORTUITO DE PROVAS

Dá-se o encontro fortuito ou casual de provas quando a prova de determinado delito é obtida a partir de busca devidamente autorizada para a investigação de infração penal diversa. A princípio, esse encontro casual redunda na produção de prova ilícita. Tal ocorreria, por exemplo, em busca e apreensão judicialmente autorizada para apurar crimes de receptação, redundando, porém, na descoberta de entorpecentes e armas ali escondidas.

Em tal caso, na mesma situação fática, nada impediria que os policiais efetivassem a prisão dos envolvidos, por força do estado de flagrância delitiva, caso em que a Constituição Federal autoriza o ingresso em domicílio alheio a qualquer hora do dia e da noite para levar a efeito esta modalidade de prisão cautelar – art. 5º, inciso XI.

Em termos doutrinários, considera-se que a teoria em exame deve ser mitigada, sob pena de dar ensejo à impunidade. Dessa forma, havendo conexão entre as duas infrações penais, não se deveria aplicar a teoria, reputando lícita a prova obtida por meio fortuito (STF, HC 83.515/RS – informativo nº 361).

O Superior Tribunal de Justiça, em relação à serendipidade, tem adotado entendimento no sentido de validar provas encontradas de modo fortuito ou casual, pouco importando se há ou não nexo causal entre o crime apurado e o crime descoberto. (RHC 150354/PR)

11.7. PROVAS EM ESPÉCIE

11.7.1. EXAME DE CORPO DE DELITO E PERÍCIAS EM GERAL

Para evidenciar determinados fatos, cuja certeza só é possível alcançar a partir de conhecimentos técnicos, a lei prevê o exame pericial.

Nos termos do art. 158 do CPP, nas infrações penais não transeuntes, isto é, aquelas que deixam vestígios no mundo real, a exemplo do homicídio e lesões corporais, será indispensável o exame de corpo de delito, direto ou indireto, não podendo supri-lo a confissão do acusado, pena de nulidade – art. 564, inciso III, alínea *b*, do CPP.

O corpo de delito é o conjunto de vestígios materiais, permanentes ou temporários, que o delito deixou no mundo exterior, evidenciando sua materialidade. O **exame** de corpo de delito, por sua vez, é a constatação por peritos, registrada em laudo ou auto, destas evidências do fato delituoso, sendo, portanto, uma espécie de prova pericial.

De regra, o exame de corpo de delito é realizado antes de finda a investigação criminal, sendo uma prova cautelar, que não pode ser postergada sob pena de perecimento dos vestígios, sem a participação da defesa técnica em sua produção, portanto, com contraditório diferido, ou seja, que se efetivará no curso da ação penal, se houver. Por vezes há necessidade, no curso da ação penal, de complementação do exame de corpo de delito, como no crime de lesões corporais, para atestar a gravidade destas.

Normalmente se admite o oferecimento da denúncia sem o exame de corpo de delito, pois a acusação poderá juntá-lo no decorrer do processo crime, salvo se a lei dispuser de modo diverso, exigindo-o já para a deflagração da ação, como é o caso do laudo toxicológico preliminar referido na lei de tóxicos – Lei nº 11.343/2006.

Como a própria lei diz no *caput* do art. 158 do CPP, o exame de corpo de delito pode dar-se de forma:

I. **direta** – quando os *experts* têm contato diretamente com o vestígio/objeto a ser periciado. Ex.: no homicídio, analisarão o corpo da vítima, elaborando o chamado laudo de exame tanatoscópico;

II. **indireta**: quando, desaparecidos os vestígios, busca-se outros meios lícitos de prova, como laudos médicos, fichas clínicas de hospital, fotografias, vídeos e, especialmente, prova testemunhal, conforme previsão inserida no art. 167 do CPP. Como exemplo temos o homicídio perpetrado contra Eliza Samudio, cujo cadáver os envolvidos fizeram desaparecer, em circunstâncias amplamente noticiadas pela mídia, fato que não impediu suas condenações.

O parágrafo único do art. 158 do CPP, incisos I e II, com a redação dada pela Lei nº 13.721/2018, passou a exigir prioridade para a realização de exame de corpo de delito quando a infração penal versar sobre *violência doméstica e familiar contra mulher* e *violência contra criança, adolescente, idoso ou pessoa com deficiência.*

O art. 182 do CPP informa que o juiz não é obrigado a aceitar as conclusões do laudo pericial, podendo aceitá-lo ou rejeitá-lo, no todo ou em parte. Não aceitando-o, o julgador deverá obviamente declinar os motivos pelos quais o faz.

Perícias eventualmente requeridas pelas partes, com caráter nitidamente protelatório ou que em nada contribuirão para o esclarecimento dos fatos, deverão ser negadas pelo juiz – art. 184 do CPP.

Via de regra, os peritos deverão ser servidores públicos concursados, atuando como auxiliares da justiça – art. 275 do CPP, podendo eventualmente recair nas mesmas hipóteses de suspeição dos juízes, previstas no art. 254 do CPP.

Atualmente, à luz do *caput* do art. 159 do CPP, basta que a perícia seja feita por um único perito oficial - não mais dois, portador de diploma de curso superior, pelo que acham-se superados os termos da súmula 361 do Supremo Tribunal Federal. Esta agora só se aplica à perícia feita por peritos não oficiais.

A Lei nº 12.030/2009 traz normas gerais para os trabalhos periciais de natureza criminal, merecendo especial atenção seu art. 2º: "*No exercício da atividade de perícia oficial de natureza criminal, é assegurado autonomia técnica, científica e funcional, exigido concurso público, com formação acadêmica específica, para o provimento do cargo de perito oficial.*"

O § 3º do art. 159 do CPP, incluído pela Lei nº 11.690/2008, importando figura já existente no processo civil, passou a possibilitar que o Ministério Público, a vítima, o assistente da acusação, o querelante e o acusado formulem quesitos e indiquem assistentes técnicos.

Lembre-se que não se pode pretender exigir do assistente uma atuação imparcial, pois ele é um *expert* de confiança das partes, podendo corroborar o laudo pericial ou refutá-lo, atuando obviamente em favor da parte que o contratou.

11.7.2. CADEIA DE CUSTÓDIA

Trata-se de novidade na legislação, em vigência a partir de janeiro de 2020, merecendo especial atenção, sendo de interesse de todos os sujeitos processuais, uma vez que eventual contaminação de vestígio coletado durante a investigação pode tornar a prova imprestável, prejudicando a comprovação da materialidade delitiva. Por essa mesma razão, é assunto cobrado nos mais diversos certames, não apenas para quem busca carreiras policiais.

A Lei nº 13.964/2019 – pacote anticrime, trouxe os acréscimos dos arts. 158-A a 158-F para cuidar, com riqueza de pormenores, do procedimento em questão, buscando assegurar a integridade dos vestígios.

> *"Art. 158-A. Considera-se cadeia de custódia o conjunto de todos os procedimentos utilizados para manter e documentar a história cronológica do vestígio coletado em locais ou em vítimas de crimes, para rastrear sua posse e manuseio a partir de seu reconhecimento até o descarte.*

§ 1º. O início da cadeia de custódia dá-se com a preservação do local de crime ou com procedimentos policiais ou periciais nos quais seja detectada a existência de vestígio.
§ 2º. O agente público que reconhecer um elemento como de potencial interesse para a produção da prova pericial fica responsável por sua preservação.
§ 3º. Vestígio é todo objeto ou material bruto, visível ou latente, constatado ou recolhido, que se relaciona à infração penal."

11.7.2.1. CONCEITO DE CADEIA DE CUSTÓDIA

Expressão adicionada ao CPP em 2020, a partir da vigência do pacote anticrime (Lei n. 13.964/19). No entanto, há referências a ela em julgados de 2009, do Superior Tribunal de Justiça (RHC 77.836/PA). A cadeia de custódia da prova consiste no caminho que deve ser percorrido pela prova até sua análise pelo magistrado, sendo certo que qualquer interferência indevida durante esse trâmite pode resultar na sua imprestabilidade.

O legislador adotou a tradução literal da expressão inglesa *chain of custody*. Trata-se de processo usualmente relacionado a finalidades forenses, embora seja também empregado, até mesmo, na produção industrial. A ideia é simples: desde a obtenção até o descarte, os *vestígios* passam por muitas mãos. Por isso, é necessário que, nessa cadeia de transferências, todos aqueles que os tiverem sob sua custódia a documentem. Caso contrário, como foi dito pelo STJ (excerto acima), a prova poderá tornar-se imprestável.

11.7.2.2. INÍCIO

O início da cadeia de custódia dá-se com:

I. a preservação do local do crime;
II. procedimentos policiais ou periciais nos quais seja detectada a existência de vestígio.

É de conhecimento comum a importância da preservação do local onde ocorreu uma infração penal para a adequada apuração dos fatos. Qualquer alteração, por mínima que seja, pode fazer com que a busca por vestígios fique prejudicada. Por essa razão, tem de ser o primeiro passo a ser dado, conforme o artigo 158-A, § 1º, do CPP. Em regra, cabe à polícia a preservação do estado original do lugar até a chegada dos peritos criminais. Devem ser preservadas: (a) a área imediata, principal foco da investigação, onde os fatos ocorreram; (b) a área mediata, adjacente à área imediata, onde também pode haver vestígios; (c) a área relacionada, que não tem ligação geográfica direta com o lugar dos fatos, mas também pode conter algum vestígio ou informação de interesse da investigação. A cadeia de custódia também pode ser iniciada em razão de procedimento policial (ex.: por meio das *blitz* de trânsito) ou por procedimento pericial.

II.7.2.3. VESTÍGIO

Vestígio é todo material ou objeto bruto, visível ou latente, constatado ou recolhido, que tem ou pode ter relação com a infração penal.

II.7.2.4. ETAPAS DA CADEIA DE CUSTÓDIA

> *"**Art. 158**-B. A cadeia de custódia compreende o rastreamento do vestígio nas seguintes etapas:*
> *I – reconhecimento: ato de distinguir um elemento como de potencial interesse para a produção da prova pericial;*
> *II. isolamento: ato de evitar que se altere o estado das coisas, devendo isolar e preservar o ambiente imediato, mediato e relacionado aos vestígios e local de crime;*
> *III. fixação: descrição detalhada do vestígio conforme se encontra no local de crime ou no corpo de delito, e a sua posição na área de exames, podendo ser ilustrada por fotografias, filmagens ou croqui, sendo indispensável a sua descrição no laudo pericial produzido pelo perito responsável pelo atendimento;*
> *IV – coleta: ato de recolher o vestígio que será submetido à análise pericial, respeitando suas características e natureza;*
> *V – acondicionamento: procedimento por meio do qual cada vestígio coletado é embalado de forma individualizada, de acordo com suas características físicas, químicas e biológicas, para posterior análise, com anotação da data, hora e nome de quem realizou a coleta e o acondicionamento;*
> *VI – transporte: ato de transferir o vestígio de um local para o outro, utilizando as condições adequadas (embalagens, veículos, temperatura, entre outras), de modo a garantir a manutenção de suas características originais, bem como o controle de sua posse;*
> *VII. recebimento: ato formal de transferência da posse do vestígio, que deve ser documentado com, no mínimo, informações referentes ao número de procedimento e unidade de polícia judiciária relacionada, local de origem, nome de quem transportou o vestígio, código de rastreamento, natureza do exame, tipo do vestígio, protocolo, assinatura e identificação de quem o recebeu;*
> *VIII. processamento: exame pericial em si, manipulação do vestígio de acordo com a metodologia adequada às suas características biológicas, físicas e químicas, a fim de se obter o resultado desejado, que deverá ser formalizado em laudo produzido por perito;*
> *IX. armazenamento: procedimento referente à guarda, em condições adequadas, do material a ser processado, guardado para realização de contraperícia, descartado ou transportado, com vinculação ao número do laudo correspondente;*

X. descarte: procedimento referente à liberação do vestígio, respeitando a legislação vigente e, quando pertinente, mediante autorização judicial."

O artigo 158-B define, assim, as etapas da cadeia de custódia. Num primeiro momento, em uma fase externa, preocupou-se o legislador em preservar o vestígio, desde a coleta até a transferência ao órgão pericial encarregado de processá-lo. As etapas iniciais são as seguintes:

(1ª) **Reconhecimento**: consiste em identificar um elemento como de interesse para a produção da prova pericial. Ex.: o facão utilizado em um homicídio.

(2ª) **Isolamento**: para evitar a alteração do estado das coisas, o ambiente há que ser preservado. Ex.: restringir o acesso a um veículo.

(3ª) **Fixação**: é a descrição detalhada do vestígio conforme se encontra no local de crime ou no corpo de delito, e o seu posicionamento na área de exames. Ex.: fotografia do local do crime.

(4ª) **Coleta**: é o momento da colheita do vestígio, que deve ser, em seguida, adequadamente acondicionado.

(5ª) **Acondicionamento**: momento essencial da cadeia de custódia, quando o vestígio coletado é acondicionado de forma individualizada, de acordo com suas características físicas, químicas e biológicas.

(6ª) **Transporte**: concluída a coleta, o vestígio deverá ser levado a quem couber realizar os trabalhos periciais.

(7ª) **Recebimento**: consiste na transferência da posse do vestígio. Ato formal, a lei determina a documentação dos dados a ele relacionados. É o último passo da fase externa.

Nota: Das dez etapas, sete são relacionadas à fase externa da cadeia de custódia. A preocupação é legítima, afinal, são incontáveis as notícias sobre contaminação e, até mesmo, desaparecimento de vestígios nessa fase inicial. Foi o que aconteceu após o acidente do voo 303, da extinta companhia aérea *Transbrasil*, em 1980. No local da queda, foram encontradas joias de considerável valor. Em um primeiro momento, as joias foram devidamente coletadas e armazenadas. No entanto, após o recebimento em mais de uma delegacia, quando o invólucro foi aberto, a surpresa: no lugar das joias, encontraram pedras. Até hoje, não se sabe em que momento houve a troca, pois não foi devidamente documentado o trâmite percorrido pelo vestígio.

(8ª) **Processamento**: após o recebimento, faz-se o exame pericial, quando o vestígio é manipulado de acordo com a metodologia adequada às suas características biológicas, físicas e químicas, a fim de se obter o resultado almejado, que deverá ser formalizado em laudo produzido por perito.

(9ª) **Armazenamento**: realizada a perícia, o vestígio tem de ser adequadamente guardado, para que seja possível a realização de eventual contraperícia. Não bastasse, ainda que o vestígio esteja pronto para ser descartado ou tenha de ser transportado para outro destino, é imprescindível mantê-lo preservado.

(10ª) **Descarte**: não tendo mais utilidade para a investigação ou para a ação penal, o vestígio pode ser descartado. A depender da situação, a liberação só se dará mediante autorização judicial (ex.: arma de fogo utilizada em um homicídio).

II.7.2.5. COLETA DO VESTÍGIO

> *"Art. 158-C. A coleta dos vestígios deverá ser realizada preferencialmente por perito oficial, que dará o encaminhamento necessário para a central de custódia, mesmo quando for necessária a realização de exames complementares.*
> *§ 1º. Todos vestígios coletados no decurso do inquérito ou processo devem ser tratados como descrito nesta Lei, ficando órgão central de perícia oficial de natureza criminal responsável por detalhar a forma do seu cumprimento.*
> *§ 2º. É proibida a entrada em locais isolados bem como a remoção de quaisquer vestígios de locais de crime antes da liberação por parte do perito responsável, sendo tipificada como fraude processual a sua realização."*

A coleta do vestígio tem de ser realizada, preferencialmente, por perito oficial (ex.: perito criminal). Porém, é relativamente comum acontecer de não existir, em alguma localidade, perito oficial para a colheita desse vestígio, hipótese em que deverá ser observado o disposto do artigo 159, § 1º, do CPP. Ou seja, à falta de perito oficial, o exame deverá ser realizado por duas pessoas idôneas, portadoras de diploma de curso superior, preferencialmente na área específica, dentre as que tiverem habilitação técnica relacionada à natureza do exame.

O § 2º fala da proibição da *entrada em locais isolados bem como a remoção de quaisquer vestígios de locais de crime antes da liberação por parte do perito responsável, sendo tipificada como fraude processual a sua realização*. A parte final do dispositivo há que ser interpretada com cautela, pois transmite a falsa impressão de que o crime ficará caracterizado com a simples prática de uma dessas condutas, esquecendo-se do elemento subjetivo.

A redação do artigo 347 do Código Penal, onde está tipificada a fraude processual, é esta: *inovar artificiosamente, na pendência de processo civil ou administrativo, o estado de lugar, de coisa ou de pessoa,* ***com o fim de induzir a erro o juiz ou o perito***. Note que o tipo penal é acrescido de um elemento subjetivo específico, consistente em induzir a erro o juiz ou o perito. Quando ausente esse especial fim de agir, a conduta não é típica.

11.7.2.6. ACONDICIONAMENTO DO VESTÍGIO

> *"Art. 158-D. O recipiente para acondicionamento do vestígio será determinado pela natureza do material.*
> *§ 1º. Todos os recipientes deverão ser selados com lacres, com numeração individualizada, de forma a garantir a inviolabilidade e a idoneidade do vestígio durante o transporte.*
> *§ 2º. O recipiente deverá individualizar o vestígio, preservar suas características, impedir contaminação e vazamento, ter grau de resistência adequado e espaço para registro de informações sobre seu conteúdo.*
> *§ 3º. O recipiente só poderá ser aberto pelo perito que vai proceder à análise e, motivadamente, por pessoa autorizada.*
> *§ 4º. Após cada rompimento de lacre, deve se fazer constar na ficha de acompanhamento de vestígio o nome e a matrícula do responsável, a data, o local, a finalidade, bem como as informações referentes ao novo lacre utilizado.*
> *§ 5º. O lacre rompido deverá ser acondicionado no interior do novo recipiente."*

O artigo 158-D trata do recipiente onde o vestígio tem de ser acondicionado. No *caput*, o dispositivo estabelece que o vestígio será armazenado em recipiente próprio, que o preserve, conforme sua natureza. Todos os recipientes devem ser mantidos lacrados, e somente o perito que vai analisar o vestígio poderá rompê-lo. O rompimento do lacre deve ser documentado e, posteriormente, quando inserido novo lacre, o anterior deverá ser acondicionado no interior do novo recipiente.

11.7.2.7. CENTRAIS DE CUSTÓDIA

> *"Art. 158-E. Todos os Institutos de Criminalística deverão ter uma central de custódia destinada à guarda e controle dos vestígios, e sua gestão deve ser vinculada diretamente ao órgão central de perícia oficial de natureza criminal.*
> *§ 1º. Toda central de custódia deve possuir os serviços de protocolo, com local para conferência, recepção, devolução de materiais e documentos, possibilitando a seleção, a classificação e a distribuição de materiais, devendo ser um espaço seguro e apresentar condições ambientais que não interfiram nas características do vestígio.*
> *§ 2º. Na central de custódia, a entrada e a saída de vestígio deverão ser protocoladas, consignando-se informações sobre a ocorrência no inquérito que a eles se relacionam.*

§ 3º. Todas as pessoas que tiverem acesso ao vestígio armazenado deverão ser identificadas e deverão ser registradas a data e a hora do acesso.
§ 4º. Por ocasião da tramitação do vestígio armazenado, todas as ações deverão ser registradas, consignando-se a identificação do responsável pela tramitação, a destinação, a data e horário da ação."

Todos os Institutos de Criminalística deverão instituir uma central de custódia para manter e controlar os vestígios, e seu gerenciamento deve estar diretamente relacionado ao órgão central de perícia criminal oficial. Cada uma dessas centrais deve ter serviço de protocolo, para o controle de entrada e saída de vestígios, local para conferência, recepção e devolução de documentos e materiais. Todo o trâmite do vestígio deve ser documentado, com registro de todos aqueles que a ele tiveram acesso - inclusive, com data e hora em que se deu o acesso.

"Art. 158-F. Após a realização da perícia, o material deverá ser devolvido à central de custódia, devendo nela permanecer.
Parágrafo único. Caso a central de custódia não possua espaço ou condições de armazenar determinado material, deverá a autoridade policial ou judiciária determinar as condições de depósito do referido material em local diverso, mediante requerimento do diretor do órgão central de perícia oficial de natureza criminal."

Realizado o exame pericial, o vestígio deverá ser devolvido à central de custódia, onde deverá permanecer. Todo o procedimento deve ser documentado, desde a retirada até a devolução do material à central, com controle e registro de todos que a ele tiveram acesso. Sem prejuízo, o artigo 158-F, parágrafo único, do CPP, determina que caso a central de custódia não possua espaço ou condições de armazenar determinado material, deverá a autoridade policial ou judiciária determinar as condições de depósito do referido material em local diverso, mediante requerimento do diretor do órgão central de perícia oficial de natureza criminal.

11.7.3. O INTERROGATÓRIO E A CONFISSÃO

Embora inserido no Título VII do CPP, que versa sobre as provas, o interrogatório do acusado deve ser tido também como meio de defesa, aliás, autodefesa, pois neste ato processual ele pode apresentar, perante o magistrado, sua versão a respeito do quanto lhe é imputado, permitindo-se-lhe ficar calado.

O ato é constituído de duas partes, sendo uma a respeito da pessoa do acusado e outra que trata da acusação – art. 187, *caput*, do CPP.

Caracteriza-se pela judicialidade – só o juiz pode interrogar o réu, sendo, pois, indelegável, e pela oralidade, pois o réu se expressa verbalmente em audiência, de regra pública.

Questão relevante a respeito do direito ao silêncio é que este é limitado à segunda parte do interrogatório – dos fatos, pois **não é permitido ao acusado silenciar na primeira parte do ato**, que trata de questionamentos sobre sua qualificação pessoal. Em tese, se assim o fizer, poderá responder pela contravenção penal prevista no art. 68 da correspondente lei (recusa de dados sobre a própria identidade ou qualificação).

Com relação à condução coercitiva para interrogatório na forma prevista no art. 260 do CPP, o STF, em plenário, decidiu que tal medida não fora recepcionada pela CF/88, por violar o direito ao silêncio e à não autoincriminação, bem como a presunção de inocência e a liberdade de locomoção (ADPFs 399 e 444).

Como vimos antes, por ser também meio de defesa, o interrogatório precisa sempre ser acompanhado por defensor, ainda que dativo, pena de nulidade – art. 185, *caput*, do CPP.

Feito o interrogatório, o juiz indagará das partes – acusação e defesa, se resta algum esclarecimento a ser feito, podendo então ambos, a iniciar pelo órgão acusador, formular perguntas complementares, feitas por intermédio do juiz. No procedimento do júri, ao contrário, as perguntas das partes poderão ser feitas diretamente ao acusado.

O CPP, em seu art. 190, determina que, se o acusado confessar a autoria, será perguntado sobre os motivos e circunstâncias do fato e se outras pessoas concorreram para a infração, e quais sejam.

A respeito da confissão, pode ser classificada, **quanto aos efeitos**, da seguinte forma: I – **simples**, quando o réu simplesmente confirma os fatos apontados na denúncia ou queixa; II – **complexa**, quando o réu confirma diversas infrações penais tratadas nos autos; III – **qualificada**, quando o réu, a par de confirmar os fatos que lhe são imputados, acresce outros que pretendem lhe eximir da responsabilidade penal, tais como alegações de legítima defesa.

Antes chamada de *rainha das provas*, a confissão atualmente não é mais uma prova plena e bastante por si só para se proferir condenação, tendo valor probatório relativo, como impõe o art. 197 do CPP.

O direito processual penal brasileiro não admite confissão ficta, tal qual ocorre em matéria de direitos disponíveis no processo civil.

11.7.4. PERGUNTAS AO OFENDIDO

Lembre-se: vítima não é testemunha. Tendo interesse no deslinde da ação penal, inclusive para fins de eventual reparação do dano em ação civil *ex delicto*, não presta o compromisso de dizer a verdade – CPP, art. 203, pelo que não responde por falso testemunho. Quando muito, pode vir a responder pelo crime de denunciação caluniosa – art. 339 do Código Penal.

Crimes há em que não existem testemunhas, caso em que assume grande relevância o relato da vítima, o que não exime o julgador de analisá-lo com prudência, sem descurar de seu cotejo com o conjunto probatório produzido em juízo.

Não resta dúvida que as partes podem formular perguntas para a vítima, inclusive de forma direta, seja qual for o procedimento adotado.

Importante prerrogativa deferida ao ofendido está prevista no art. 217 do CPP:

> *"Art. 217. Se o juiz verificar que a presença do réu poderá causar humilhação, temor, ou sério constrangimento à testemunha ou ao ofendido, de modo que prejudique a verdade do depoimento, fará a inquirição por videoconferência e, somente na impossibilidade dessa forma, determinará a retirada do réu, prosseguindo na inquirição, com a presença do seu defensor."*

A chamada **Lei Mariana Ferrer - nº 14.245/2021**, fez incluir no CPP o 400-A:

> *"Art. 400-A. Na audiência de instrução e julgamento, e, em especial, nas que apurem crimes contra a dignidade sexual, todas as partes e demais sujeitos processuais presentes no ato deverão zelar pela integridade física e psicológica da vítima, sob pena de responsabilização civil, penal e administrativa, cabendo ao juiz garantir o cumprimento do disposto neste artigo, vedadas:*
> *I. a manifestação sobre circunstâncias ou elementos alheios aos fatos objeto de apuração nos autos;*
> *II. a utilização de linguagem, de informações ou de material que ofendam a dignidade da vítima ou de testemunhas."*

11.7.5. TESTEMUNHAS

Testemunha é toda pessoa que declara o que sabe a respeito dos fatos objeto da ação penal – art. 202 do CPP, sendo esta, de regra, uma obrigação legal, da qual poderão eximir-se, por exemplo, o ascendente ou descendente, o afim em linha reta, o cônjuge, o irmão e o pai, a mãe, ou o filho adotivo do acusado, salvo quando não for possível, por outro modo, obter a prova do fato e de suas circunstâncias.

A testemunha, de regra, falará, sob palavra de honra, mediante o compromisso legal de dizer a verdade e não calar-se sobre aquilo que sabe, sob pena de responder pelo crime de falso testemunho – art. 342 do Código Penal. Assim, não é direito da testemunha silenciar nem quanto aos fatos tratados no processo nem quanto aos seus dados de qualificação, que lhe serão indagados na forma do art. 203 do CPP. Permite-se à testemunha, tão somente, calar-se a respeito de fatos que possam vir a incriminá-la (STF, HC nº 79812/SP, Pleno, Rel. Min. Celso de Mello, julgado aos 8/11/2000).

Quando tiverem de ser ouvidas as pessoas referidas no art. 208 do CPP (doentes, deficientes mentais, menores de 14 anos e as pessoas citadas no art. 206 do CPP), não lhes será exigido o dever de prestar compromisso. Na praxe, são os chamados declarantes ou informantes, não sendo computados no rol de testemunhas que cada parte pode arrolar.

Com esteio no art. 209 do CPP, o magistrado, se assim entender necessário, poderá ouvir outras testemunhas além daquelas indicadas pelas partes, bem assim as pessoas a que as testemunhas se reportarem – testemunhas referidas, o que vem no sentido de corroborar o princípio da verdade real.

O depoimento da testemunha tem de ser prestado oralmente, não se permitindo trazê-lo por escrito, podendo, no entanto, fazer breve consulta a apontamentos. Exceção à regra da oralidade se dá em relação ao Presidente e Vice-Presidente da República, os Presidentes do Senado Federal, da Câmara dos Deputados e do STF, que poderão optar por prestar depoimento por escrito, hipótese em que as perguntas lhe serão remetidas por ofício (art. 221, § 1º, do CPP).

Providência importante a ser adotada na audiência de instrução e julgamento é aquela prevista no art. 210, parágrafo único, do CPP, pela qual as testemunhas serão inquiridas cada uma de per si, de sorte que umas não saibam nem ouçam os relatos das outras, bem como devendo ser reservados espaços separados para a garantia de sua incomunicabilidade.

Com o advento da Lei nº 11.690/2008, conferindo nova redação ao art. 212 do CPP, as indagações formuladas pelas partes não mais serão requeridas ao juiz, devendo ser feitas diretamente à testemunha, sem prejuízo da atuação atenta do magistrado, que poderá indeferir questionamentos que possam induzir a resposta, não tiverem relação com a causa ou importem em repetição daquilo que já foi respondido. Por outro lado, poderá o juiz complementar a inquirição sobre pontos que restarem obscuros.

A previsão de oitiva de testemunha que mora em jurisdição diversa, via carta precatória, nos termos do art. 222 do CPP, caiu em total desuso, pois a praxe tem sido no sentido de sua participação por meio de videoconferência, o que pode perfeitamente acontecer no curso da audiência de instrução e julgamento.

A possibilidade de a parte contraditar testemunhas acha-se prevista no art. 214 do CPP, tendo por fundamento circunstâncias ou defeitos que as tornem suspeitas de parcialidade ou indignas de fé. Lembre-se que tal requerimento e sua comprovação devem ser feitos imediatamente, logo após a qualificação da testemunha. Deixar para fazer isso no decorrer do depoimento importa em preclusão e será certamente indeferido pelo juízo.

O magistrado somente poderá formular suas perguntas complementares após as indagações diretas feitas pelas partes. Em caso de inversão desta ordem, já se decidiu que há nulidade relativa (STJ, HC 144.909/PE, 6ª Turma, Rel. Min. Nilson Naves, julgado aos 4/2/2010).

A testemunha deve procurar responder com objetividade às perguntas que lhe forem feitas, competindo ao juiz informá-la de que deve evitar manifestar suas impressões pessoais, salvo se inseparáveis da narrativa do fato – art. 213 do CPP.

A transcrição do relato no termo de depoimento, usualmente ditada pelo juiz ao secretário da audiência, acha-se em completo desuso, pois a praxe tem sido de gravá-lo em videoconferência, sendo esta a forma mais fidedigna de reproduzir as palavras, sem qualquer distorção, permitindo a qualquer dos sujeitos processuais consultar a prova a qualquer tempo, onde quer que se encontre, o que, aliás, encontra arrimo no art. 217 do CPP.

Tocante à substituição de testemunhas, o STF tem entendido que, passada a oportunidade de apresentação do respectivo rol pelas partes, só pode ser admitida nos casos de não localização, morte ou enfermidade que impossibilite o depoimento (AP 996-AGR/DF).

II.7.6. RECONHECIMENTO DE PESSOAS E COISAS

Trata-se do ato pelo qual uma pessoa confirma a identidade de outra ou de um objeto que, de algum modo, estejam relacionados ao fato delituoso, o que poderá ocorrer no inquérito policial ou no curso do processo-crime.

O art. 226 do CPP, cuja leitura atenta recomendamos, inclusive por ser um tema de interesse em concursos próximos, disciplina o procedimento de reconhecimento de pessoas, devendo ser aplicado, tanto quanto pertinente, ao de coisas – art. 227 do CPP.

A partir do ano de 2020, o Superior Tribunal de Justiça, por sua 6ª Turma, passou a enxergar o reconhecimento de pessoas com bastante cautela, o que se pode extrair do julgamento do HC 598.886/SC. Segundo o relator, Min. Rogério Schietti, citando estudos de psicologia moderna, são recorrentes as falhas e enganos advindos da memória humana, que pode, no decurso do tempo, fragmentar-se, inviabilizando a reconstrução do fato. O passar dos anos, como sabemos, nas ações penais que se demoram, contribui para a impunidade. Outros precedentes do STJ (HC nº 652.284, REsp 1.954.785) e do STF (RHC nº 206.846) também chamaram a atenção para a necessidade de observância das garantias mínimas previstas no dito artigo 226, buscando elevar o padrão de qualidade da prova e diminuir a quantidade de erros.

Prossegue o Ministro Schietti afirmando que o ato do reconhecimento possui alto grau de subjetivismo, sujeito a distorções e podendo causar erros judiciários por vezes irreversíveis.

Nesse contexto, os Ministros da citada 6ª Turma chegaram a importantes conclusões, abaixo resumidas:

I. O reconhecimento de pessoas deve observar o procedimento previsto no art. 226 do Código de Processo Penal, cujas formalidades constituem garantia mínima para quem se encontra na condição de suspeito da prática de um crime;

II. À vista dos efeitos e dos riscos de um reconhecimento falho, a inobservância do procedimento descrito na referida norma processual torna inválido o reconhecimento da pessoa suspeita e não poderá servir de lastro a eventual condenação, mesmo se confirmado o reconhecimento em juízo;

III. Pode o magistrado realizar, em juízo, o ato de reconhecimento formal, desde que observado o devido procedimento probatório, bem como pode ele se convencer da autoria delitiva a partir do exame de outras provas que não guardem relação de causa e efeito com o ato viciado de reconhecimento;

IV. O reconhecimento do suspeito por simples exibição de fotografia(s) ao reconhecedor, a par de dever seguir o mesmo procedimento do reconhecimento pessoal, há de ser visto como etapa antecedente a eventual reconhecimento pessoal e, portanto, não pode servir como prova em ação penal, ainda que confirmado em juízo.

O Conselho Nacional de Justiça, aos **19 de dezembro de 2022**, por meio da **Resolução nº 484**, estabeleceu diretrizes para a realização do reconhecimento de pessoas em procedimentos e processos criminais e sua avaliação no âmbito do Poder Judiciário. (Disponível em https://atos.cnj.jus.br/files/original2118372022122763ab612da6997.pdf, acesso aos 17/2/2023)

Dentre as regras ali dispostas, estas nos parecem merecer especial atenção:

I – devem ser observadas as cinco etapas do art. 5º, incisos I a V, compreendendo: a) *entrevista prévia com a vítima ou testemunha para a descrição da pessoa investigada ou processada*; b) *fornecimento de instruções à vítima ou testemunha sobre a natureza do procedimento*; c) *alinhamento de pessoas ou fotografias padronizadas a serem apresentadas à vítima ou testemunha para fins de reconhecimento*; d) *o registro da resposta da vítima ou testemunha em relação ao reconhecimento ou não da pessoa investigada ou processada*; e) *o registro do grau de convencimento da vítima ou testemunha, em suas próprias palavras* - ver art. 9º;

II – como forma de aferir a legalidade e para garantia do direito de defesa, o procedimento deverá ser integralmente gravado (art. 5º, § 1º).

II.7.7. ACAREAÇÃO

Valendo-nos da interpretação gramatical, acarear quer dizer colocar cara a cara, frente a frente.

Tal procedimento poderá dar-se no inquérito e na ação penal, sendo admitido entre acusados, entre acusado e testemunha, entre testemunhas, entre acusado ou testemunha e a pessoa ofendida, e entre as pessoas ofendidas (art. 229 do CPP).

Tem os seguintes requisitos: a) que as pessoas que deverão ser acareadas já tenham prestado suas declarações perante a mesma autoridade e a respeito dos mesmos fatos; b) que os pontos divergentes das declarações pairem sobre fatos que efetivamente sejam relevantes ao julgamento da causa.

Em apertada síntese, os envolvidos serão reperguntados e instados a explicar os pontos divergentes das declarações antes prestadas, reduzindo-se a termo o ato, na forma do art. 229, parágrafo único, do CPP.

Em tempos de audiências feitas por meio de videoconferência, o procedimento que envolve a expedição de carta precatória, referido no art. 230 do CPP, acha-se em desuso.

II.7.8. DOCUMENTOS

O avanço tecnológico dos últimos anos, impulsionado de certa forma pela pandemia provocada pelo coronavírus, reflete em todo o sistema de justiça. Assim, a definição de documento precisa ser igualmente atualizada, indo muito além de um papel escrito que expressa alguma ideia humana. *Lato sensu*, documento pode ser tudo aquilo que materialize uma manifestação de vontade (escritos, fotografias, e-mails, etc), e que possa vir a ser útil à comprovação de fato que interessa para o julgamento da causa.

A doutrina, em relação à produção da prova documental, classifica-a como **espontânea**, quando a parte toma a iniciativa de exibir ou juntar o documento, ou **provocada**, quando o juiz, tomando conhecimento de sua existência, providencia, de ofício, sua juntada ao processo (art. 234 do CPP).

Dada a importância da busca pela verdade real, admite-se, via de regra, a juntada de documentos no processo penal a qualquer tempo, inclusive em eventual fase recursal, submetendo-os em seguida ao contraditório. O art. 479 do CPP, *caput*, excetua tal regra, pois em plenário de júri não é permitida a utilização de documento que não tenha sido juntado aos autos com a antecedência mínima de três dias, com ciência da parte adversa, incluídas aí a leitura de jornais ou qualquer outro escrito, bem assim a exibição de vídeos, fotografias, croquis, etc.

Existem obviamente limites à produção da prova documental, que não poderá ser obtida por meios ilícitos – art. 5º, inciso LVI, da Constituição Federal, regra corroborada pelos termos do art. 233 do CPP.

II.7.9. INDÍCIOS

Conforme o art. 239 do CPP, indício, que não deve ser confundido com presunção, é *a circunstância conhecida e provada que, tendo relação com o fato, autorize, por indução, concluir-se a existência de outra ou outras circunstâncias.*

É possível exemplificar o indício quando se pretende provar o dolo (*animus necandi*), especialmente num homicídio, consumado ou tentado. Como não se pode adentrar no íntimo do investigado/réu para ter certeza do seu intento, o julgador, no caso os jurados, deverá ser convencido a esse respeito pela argumentação da acusação e defesa, que se valerão das regras de experiência. De um lado, teremos um contexto favorável à acusação quando se comprovar que o agente descarregou por completo a pistola na direção da cabeça e peito da vítima, efetuando doze disparos, tendo esta caído ao chão logo nos primeiros tiros. Temos aqui, sem dúvida, fortes indícios da vontade de matar. Conclusão diversa se impõe quando o agente efetua um único disparo, visando região não letal, embora pudesse sem dificuldade ter feito outros, cenário que teoricamente traz boas chances de se ver reconhecida tese de lesão corporal – *animus laedendi*.

Sendo um meio lícito de prova como qualquer outro, o magistrado pode perfeitamente valer-se dos indícios como prova bastante para a condenação.

11.7.10. BUSCA E APREENSÃO

Apesar de situada no capítulo que trata das provas, talvez o mais correto seria considerá-la medida de natureza cautelar, cabível tanto na investigação quanto ao longo da ação penal e por vezes até na fase recursal – art. 616 do CPP.

As buscas domiciliares, em princípio, deverão ser executadas somente durante o dia, salvo se houver o consentimento do morador de que possam ocorrer à noite. **A partir do advento da Lei nº 13.869/2019 (abuso de autoridade), há que ser obedecido, doravante, novo parâmetro, pois o comando legal do art. 22, parágrafo 1º, inciso III, diz ser crime a conduta de quem cumpre tal mandado após as 21h00 ou antes das 5h00**. Vejamos:

> " [...] *§ 1º Incorre na mesma pena, na forma prevista no **caput** deste artigo, quem:*
> [...] *III - cumpre mandado de busca a apreensão domiciliar após as 21h (vinte e uma horas) ou antes das 5h (cinco horas).*"
> Antes de adentrarem à casa, *os executores mostrarão e lerão o mandado ao morador, ou a quem o represente, intimando-o, em seguida, a abrir a porta* – art. 245, *caput*, do CPP.

Abre-se a oportunidade para a busca pessoal quando, entre outras hipóteses, houver fundada suspeita de que alguém oculta consigo arma proibida, coisas achadas ou obtidas por meios criminosos – art. 240, § 2º, do CPP. Este tipo de busca, estando presentes as razões de natureza cautelar, dispensa ordem judicial.

Preferencialmente, a busca pessoal em mulher haverá de ser feita por outra mulher, de sorte a evitar constrangimento desnecessário, contanto que não importe em retardamento ou prejuízo da diligência – art. 249 do CPP.

O art. 241 do CPP, redigido nos termos abaixo, acha-se totalmente superado: "*Quando a própria autoridade policial ou judiciária não a realizar pessoalmente, a busca domiciliar deverá ser precedida da expedição de mandado.*"

Quanto à autoridade policial, não se admite que o faça sem ordem judicial fundamentada e escrita, pois a matéria está sujeita à cláusula de reserva de jurisdição, de modo que o dispositivo não foi recepcionado pela Constituição Federal de 1988.

Quanto ao cumprimento da busca e apreensão diretamente pelo juiz, não faz o menor sentido que assim o faça na medida em que se mostra patente a violação ao sistema acusatório.

As hipóteses fáticas autorizadoras da busca e apreensão, em rol meramente exemplificativo, acham-se mencionadas no § 1º do art. 240 do CPP, cuja leitura se recomenda.

JULGADOS/JURISPRUDÊNCIA CORRELATA

STJ:

Súmula 591: *É permitida a "prova emprestada" no processo administrativo disciplinar, desde que devidamente autorizada pelo juízo competente e respeitados o contraditório e a ampla defesa"*

"A defesa não conseguiu demonstrar de que maneira teria ocorrido a quebra de cadeia de custódia da prova e a consequente mácula que demandaria a exclusão dos dados obtidos dos autos do processo criminal. Assim, não é possível reconhecer o vício, pois, a teor do art. 563 do Código de Processo Penal, mesmo os vícios capazes de ensejar nulidade absoluta não dispensam a demonstração de efetivo prejuízo, em atenção ao princípio do ***pas de nullité sans grief****."* [AgRg no RHC 153.823/RS]

"Com relação à ilegalidade referente à cadeia de custódia do material genético enviado para exame de DNA, tem-se que, apesar de o ofício ter sido elaborado de maneira concisa, sem indicação de número do pacote, não restou comprovada a quebra da cadeia de custódia, uma vez que a simples concisão do ofício e a ausência de indicação do

número do pacote não são suficientes para reconhecer a ilegalidade. (HC 574.103/MG)

"Necessidade de desentranhamento de prova, por ter havido produção de prova ilícita em face da quebra da cadeia de custódia e consequentemente da contaminação da prova, sob argumentação de ter havido negativa de vigência do art. 6º, art. 157, art. 169 e art. 564, IV, do CPP, afastada por não se ter demonstrado efetiva irregularidade, nem mesmo a existência de quebra da cadeia de custódia da prova, bem como não se ter comprovado o prejuízo acarretado, a denotar a ausência de repercussão sobre a ação penal, o que inviabiliza o reconhecimento da nulidade apontada pela recorrente." (AgRg nos EDcl no REsp 1.873.472/PR)

STF:

"1 - É constitucional o compartilhamento dos relatórios de inteligência financeira da UIF e da íntegra do procedimento fiscalizatório da Receita Federal do Brasil, que define o lançamento do tributo, com os órgãos de persecução penal, para fins criminais, sem a obrigatoriedade de prévia autorização judicial, devendo ser resguardado o sigilo das informações em procedimentos formalmente instaurados e sujeitos a posterior controle jurisdicional; 2 - O compartilhamento pela UIF e pela Receita Federal do Brasil, referente ao item anterior, deve ser feito unicamente por meio de comunicações formais, com garantia de sigilo, certificação do destinatário e estabelecimento de instrumentos efetivos de apuração e correção de eventuais desvios." (Informativo nº 962, RE 1.055.941, Rel. Min. Dias Toffoli, j. aos 04/12/2019)

+ EXERCÍCIOS DE FIXAÇÃO

01. (OAB-SP/N – 128) Aponte a alternativa correta em relação ao reconhecimento no Código de Processo Penal.

A) O reconhecimento não está previsto, em qualquer de suas modalidades.

B) Estão previstos, expressamente, os reconhecimentos de pessoas, coisas, vozes e imagens.

C) Estão previstos, expressamente, os reconhecimentos de pessoas e de coisas, mas não o de vozes e o de imagens.

D) Estão previstos, expressamente, os reconhecimentos de vozes e de imagens, mas não estão previstos os de pessoas e de coisas.

02. (IDECAN/2021) A Lei 13.964/2019, mais conhecida como pacote anticrime, alterou o Código de Processo Penal para incluir no capítulo do exame de corpo de delito o tema cadeia de custódia da prova penal. Trata-se de importante dispositivo processual com a finalidade de assegurar a integridade dos elementos probatórios. Acerca do tema, assinale a afirmativa INCORRETA.

A) Vestígio é todo objeto ou material bruto, visível ou latente, constatado ou recolhido, que se relaciona à infração penal.

B) O agente público que reconhecer um elemento como de potencial interesse para a produção da prova pericial encaminhará ao Delegado de Polícia, que ficará responsável por sua preservação.

C) É proibida a entrada em locais isolados bem como a remoção de quaisquer vestígios de locais de crime antes da liberação por parte do perito responsável, sendo tipificada como fraude processual a sua realização.

D) Todos os recipientes para acondicionamento dos vestígios deverão ser selados com lacres, com numeração individualizada, de forma a garantir a inviolabilidade e a idoneidade do vestígio durante o transporte.

E) Todas as pessoas que tiverem acesso ao vestígio armazenado deverão ser identificadas e deverão ser registradas a data e a hora do acesso.

» GABARITO

01. A alternativa correta é a C, o que se pode verificar da leitura dos arts. 226 a 228 do CPP, que só se refere a pessoas e coisas.

02. A alternativa A está correta, nos termos do art. 158-A, § 3º, do CPP. A alternativa B está errada, pois em desacordo com o § 2º do art. 158-A do CPP. As alternativas C, D e E estão corretas, nos termos, respectivamente, do § 2º do art. 158-C, do § 1º do art. 158-D, e do § 3º do art. 158-E, todos do CPP.

12 PRISÃO CAUTELAR

12.1. INTRODUÇÃO

Todas as regras relacionadas à prisão e liberdade provisória, inseridas no Código de Processo Penal e na legislação processual penal extravagante, devem ser interpretadas à luz do disposto no art. 5º, inciso LXI, da CF/88, pelo qual *ninguém será preso senão em flagrante delito ou por ordem escrita e fundamentada de autoridade judiciária competente...*"

A doutrina costuma classificar a prisão em duas modalidades: a) **prisão-pena** ou ***definitiva***: aquela que advém da sentença penal condenatória transitada em julgado, com finalidade repressiva; b) **prisão sem-pena**: não decorre da referida sentença, sendo um meio de garantia do processo e de seus efeitos.

Como espécies de prisão sem-pena, temos a **disciplinar**, decretada pela autoridade militar ou pelo juiz castrense nos casos de transgressões militares e crimes propriamente militares, a **civil**, para compelir o devedor voluntário e inescusável de obrigação alimentícia (não há mais prisão para o depositário infiel), e a **processual penal**, que é a que trataremos nos próximos tópicos.

12.2. ALTERAÇÕES TRAZIDAS PELO PACOTE ANTICRIME

12.2.1. VEDAÇÃO À PRISÃO PREVENTIVA DE OFÍCIO PELO JUIZ

No CPP:

> "*Art. 282.* [...]
> *§ 2º. As medidas cautelares serão decretadas pelo juiz a requerimento das partes ou, quando no curso da investigação criminal, por representação da autoridade policial ou mediante requerimento do Ministério Público.*
> ***Art. 311.*** *Em qualquer fase da investigação policial ou do processo penal, caberá a prisão preventiva decretada pelo juiz, a requerimento do Ministério Público, do querelante ou do assistente, ou por representação da autoridade policial.*"

Com a vigência do *pacote anticrime*, não mais é permitido ao juiz que decrete, de ofício, a prisão preventiva, tanto por ocasião da investigação quanto na ação penal. Também não é possível que converta prisão em flagrante em preventiva sem que exista requerimento nesse sentido, nos termos do artigo 311 do CPP. A respeito do tema, veja os seguintes julgados:

I. *Se o requerimento do Ministério Público limita-se à aplicação de medidas cautelares ao preso em flagrante, é vedado ao juiz decretar a medida mais gravosa - prisão preventiva, por configurar uma atuação de ofício*. Publicado no Informativo n. 746 do STJ, tal entendimento enfrenta divergência em sentido contrário no próprio STJ;

II. O posterior requerimento da autoridade policial pela segregação cautelar ou manifestação do Ministério Público favorável à prisão preventiva suprem o vício da inobservância da formalidade de prévio requerimento (STJ, Informativo n. 691);

III. A partir das inovações trazidas pelo pacote anticrime, tornou-se inadmissível a conversão, de ofício, da prisão em flagrante em preventiva (STJ, Informativo n. 682).

12.2.2. OBRIGATORIEDADE DE REALIZAÇÃO DA AUDIÊNCIA DE CUSTÓDIA

No CPP:

> *"Art. 310. Após receber o auto de prisão em flagrante, no prazo máximo de até 24 (vinte e quatro) horas após a realização da prisão, o juiz deverá promover audiência de custódia com a presença do acusado, seu advogado constituído ou membro da Defensoria Pública e o membro do Ministério Público, e, nessa audiência, o juiz deverá, fundamentadamente:*
> *§ 1º. Se o juiz verificar, pelo auto de prisão em flagrante, que o agente praticou o fato em qualquer das condições constantes dos incisos I, II ou III do caput do art. 23 do Decreto-Lei n. 2.848, de 7 de dezembro de 1940 (Código Penal), poderá, fundamentadamente, conceder ao acusado liberdade provisória, mediante termo de comparecimento obrigatório a todos os atos processuais, sob pena de revogação.*
> [...]
> *§ 3º. A autoridade que deu causa, sem motivação idônea, à não realização da audiência de custódia no prazo estabelecido no caput deste artigo responderá administrativa, civil e penalmente pela omissão.*
> *§ 4º. Transcorridas 24 (vinte e quatro) horas após o decurso do prazo estabelecido no caput deste artigo, a não realização de audiência de custódia sem motivação idônea ensejará também a ilegalidade da prisão, a ser relaxada pela autoridade competente, sem prejuízo da possibilidade de imediata decretação de prisão preventiva."*

Se, antes do *pacote* – Lei nº 13.694/2019, alguns questionavam a obrigatoriedade da audiência de custódia por não existir previsão legal, agora, não há mais o que objetar, uma vez que o procedimento está expressamente previsto no artigo 310 do CPP, que não dá margem para dúvida em relação à obrigatoriedade de sua realização, sob pena de responsabilização da autoridade pela omissão (§ 3º). A respeito do tema, veja os seguintes julgados do STJ:

I. Não se mostra razoável, para a realização da audiência de custódia, determinar o retorno do investigado à localidade em que ocorreu a prisão quando este já tenha sido transferido para a comarca em que se realizou a busca e apreensão (STJ, Informativo n. 714);

II. Após o advento da Lei n. 13.964/2019, não é possível a conversão *ex officio* da prisão em flagrante em preventiva, mesmo nas situações em que não ocorre audiência de custódia (STJ, Informativo n. 686).

12.2.3. PRINCÍPIO DA CONTEMPORANEIDADE

Art. 312 do CPP:

> "*Art. 312. A prisão preventiva poderá ser decretada como garantia da ordem pública, da ordem econômica, por conveniência da instrução criminal ou para assegurar a aplicação da lei penal, quando houver prova da existência do crime e indício suficiente de autoria e de perigo gerado pelo estado de liberdade do imputado.*
> [...]
> *§ 2º. A decisão que decretar a prisão preventiva deve ser motivada e fundamentada em receio de perigo e existência concreta de fatos novos ou contemporâneos que justifiquem a aplicação da medida adotada.*"

A partir da vigência do *pacote*, o artigo 312 do CPP passou a possibilitar a decretação da prisão preventiva apenas com fundamento em fatos novos ou contemporâneos que justifiquem tal medida cautelar (§ 2º). A alteração é relevante, afinal, por ser a prisão preventiva medida extraordinária, precisa existir uma razão atual para que seja decretada.

12.2.4. PRAZO NONAGESIMAL

No CPP:

> "*Art. 316. O juiz poderá, de ofício ou a pedido das partes, revogar a prisão preventiva se, no correr da investigação ou do processo, verificar a falta de motivo para que ela subsista, bem como novamente decretá-la, se sobrevierem razões que a justifiquem.*

Parágrafo único. Decretada a prisão preventiva, deverá o órgão emissor da decisão revisar a necessidade de sua manutenção a cada 90 (noventa) dias, mediante decisão fundamentada, de ofício, sob pena de tornar a prisão ilegal."

Como forma de evitar que a prisão preventiva se mantenha por longo período sem motivo plausível, bem como para que não se repitam situações absurdas, a exemplo do que ocorreu no RHC 153.214, julgado pelo STJ, em que o paciente estava há mais de seis anos preso preventivamente, o parágrafo único do artigo 316 do CPP passou a exigir que o magistrado faça uma revisão da decisão que decretou a prisão cautelar a cada noventa dias. Cumpre, nessa temática, observar os seguintes entendimentos do STJ e do STF:

I. O transcurso do prazo previsto no parágrafo único do art. 316 do Código de Processo Penal não acarreta, automaticamente, a revogação da prisão preventiva e, consequentemente, a concessão de liberdade provisória (STF, Informativo n. 1.046);
II. A não observância do prazo nonagesimal do art. 316 do Código de Processo Penal não implica automática revogação da prisão preventiva, devendo o juízo competente ser instado a reavaliar a legalidade e a atualidade de seus fundamentos (STF, Informativo n. 995);
III. Quando o acusado encontrar-se foragido, não há o dever de revisão *ex officio* da prisão preventiva, a cada 90 dias, exigido pelo art. 316, parágrafo único, do Código de Processo Penal (STJ, Informativo n. 731);
IV. A obrigação de revisar, a cada 90 (noventa) dias, a necessidade de se manter a custódia cautelar (art. 316, parágrafo único, do Código de Processo Penal) é imposta apenas ao juiz ou tribunal que decretar a prisão preventiva (STJ, Informativo n. 680).

12.3. LEI DE ABUSO DE AUTORIDADE

A Lei n. 13.869/2019, doravante chamada de LAA, tipifica algumas condutas decorrentes da prisão ilegal.

Veremos a seguir os tópicos do referido diploma legal que guardam maior relação com o tema prisão:

I. O artigo 9º, caput, da LAA, tipifica a conduta de *decretar* medida de privação da liberdade em manifesta desconformidade com as hipóteses legais. Embora o verbo utilizado pelo legislador – *decretar* - possa fazer com que se conclua que se trata de crime praticado apenas por juiz, o sujeito ativo pode ser, em verdade, qualquer agente público. Não faria sentido criminalizar a conduta de magistrado que decreta a prisão preventiva *ex officio*, o que é vedado atualmente, e considerar atípica essa mesma conduta quando praticada por promotor de justiça, que nem sequer pode impor, por conta própria, a prisão cautelar.

II. No art. 9º, parágrafo único, da LAA, estão descritas as seguintes condutas, relacionadas, em parte, com o disposto no artigo 310 do CPP, quando praticadas, especificamente, por magistrados: (a) deixar de relaxar a prisão manifestamente ilegal; (b) deixar de substituir a prisão preventiva por medida cautelar diversa ou de conceder liberdade provisória, quando manifestamente cabível; (c) deixar de deferir liminar ou ordem de *habeas corpus*, quando manifestamente cabível.

III. Segundo o art. 12 da LAA, pode configurar crime de abuso de autoridade a conduta de deixar injustificadamente de comunicar prisão em flagrante à autoridade judiciária no prazo legal, obrigação imposta ao delegado de polícia, nos termos do artigo 306, *caput*, do CPP. São também típicas as seguintes condutas: (a) deixar de comunicar, imediatamente, a execução de prisão temporária ou preventiva à autoridade judiciária que a decretou; (b) deixar de comunicar, imediatamente, a prisão de qualquer pessoa e o local onde se encontra à sua família ou à pessoa por ela indicada; (c) deixar de entregar ao preso, no prazo de 24 (vinte e quatro) horas, a nota de culpa, assinada pela autoridade, com o motivo da prisão e os nomes do condutor e das testemunhas; (d) prolongar a execução de pena privativa de liberdade, de prisão temporária, de prisão preventiva, de medida de segurança ou de internação, deixando, sem motivo justo e excepcionalíssimo, de executar o alvará de soltura imediatamente após recebido ou de promover a soltura do preso quando esgotado o prazo judicial ou legal.

IV. No artigo 16, a Lei n. 13.869/2019 tipifica a conduta de deixar de identificar-se ou identificar-se falsamente ao preso por ocasião de sua captura ou quando deva fazê-lo durante sua detenção ou prisão, em referência a duas modalidades de privação da liberdade distintas. No entanto, não existe em verdade tal distinção, o que faz com que se conclua o seguinte:

a. detenção: o conceito trazido no artigo 16 da LAA não corresponde à pena de detenção, na forma do artigo 33, *caput*, do CP, que serve como parâmetro a ser adotado em caso de condenação transitada em julgado. Portanto, ao que parece, ao falar em detenção na LAA, o legislador quis fazer referência à prisão ainda não formalizada. Ex.: ocorreu a voz de prisão, mas o flagrante ainda não foi formalizado por auto de prisão em flagrante;

b. prisão: em consonância com a conclusão anterior, a expressão prisão deve ser entendida, da leitura do artigo 16 da LAA, como a prisão já formalizada, a exemplo da prisão em flagrante a partir da lavratura do respectivo auto (APF).

12.4. MODALIDADES DE PRISÃO PROCESSUAL PENAL

12.4.1. PRISÃO EM FLAGRANTE

12.4.1.1. VOZ DE PRISÃO

Muitas vezes se confunde a prisão em flagrante, espécie de prisão cautelar, com a chamada *voz de prisão*, expressão utilizada em referência ao ato de comunicar a prisão à pessoa a ser detida. A prisão em flagrante corresponde a procedimento composto por vários atos, dispostos a partir do artigo 301 do CPP, que tem por desfecho a audiência de custódia, na forma do artigo 310 do CPP.

Esta é a sequência: 1 - Voz de prisão (arts. 301, 302 e 303) → 2 - Condução à autoridade competente (art. 304) → 3 - oitivas (art. 304) → 4 - Lavratura do APF (arts. 304 e 305) → 5 - Comunicações e entrega da nota de culpa (art. 306) → 6 - Audiência de custódia (art. 310).

12.4.1.2. PRISÃO EM FLAGRANTE: QUANDO E POR QUEM

No artigo 301, o CPP dispõe que a prisão em flagrante pode ser realizada por *qualquer do povo*, termo que não deve ser interpretado restritivamente, incluídos aí os estrangeiros. Isso se dá pelo fato de que, a princípio, cabe às autoridades policiais e seus agentes a prisão em flagrante e, diante da impossibilidade de atuação dos agentes estatais, qualquer pessoa pode fazer valer o disposto nos artigos 302 e 303 do CPP, que tratam das hipóteses de flagrância, devendo ser observada, obviamente, a manifestação de interesse do ofendido nos crimes que se perseguem mediante ação penal pública condicionada e ação privada.

12.4.1.3. ESPÉCIES DE FLAGRANTE

× FLAGRANTE PRÓPRIO

Também conhecido como *flagrante real*, *perfeito* ou *verdadeiro*, verifica-se quando o agente está cometendo a infração penal ou acaba de cometê-la (CPP, art. 302, incisos I e II).

Em tese, não se cogita de prisão em flagrante quando o agente se apresenta espontaneamente à autoridade policial, confessando a prática da infração penal. Isso não impede, entretanto, que seja decretada a prisão preventiva ou a prisão temporária, por ordem judicial.

× FLAGRANTE IMPRÓPRIO

Costuma ser referido como *quase-flagrante*. É o que se verifica na hipótese de o agente ser perseguido, logo após a prática da infração penal, pela autoridade, pelo ofendido ou por qualquer pessoa, em situação que faça presumir ser autor da infração (CPP, art. 302, III).

× FLAGRANTE FICTO

O mesmo que *flagrante presumido*, o flagrante ficto é aquele previsto no artigo 302, IV, do CPP, ocorrendo quando o agente é encontrado, logo depois, com instrumentos, armas, objetos ou papéis que façam presumir ser ele autor da infração.

× FLAGRANTE PREPARADO

Também chamado de *flagrante provocado* ou *crime de ensaio*, dá-se quando um terceiro, que pode ser um policial ou um particular, chamado de agente provocador, em que pese instigar ou induzir alguém a praticar uma ação criminosa, toma providências para evitar sua consumação. A polícia americana costuma usar, como *isca*, os chamados *bait cars*, veículos por ela estacionados em áreas com grande incidência de furtos. Assim que o ladrão entra em ação, os policiais efetuam a prisão em flagrante pelo furto.

No Brasil, não se admite a adoção do flagrante preparado, pois se trata de hipótese de crime impossível (CP, art. 17, e Súmula 145 do STF), afinal, o delito jamais será consumado pelo agente, por mais esforço que venha a empregar. Como não haverá consumação, a conduta deve ser considerada atípica.

× FLAGRANTE ESPERADO

Diferentemente do que acontece no flagrante preparado, não há aqui um agente provocador. Ao tomar ciência prévia da prática de uma infração penal, a autoridade policial ou o terceiro diligencia para surpreender o criminoso no momento da prática delitiva, com objetivo de efetuar a prisão em flagrante. Não há qualquer ilegalidade nessa modalidade, o que é confirmado pela jurisprudência do STF e STJ. Exemplo disso seria chegar ao conhecimento da polícia que um banco, em dia e horário informados, será assaltado, pelo que os policiais aguardam em campana a ação delituosa, visando prender em flagrante os envolvidos.

12.4.1.4. PRISÃO EM FLAGRANTE EM CRIMES DIVERSOS

- CRIME PERMANENTE

Nas infrações permanentes, entende-se o agente em flagrante delito enquanto não cessar a permanência. (Art. 303 do CPP)

Crimes permanentes são aqueles cuja consumação se protrai, se prolonga no tempo. O exemplo clássico é o crime de extorsão mediante sequestro. Enquanto o agente mantiver a vítima privada de sua liberdade, ainda que por meses ou anos, a prisão em flagrante poderá ser efetivada a qualquer momento, em qualquer horário, mesmo que a prática se dê no interior de domicílio, independentemente de ordem judicial que a autorize.

- CRIME HABITUAL

Crimes habituais são aqueles em que a prática isolada da conduta típica não faz com que o delito fique caracterizado. Veja-se o exemplo do crime de exercício ilegal da medicina, previsto no artigo 282 do CP, que tem por conduta típica *exercer, ainda que a título gratuito, a profissão de médico, sem autorização legal ou excedendo-lhe os limites*. Em se tratando de crime habitual, temos de levar em conta dois aspectos a respeito da tipificação:

I. É atípica a conduta de exercer ilegalmente a medicina uma única vez. Portanto, não se pode cogitar da prisão em flagrante, afinal, não é crime;

II. Se houver reiteração, permanecem atípicas as condutas isoladamente consideradas. O que faz com que o crime exista é a *soma* dessas práticas.

A partir dessas considerações, surge a dúvida: é possível a prisão em flagrante em um crime habitual? Não há como surpreender o indivíduo reiterando algo, mas, apenas, durante a prática isolada de cada uma das condutas. Assim, há divergência a respeito do tema, com posições favoráveis à vedação e à possibilidade da prisão em flagrante.

- CRIME CONTINUADO ou CONTINUIDADE DELITIVA

A continuidade delitiva está prevista no artigo 71 do Código Penal. Trata-se de ficção jurídica, uma das modalidades de concurso de crimes, que consiste em considerar que dois ou mais crimes são, em verdade, apenas um. Ex.: na segunda-feira, o agente furta uma motocicleta. Na quarta-feira e no sábado, ele furta mais duas motos, nas proximidades, valendo-se do mesmo *modus operandi* do primeiro furto. Quantos crimes foram praticados? A princípio, três furtos. No entanto, ao reconhecer a continuidade delitiva, consideramos que houve um crime único, iniciado na segunda-feira e concluído no sábado, o que fará grande diferença na fixação da pena, se houver condenação. No exemplo dado, a prisão em flagrante é perfeitamente possível, podendo ocorrer quando da prática de cada um dos furtos.

- CRIME FORMAL

Os crimes formais são aqueles em que a consumação independe da produção de qualquer resultado naturalístico. É o que ocorre na concussão (CP, art. 316), que se consuma no instante da exigência, pouco importando o efetivo recebimento da vantagem indevida. É possível a prisão em flagrante, desde que ocorra quando da prática da conduta típica.

12.4.1.5. LAVRATURA DO APF (AUTO DE PRISÃO EM FLAGRANTE)

Sabemos que a prisão em flagrante não se resume à chamada *voz de prisão*, momento em que o autor da infração penal é preso, na forma dos artigos 301 a 303 do CPP, primeiro passo do procedimento descrito a partir do artigo 304 do CPP. Em seguida à prisão, deve o preso ser conduzido e apresentado à autoridade competente, que ouvirá o condutor e colherá, desde logo, sua assinatura, entregando a este cópia do termo e recibo de entrega do preso. A autoridade também procederá à oitiva das testemunhas e do investigado quanto à imputação que lhe é feita, colhendo, após cada oitiva, suas respectivas assinaturas, lavrando, ao final, o APF.

Caso a autoridade policial conclua não ser o caso de lavratura de APF, o preso será imediatamente solto. Todavia, se entender pela lavratura do auto, o preso será recolhido à prisão, podendo se livrar solto quando paga a fiança arbitrada pelo delegado de polícia, na forma do artigo 322 do CPP:

> *"Art. 322. A autoridade policial somente poderá conceder fiança nos casos de infração cuja pena privativa de liberdade máxima não seja superior a 4 (quatro) anos.*
> *Parágrafo único. Nos demais casos, a fiança será requerida ao juiz, que decidirá em 48 (quarenta e oito) horas."*

× AUSÊNCIA DE TESTEMUNHAS

Frequentemente as bancas indagam em provas de concursos públicos sobre a possibilidade de lavratura do APF quando não houver testemunhas que tenham presenciado o fato delituoso. Basta atentar para a leitura do artigo 304, § 2º, do CPP: "*a falta de testemunhas da infração não impedirá o auto de prisão em flagrante; mas, nesse caso, com o condutor, deverão assiná-lo pelo menos duas pessoas que tenham testemunhado a apresentação do preso à autoridade.*".

× COMUNICAÇÃO DA PRISÃO

O artigo 306 do CPP não deixa dúvida: a prisão de qualquer pessoa e o local onde se encontre serão comunicados imediatamente ao juiz competente, ao Ministério Público e à família do preso ou à pessoa por ele indicada. O dispositivo está em consonância com a CF, art. 5º, LXII. Sem prejuízo, o CPP determina o encaminhamento de cópia do APF à Defensoria Pública, no prazo de 24 (vinte e quatro) horas, contado da realização da prisão, caso o preso não tenha sido assistido por advogado. Em tal caso, o Defensor Público participará da audiência de custódia. Nesse mesmo prazo deve ser entregue a nota de culpa ao preso, documento onde constam o motivo da prisão, os nomes do condutor e das testemunhas.

12.4.1.6. AUDIÊNCIA DE CUSTÓDIA

No CPP:

> *"Art. 310. Após receber o auto de prisão em flagrante, no prazo máximo de até 24 (vinte e quatro) horas após a realização da prisão, o juiz deverá promover audiência de custódia com a presença do acusado, seu advogado constituído ou membro da Defensoria Pública e o membro do Ministério Público, e, nessa audiência, o juiz deverá, fundamentadamente:*
> *I. relaxar a prisão ilegal; ou*
> *II. converter a prisão em flagrante em preventiva, quando presentes os requisitos constantes do art. 312 deste Código, e se revelarem inadequadas ou insuficientes as medidas cautelares diversas da prisão; ou*
> *III. conceder liberdade provisória, com ou sem fiança."*

Até que entrasse em vigor o *pacote anticrime*, a audiência de custódia não encontrava esteio na lei. Por isso, questionamentos eram recorrentes sobre a efetiva obrigatoriedade desse ato judicial. A partir da Lei n. 13.964/2019, no entanto, não há mais margem para dúvidas. Nos termos do artigo 310, *caput*, do CPP, ao receber o APF, no prazo de 24 (vinte e quatro) horas, contado da prisão, o juiz *deverá* promover audiência de custódia, sob pena de responsabilidade administrativa, civil e penal pela omissão (art. 310, § 3º). Ao fim da audiência de custódia, a lei traz as seguintes possibilidades ao juiz:

a. O relaxamento da prisão em flagrante, se concluir pela sua ilegalidade;
b. A conversão da prisão em flagrante em prisão preventiva, quando inadequadas ou insuficientes as medidas cautelares diversas da prisão (CPP, art. 319);
c. A concessão de liberdade provisória, com ou sem fiança.

12.4.2. PRISÃO PREVENTIVA

12.4.2.1. DECRETAÇÃO

> "*Em qualquer fase da investigação policial ou do processo penal, caberá a prisão preventiva decretada pelo juiz, a requerimento do Ministério Público, do querelante ou do assistente, ou por representação da autoridade policial.*" (Art. 311 do CPP)

Tanto na fase de investigação quanto na fase processual (após o recebimento da denúncia ou queixa), em hipótese alguma a prisão preventiva será decretada de ofício pelo magistrado. No âmbito da audiência de custódia, a conversão da prisão em flagrante em prisão preventiva dependerá de requerimento do Ministério Público, do querelante ou do assistente da acusação, ou de representação da autoridade policial.

O Superior Tribunal de Justiça já decidiu que o posterior requerimento da autoridade policial pela segregação cautelar ou manifestação do Ministério Público favorável à prisão preventiva suprem o vício da inobservância da formalidade de prévio requerimento. (Informativo n. 691)

12.4.2.2. REVOGAÇÃO

Embora não seja permitida a decretação de prisão preventiva, de ofício, pelo juiz, é possível a revogação da medida, *ex officio* ou a pedido das partes, se, no decorrer da investigação ou do processo, estiverem ausentes motivos para que ela subsista, bem como se permite ao magistrado novamente decretá-la, se sobrevierem razões que a justifiquem - *vide* art. 316, *caput*, do CPP.

12.4.2.3. VEDAÇÃO À PRISÃO PREVENTIVA

Por força do artigo 313 do CPP, será admitida a decretação da prisão preventiva:

a. nos crimes dolosos punidos com pena privativa de liberdade máxima superior a 4 (quatro) anos;
b. se tiver sido condenado por outro crime doloso, em sentença transitada em julgado, ressalvado o disposto no inciso I do *caput* do art. 64 do Código Penal;
c. se o crime envolver violência doméstica e familiar contra a mulher, criança, adolescente, idoso, enfermo ou pessoa com deficiência, para garantir a execução das medidas protetivas de urgência.

Conforme o STJ, a prática de contravenção penal, no âmbito de violência doméstica, não é motivo idôneo para justificar a prisão preventiva do réu. Isso porque o artigo 313, inciso III, do CPP, fala em *crime*, e não em *infração penal*, esta sim gênero que comporta as espécies crimes e contravenções.

d. quando houver dúvida sobre a identidade civil da pessoa ou quando esta não fornecer elementos suficientes para esclarecê-la, devendo o preso ser colocado imediatamente em liberdade após a identificação, salvo se outra hipótese recomendar a manutenção da medida.

De regra, a *contrario sensu*, não se admite prisão preventiva nos crimes cuja pena máxima seja inferior ou igual a 4 (quatro) anos. Note-se que quanto aos crimes praticados no contexto de violência doméstica e familiar contra a mulher, criança, adolescente, idoso, enfermo ou pessoa com deficiência, é irrelevante o *quantum* de pena, podendo ser decretada a prisão cautelar para garantir a execução das medidas protetivas de urgência. Em relação ao reincidente em crime doloso, da mesma forma, é possível a decretação da preventiva, pouco importando a pena máxima prevista para o crime praticado. Por fim, o artigo 313, § 1º, admite a prisão preventiva quando houver dúvida sobre a identidade civil da pessoa ou quando esta não fornecer elementos suficientes para esclarecê-la, devendo o preso ser colocado imediatamente em liberdade após a identificação, salvo se outra hipótese recomendar a manutenção da medida.

Nos artigos 313, §2º, e 314, ambos do CPP, há hipóteses em que expressamente vedada a decretação da prisão preventiva, a seguir transcritas:

a. *Não será admitida a decretação da prisão preventiva com a finalidade de antecipação de cumprimento de pena ou como decorrência imediata de investigação criminal ou da apresentação ou recebimento de denúncia* (art. 312, § 2º);
b. *A prisão preventiva em nenhum caso será decretada se o juiz verificar pelas provas constantes dos autos ter o agente praticado o fato nas condições previstas nos incisos I, II e III do caput do art. 23 do Código Penal* – art. 314. Ou seja, não será admitida prisão preventiva quando presente causa de exclusão da ilicitude, a exemplo do estrito cumprimento de dever legal.

12.4.2.4. CABIMENTO

O artigo 312 do CPP informa que poderá ser decretada prisão preventiva como garantia da ordem pública, da ordem econômica, por conveniência da instrução criminal ou para assegurar a aplicação da lei penal, quando houver prova da existência do crime e indício suficiente de autoria e de perigo gerado pelo estado de liberdade do imputado - *periculum libertatis*. A par disso, a partir do *pacote anticrime*, o § 2º passou a exigir que a prisão preventiva seja motivada e fundamentada em receio de perigo e existência concreta de fatos novos ou contemporâneos que justifiquem a aplicação da medida adotada - **princípio da contemporaneidade**.

12.4.2.5. REVISÃO NONAGESIMAL

Como forma de evitar excessos, o artigo 316, parágrafo único, do CPP, com redação dada pelo *pacote anticrime*, exige a revisão da necessidade de manutenção da prisão a cada 90 (noventa) dias, mediante decisão fundamentada, de ofício, sob pena de tornar a prisão ilegal.

Entende o Superior Tribunal de Justiça que, quando o acusado encontrar-se foragido, não há o dever de revisão *ex officio* da prisão preventiva, a cada 90 dias, exigido pelo dispositivo legal acima (Informativo n. 731).

12.5. PRISÃO TEMPORÁRIA

Estabelecida na Lei n. 7.960/1989, é espécie de prisão cautelar (**sem-pena**) criada com o objetivo de assegurar a eficácia das investigações criminais em relação a alguns crimes mais graves (art. 1°, III). Portanto, não tem cabimento no curso da ação penal, quando já recebida a denúncia. Da mesma forma como ocorre na preventiva, está sujeita à cláusula de reserva de jurisdição, com o que só pode ser decretada por magistrado, mediante requerimento.

12.5.1. REQUISITOS

De acordo com o artigo 1° da Lei n. 7.960/1989, terá lugar a prisão temporária quando: (I) imprescindível para as investigações do inquérito policial; (II) o indiciado não tiver residência fixa ou não fornecer elementos necessários ao esclarecimento de sua identidade; (III) houver fundadas razões, de acordo com qualquer prova admitida na legislação penal, de autoria ou participação do indiciado em um dos crimes elencados no artigo 1°, III.

O Supremo Tribunal Federal cuidou de interpretar esta lei extravagante quando do julgamento das ADIs 3360 e 4109, ambas do DF, ocasião em que decidiu que, para a decretação da prisão temporária, devem ser observados os seguintes requisitos, sendo possível a imposição dessa espécie de prisão cautelar quando:

I. for imprescindível para as investigações do inquérito policial;
II. houver fundadas razões de autoria ou participação do indiciado;
III. for justificada em fatos novos ou contemporâneos;
IV. for adequada à gravidade concreta do crime, às circunstâncias do fato e às condições pessoais do indiciado; e
V. não for suficiente a imposição de medidas cautelares diversas.

O STF também decidiu não ser possível a decretação de prisão temporária com base, exclusivamente, no artigo 1°, II, da Lei n. 7.960/1989 - *quando o indicado não tiver residência fixa ou não fornecer elementos necessários ao esclarecimento de sua identidade.* Além disso, ficou estabelecido que o rol trazido no artigo 1°, III, é taxativo, não havendo margem para analogia ou interpretação extensiva.

12.5.2. ROL DOS CRIMES

É possível a decretação da prisão temporária somente quando se tratar de investigação de crimes previstos no artigo 1º, inciso III, da Lei n. 7.960/1989. Os delitos são os do rol abaixo (redação adaptada às diversas alterações legislativas):

a. Homicídio doloso;
b. Sequestro ou cárcere privado;
c. Roubo;
d. Extorsão;
e. Extorsão mediante sequestro;
f. Estupro;
g. Epidemia com resultado morte;
h. Envenenamento de água potável ou substância alimentícia ou medicinal qualificado pela morte;
i. Associação criminosa;
j. Genocídio;
k. Tráfico de drogas;
l. Crimes contra o sistema financeiro nacional;
m. Crimes previstos na Lei de Terrorismo.

Na eventualidade de algum tipo penal ser incluído no rol de hediondos e a eles equiparados, tal crime, em princípio, passará a sujeitar-se também à possibilidade de prisão temporária, por força do que dispõe o artigo 2º, § 4º, da Lei n. 8.072/90:

> "*§ 4º. A prisão temporária, sobre a qual dispõe a Lei n. 7.960, de 21 de dezembro de 1989, nos crimes previstos neste artigo, terá o prazo de 30 (trinta) dias, prorrogável por igual período em caso de extrema e comprovada necessidade.*"

12.5.3. PROCEDIMENTO

Conforme o artigo 2º da Lei n. 7.960/1989, *a prisão temporária será decretada pelo Juiz, em face da representação da autoridade policial ou de requerimento do Ministério Público, e terá o prazo de 5 (cinco) dias, prorrogável por igual período em caso de extrema e comprovada necessidade*. De plano, deve ser ressaltado que o juiz não pode decretar a prisão temporária *ex officio*.

Caso o pedido parta da autoridade policial, o juiz, antes de decidir, ouvirá o Ministério Público. A lei não oportunizou ao querelante, na ação penal privada, a possibilidade de requerer a decretação de prisão temporária – na verdade, não há, no rol do artigo 1º, III, crimes de ação privada, que não são de maior gravidade.

Nos termos do artigo 2º, § 2º, *o despacho que decretar a prisão temporária deverá ser fundamentado e prolatado dentro do prazo de 24 (vinte e quatro) horas, contadas a partir do recebimento da representação ou do requerimento.* Se indeferido o pedido formulado pelo Ministério Público, poderá ser interposto recurso em sentido estrito, com fundamento no artigo 581, inciso V, do CPP, por analogia (art. 3º do mesmo Código), embora o dispositivo fale apenas em *prisão preventiva.*

12.5.4. PRAZO

Diferentemente do que ocorre na prisão preventiva, que não tem prazo máximo – apenas revisão nonagesimal, a prisão temporária poderá ser decretada por até 5 (cinco) dias, prorrogável por igual período em caso de extrema e comprovada necessidade. Caso se trate de crime hediondo ou equiparado, o prazo será de 30 (trinta) dias, também prorrogável.

12.5.5. SOLTURA

Decorrido o prazo da prisão temporária, o preso deverá ser imediatamente solto, independentemente da expedição de alvará de soltura. Por conta disso, a Lei n. 13.869/2019 – Lei de Abuso de Autoridade – adicionou o § 4º-A ao artigo 2º da Lei n. 7.960/1989, cuja redação é a seguinte:

> *"O mandado de prisão conterá necessariamente o período de duração da prisão temporária estabelecido no caput deste artigo, bem como o dia em que o preso deverá ser libertado."*

Caso, vencido o prazo, o agente público deixe de libertar o preso, pode restar caracterizado o crime de abuso de autoridade, nos termos do artigo 12, parágrafo único, inciso IV, da Lei n. 13.869/2019.

12.6. LIBERDADE PROVISÓRIA

Por força do princípio constitucional da presunção de inocência – art. 5º, inciso LVII, da CF, toda e qualquer prisão antes do trânsito em julgado da sentença penal condenatória deve ter caráter provisório e cautelar, isto é, destina-se a garantir, em situações excepcionais, a efetividade do processo-crime.

Em contraposição à chamada prisão sem-pena, o acusado, preenchidos os requisitos legais, poderá ser beneficiado pelo instituto da liberdade provisória, com o que aguardará o desenrolar do processo sem ser submetido à prisão.

Nas situações de prisão preventiva e temporária, quando não mais estiverem presentes os fundamentos que as autorizaram, não há que falar em liberdade provisória, mas sim em **revogação** daquelas medidas.

É pressuposto da liberdade provisória que haja uma prisão cautelar, podendo ser a prisão em flagrante, a decorrente de pronúncia (júri), ou a prisão por força de sentença penal condenatória recorrível.

A liberdade provisória não pode ser confundida com o relaxamento da prisão. Se adequada a prisão em flagrante, ou seja, se respeitou os ditames dos arts. 302 e seguintes do CPP, cabe ao indiciado postular a concessão de liberdade provisória. Ao contrário, se a prisão em flagrante for tida como ilegal, é caso de **relaxamento** desta – art. 5º, inciso LXV, da CF/88.

Outro aspecto importante da liberdade provisória consiste no fato de que, uma vez concedida, gera a obrigação ao investigado/acusado de comparecimento a todos os atos do processo, ao passo que, no relaxamento da prisão, o agente terá sua liberdade restituída sem quaisquer restrições ao seu direito de locomoção.

A liberdade provisória não pode ser tida como um indicador ou uma antecipação de sentença absolutória, não tendo a ver com o mérito da causa, nada impedindo que, ao final, seja o réu condenado. Antes do trânsito em julgado da sentença penal condenatória, a regra é a liberdade, mesmo que *provisória*.

Cabe recurso em sentido estrito da decisão que concede a liberdade provisória – art. 581, inciso V, do CPP. Já da decisão que indefere este benefício cabe *habeas corpus*.

A Lei nº 12.403/2011 trouxe novas diretrizes para a liberdade provisória, modificando alguns dispositivos do CPP. A seguir, para fins de compreensão desse instituto, trataremos de dividir as infrações penais em três grupos: as de menor potencial ofensivo; as tidas como afiançáveis; e as definidas em lei como inafiançáveis.

12.7. INFRAÇÕES DE MENOR POTENCIAL OFENSIVO

Compreendem os crimes com pena máxima que não exceda 2 anos, bem como todas as contravenções penais. Nestes ilícitos penais, a prisão em flagrante é até possível, embora difícil de ocorrer na prática, pois conforme o art. 69, parágrafo único, da Lei nº 9.099/1995, quando o preso for apresentado à autoridade policial, esta não lavrará o auto de prisão nem exigirá fiança se o infrator for de pronto encaminhado ao Juizado Especial Criminal ou assumir o compromisso de lá comparecer, assinando o chamado termo circunstanciado. Isto feito, deve a autoridade libertar o agente, sem lhe impor fiança.

Se o infrator se recusa a assumir o dito compromisso de comparecimento, o que é pouco provável de se ver, aí sim o Delegado de Polícia fará lavrar o auto de prisão, arbitrando fiança.

12.8. CRIMES AFIANÇÁVEIS

A partir da reforma trazida pela Lei nº 12.403/2011, todos os crimes que a legislação não dispuser expressamente serem inafiançáveis são tidos como afiançáveis, pouco importando o *quantum* de pena cominada. O homicídio simples, por exemplo, é afiançável – pena mínima de 6 anos. Embora preenchido este requisito, isto não significa, necessariamente, que serão beneficiadas todas as pessoas presas em flagrante em casos tais. Nesse sentido, o art. 324 do CPP, que veda a fiança:

1. Aos que, no mesmo processo, tiverem quebrado fiança anteriormente concedida ou infringido, sem justo motivo, qualquer das obrigações a que se referem os arts. 327 e 328 deste Código – consistentes em deixar de comparecer a ato do processo a que tenha sido intimado, mudar-se da comarca sem autorização judicial ou dela ausentar-se por mais de 8 dias sem comunicar o local onde poderá ser encontrado (inciso I);
2. Nos casos de prisão civil ou militar (inciso II);
3. Quando presentes os requisitos autorizadores da prisão preventiva (inciso IV).

Nos termos do art. 322 do CPP, a própria autoridade policial poderá conceder fiança nos casos de infração cuja pena privativa de liberdade máxima não exceda 4 anos. Se a pena máxima cominada for superior a 4 anos, somente o juiz pode deferir o benefício – parágrafo único.

O Art. 319, § 4º, do CPP, autoriza que o juiz determine a cumulação da fiança com outras medidas cautelares, as quais, se descumpridas, ensejam ao magistrado julgar a fiança quebrada e decretar a prisão preventiva – *vide* art. 341, inciso III, do CPP.

Duas situações há em que o juiz pode, mesmo em crimes afiançáveis, conceder a liberdade provisória independentemente do pagamento de fiança:

I. se verificar, da leitura do auto de prisão em flagrante delito, que o agente perpetrou o crime em situação de legítima defesa, estado de necessidade, estrito cumprimento de dever legal ou exercício regular de direito – art. 310, § 1º, do CPP;
II. se verificar que o investigado não tem condições financeiras de custear o pagamento da fiança – art. 350 do CPP.

12.9. CRIMES INAFIANÇÁVEIS

Em relação a alguns crimes expressamente previstos, a Constituição Federal, o CPP e algumas leis especiais vedam a possibilidade de concessão de fiança. São eles:

I. **racismo**: art. 323, inciso I, do CPP e art. 5º, inciso XLII, da CF;
II. delitos ligados à ação de **grupos armados**, civis ou militares, **contra a ordem constitucional e o Estado democrático**: art. 323, inciso III, do CPP e art. 5º, inciso XLIV, da CF;
III. **hediondos**, **tráfico** de entorpecentes, **terrorismo** e **tortura**: art. 323, II, do CPP, art. 5º, XLIII, da CF e art. 2º, II, da Lei nº 8.072/90;
IV. **contra o sistema financeiro**, punidos com reclusão: art. 31 da Lei nº 7.492/86;
V. de **lavagem de dinheiro**: art. 3º da Lei nº 9.613/98.

A Lei nº 10.826/2003 – Estatuto do Desarmamento, por seus arts. 14, parágrafo único, e 15, parágrafo único, estabeleceu a inafiançabilidade para crimes de porte ilegal de arma de fogo de uso permitido quando a arma não for registrada em nome do agente e de disparo de arma de fogo em via pública. Porém, o Supremo Tribunal Federal corrigiu o exagero da norma, julgando inconstitucionais esses dois dispositivos, o que fez no âmbito da ADI 3.112, aos 02/5/2007, em resumo, concluindo que tais ilícitos não tem toda essa gravidade para justificar tratamento tão severo.

JULGADOS/JURISPRUDÊNCIA CORRELATA

STJ:

"A guarda municipal, a teor do disposto no § 8º do art. 144 da CF, tem como tarefa precípua a proteção do patrimônio do município, limitação que não exclui nem retira de seus integrantes as condições de agentes da autoridade, legitimados, dentro do princípio de autodefesa da sociedade, a fazer cessar eventual prática criminosa, prendendo quem se encontre em flagrante delito, como de resto facultado a qualquer do povo pela norma do art. 301, do CPP." (RHC 7.916, 6ª Turma, Rel. Min. Fernando Gonçalves, DJU 09/11/1998, p. 175)

"A apresentação espontânea do paciente à autoridade policial, a teor do disposto no art. 317 do Código de Processo Penal, não impede a decretação da prisão preventiva, nos casos em que a lei a autoriza. 5. Ordem denegada." (HC 215.821/PE, Rel. Min. Laurita Vaz, 5ª Turma, julgado aos 15/3/2012, DJe 27/3/2012)

STF:

"*HABEAS CORPUS*. PRISÃO PREVENTIVA. GARANTIA DA ORDEM PÚBLICA. PERICULOSIDADE DO PACIENTE. GRAVIDADE DO DELITO. REPERCUSSÃO SOCIAL. ORDEM DENEGADA. *Ao se decretar prisão preventiva com fundamento na garantia da ordem pública, deve-se necessariamente examinar essa garantia em face do binômio gravidade do delito e repercussão social, o que foi feito pelo decreto de prisão da paciente. A gravidade do delito, de per si, não pode ser utilizada como fundamento da custódia cautelar. Porém, no presente caso, o crime foi de enorme repercussão em comunidade interiorana, além de ter ficado evidenciada a periculosidade da paciente, fatores que são suficientes para a manutenção da custódia cautelar.* (HC 84.498/BA, Rel. Min. Joaquim Barbosa, julgado aos 14/12/2004, 2ª Turma, DJ 03/06/2005)

"a inobservância do prazo nonagesimal do art. 316 do Código de Processo Penal não implica automática revogação da prisão preventiva, devendo o juízo competente ser instado a reavaliar a legalidade e a atualidade de seus fundamentos" (Tribunal Pleno, SL 1.395 MC Ref/SP, Rel. Min. Luiz Fux, julgado aos 15/10/2020, DJe-021)

+ EXERCÍCIOS DE FIXAÇÃO

01. (Delegado de Polícia/SP, 2014, VUNESP) Em relação ao tema prisão, é correto afirmar que

A) o emprego de força para a realização da prisão será permitido sempre que a autoridade policial julgar necessário, não existindo restrição legal.

B) a prisão poderá ser efetuada em qualquer dia e a qualquer hora, respeitadas as restrições relativas à inviolabilidade de domicílio.

C) a prisão cautelar somente ocorre durante o inquérito policial.

D) em todas as suas hipóteses, é imprescindível a existência de mandado judicial prévio.

E) a prisão preventiva somente ocorre durante o processo judicial.

02. (Magistratura/SP, 2018) Expedido mandado de prisão contra réu condenado, o executor do mandado, encontrando-o em casa de terceiro, e no período noturno, deverá

A) entrar na casa do terceiro, mesmo contra sua vontade, e efetuar a prisão do condenado em cumprimento ao mandado judicial.

B) intimar o morador a entregar o condenado e, em caso de recusa, esperar o amanhecer para ingressar na casa e efetuar a prisão.

C) entrar na casa do terceiro, a quem dará voz de prisão pelo crime de favorecimento pessoal, cumprir o mandado de prisão e conduzir ambos à presença da autoridade policial.

D) intimar o morador a entregar o réu condenado e, em caso de recusa, convocar 2 (duas) testemunhas a entrar imediatamente e à força na casa para cumprir a ordem judicial.

» GABARITO

01. A alternativa A está errada (art. 284 do CPP). A alternativa B está correta, há que observar a inviolabilidade do domicílio. A alternativa C está errada – não apenas no inquérito. A alternativa D está errada (no flagrante não precisa). A alternativa E está errada (também pode ocorrer antes dele).

02. Não se trata de prisão em flagrante, mas sim de cumprimento de mandado de prisão em desfavor de réu condenado, situação que impõe a restrição de horário, sob pena de desrespeito à inviolabilidade do domicílio, pelo que a única alternativa correta é a B (se o morador não colaborar, terá de aguardar o amanhecer).

13 SENTENÇA

13.1. INTRODUÇÃO

Conforme o artigo 381 do CPP, a sentença deve conter, necessariamente: (a) identificação das partes; (b) relatório; (c) fundamentação; (d) indicação dos artigos de lei aplicados; (e) dispositivo; (f) data e assinatura do juiz. No que respeita ao relatório, há que atentar para o artigo 38 da Lei dos Juizados Especiais Criminais (nº 9.099/1995 - rito sumaríssimo), que o dispensa: "*Art. 38. A sentença mencionará os elementos de convicção do Juiz, com breve resumo dos fatos relevantes ocorridos em audiência, dispensado o relatório.*"

Em termos de estrutura da sentença, as diferenças relevantes, essenciais, entre a condenatória e a absolutória residem na **parte dispositiva**: a) na primeira, deverá ocorrer a aplicação da pena em três estágios, com a devida motivação, tudo nos termos dos arts. 59 a 68 do Código Penal; b) na segunda, deverá o magistrado indicar o fundamento ou fundamentos jurídicos da absolvição – art. 386, incisos I a VII, do CPP.

O artigo 382 do CPP trata da possibilidade de oposição de embargos de declaração contra a sentença em caso de obscuridade, ambiguidade, contradição ou omissão. Contra acórdão, os embargos têm por fundamento o artigo 619 do CPP, mas, em ambas as situações, o prazo é de dois dias.

13.2. *EMENDATIO LIBELLI* E *MUTATIO LIBELLI*

Dentre os princípios norteadores do direito processual penal, temos o que pode ser resumido no brocardo *ne eat judex ultra petita partium*, segundo o qual, em apertada síntese, o juiz só pode pronunciar-se sobre aquilo que lhe foi pedido, jamais além disso.

Se o Promotor de Justiça, na denúncia, imputa ao acusado crime de dano e, afinal, a instrução probatória dá conta que ele cometeu ilícito diverso, furto, por exemplo, não cabe ao magistrado condenar pela prática do art. 155 do Código Penal, pois não foi isso que foi requerido na inicial, tampouco pode condenar por dano, pois a instrução processual indica que ele não ocorreu. Por outro lado, se o Promotor, na denúncia, descreve um crime de receptação culposa, mas, ao classificar a infração, comete o equívoco de considerá-la dolosa, pode o juiz, se houver provas nesse sentido, proferir a condenação pela modalidade culposa, procedendo à chamada ***emendatio libelli*** nos termos do art. **383 do CPP**, com a redação da Lei nº 11.719/2008. O juiz, aqui, limitou-se a dar aos fatos classificação diversa, sem julgar além do que foi pedido. Não há aditamento à petição inicial.

Lembre-se: o acusado defende-se dos fatos narrados na inicial acusatória, não dessa ou daquela capitulação legal.

A *emendatio libelli*, como vimos, dá-se no momento da sentença. Para o STF, ao aplicar o art. 617 do CPP, é possível a realização da *emendatio* em segunda instância no julgamento de recurso exclusivo da defesa, desde que não acarrete *reformatio in pejus* (piora na situação do réu).

> *"Art. 617. O tribunal, câmara ou turma atenderá nas suas decisões ao disposto nos arts. 383, 386 e 387, no que for aplicável, não podendo, porém, ser agravada a pena, quando somente o réu houver apelado da sentença."*

Por sua vez, o *caput* do art. 383 do CPP:

> *"O juiz, sem modificar a descrição do fato contida na denúncia ou queixa, poderá atribuir-lhe definição jurídica diversa, ainda que, em consequência, tenha de aplicar pena mais grave."*

Noutro contexto, se o Promotor de Justiça descreve um fato na denúncia e, no decorrer da instrução criminal, surgem provas de elemento ou circunstância da infração penal não contida na acusação, cumpre ao juiz e ao MP agir nos termos do **art. 384 do CPP** – *mutatio libelli*. Se o fizerem, também aqui não haverá julgamento *ultra* ou *extra petita*.

Conforme o *caput* do art. 384 do CPP, cabe ao membro do MP, em se tratando de ação pública, promover o **aditamento da denúncia**, oportunizando-se ao réu, em seguida, o pleno exercício do contraditório e ampla defesa (§ 4º do art. 384 do CPP).

Tal situação poderia ocorrer, por exemplo, num processo-crime que trata de furto simples, praticado por uma só pessoa, sendo que na instrução processual surgem provas de envolvimento de um comparsa. A partir daí, oportuniza-se ao *Parquet* o aditamento da peça inicial, para inclusão de mais um denunciado, devendo proceder desde já à correção da capitulação legal – art. 155, § 4º, inciso IV, do Código Penal.

Em síntese, as hipóteses constantes dos arts. 383 e 384 do CPP são decorrência do princípio de que o magistrado é conhecedor do direito, bastando às partes narrarem o fato (*narra mihi factum dabo tibi jus*).

13.3. ABSOLVIÇÃO PELO MINISTÉRIO PÚBLICO

No CPP:

> *"Art. 385. Nos crimes de ação pública, o juiz poderá proferir sentença condenatória, ainda que o Ministério Público tenha opinado pela absolvição, bem como reconhecer agravantes, embora nenhuma tenha sido alegada."*

Eventualmente ocorre de o Ministério Público pedir a absolvição do réu, ainda que tenha oferecido a denúncia. No entanto, esse posicionamento do *Parquet* não vincula o juiz, que pode proferir condenação.

13.4. SENTENÇA ABSOLUTÓRIA

O CPP, por seu art. 386, elenca as situações que devem levar à absolvição do réu. Toda vez que o juiz decidir julgar improcedente o pedido de condenação, deve embasar sua sentença em pelo menos um dos respectivos incisos, a saber:

I. *estar provada a inexistência do fato*: concluída a instrução processual, o juiz tem tamanha convicção que pode afirmar que o fato não existiu. Não é caso de insuficiência de prova, mas de fato que sem dúvida não ocorreu no mundo real. A decisão penal embasada neste inciso faz coisa julgada no cível, impedindo qualquer possibilidade de busca por possível reparação do dano.

II. *não haver prova da existência do fato*: o magistrado está em dúvida se ocorreu ou não o fato e, assim, aplica o *in dubio pro reo*. Nada impede seja ajuizada ação indenizatória na esfera cível.

III. *não constituir o fato infração penal*: A conduta narrada não encontra correspondência em nenhum tipo penal. Na verdade, a situação já deveria estar equacionada com a rejeição da denúncia ou da queixa, ou, ainda, via absolvição sumária. Se nada disso foi feito, impõe-se a sentença final absolutória com fundamento neste inciso. Nada há que impeça a pretensão de ajuizamento de ação indenizatória, já que os fatos podem eventualmente constituir ilícito civil.

IV. *estar provado que o réu não concorreu para a infração penal:* o ilícito penal existiu, mas, outras pessoas foram autoras ou partícipes do fato. Em relação ao réu, a sentença faz coisa julgada no cível.

V. *não existir prova de ter o réu concorrido para a infração penal*: o juiz diz que o fato ocorreu, mas não está convicto de que o acusado dele tenha participado, fazendo valer o *in dubio pro reo*. Nada impede que se busque a reparação do dano na esfera cível.

VI. *existirem circunstâncias que excluam o crime ou isentem o réu de pena (arts. 20, 21, 22, 23, 26 e § 1º do art. 28, todos do Código Penal), ou mesmo se houver fundada dúvida sobre sua existência*: Via de regra, decisões penais que absolvem com base em excludente de antijuridicidade impedem o ajuizamento de ação civil *ex delicto* – como vimos anteriormente no capítulo correspondente. Ao contrário, decisões que isentam de pena não a impedem.

VII. *não existir prova suficiente para a condenação*: Mais uma vez, tem lugar o *in dubio pro reo*. O juiz utilizar-se-á deste inciso com redação genérica quando não puder aplicar ao caso os anteriores. As portas da esfera cível continuam abertas, pois não faz coisa julgada lá.

Tem-se entendido que é cabível o recurso de apelação (art. 593, inciso I, do CPP), apenas para modificar a parte dispositiva da sentença absolutória, mais precisamente quanto ao fundamento da absolvição, desde que, se procedente, possa o réu ter algum resultado útil, como por exemplo afastar a possibilidade de ação civil *ex delicto*.

As hipóteses de absolvição com lastro no art. 386 do CPP não devem ser confundidas com a absolvição sumária, que pode ocorrer quando o juiz verificar:

a. Nos termos do art. **397 do CPP**: a existência manifesta de causa excludente da ilicitude do fato; a existência manifesta de causa excludente da culpabilidade do agente, salvo a inimputabilidade; que o fato narrado evidentemente não constitui crime; estar extinta a punibilidade;

b. Nos termos do art. **415 do CPP** (procedimento do júri): estar provada a inexistência do fato; estar provado não ser o réu autor ou partícipe do fato; que o fato não constitui infração penal; estar demonstrada causa de isenção de pena ou de exclusão do crime. Esta absolvição impede que o acusado seja submetido a julgamento perante o Tribunal do Júri.

13.4.1. SENTENÇA ABSOLUTÓRIA PRÓPRIA E IMPRÓPRIA

Na própria, o juiz não acolhe a pretensão punitiva pretendida pelo autor da inicial acusatória. O denunciado ou querelado fica isento de qualquer sanção ou ônus.

Na imprópria, o acusado não é condenado. Porém, em face de sua inimputabilidade por doença mental, deve o juiz impor medida de segurança.

13.4.2. EFEITOS DA SENTENÇA ABSOLUTÓRIA

As consequências inerentes à sentença absolutória estão previstas no artigo 386, parágrafo único, do CPP. A primeira, por óbvio, é a soltura do réu, se estiver preso, ainda que o Ministério Público recorra da sentença. Ademais, deve ordenar a cessação das medidas cautelares e provisoriamente aplicadas (ex.: monitoramento eletrônico). Por fim, se presente hipótese de inimputabilidade, deve o julgador impor ao indivíduo medida de segurança (absolvição imprópria).

13.4.3. EFEITOS SECUNDÁRIOS DA SENTENÇA ABSOLUTÓRIA

Existem outras consequências decorrentes da sentença absolutória, não elencadas no parágrafo único do artigo 386 do CPP. Exemplo disso é a restituição da fiança, como prevê o artigo 337 do CPP.

> "*Art. 337. Se a fiança for declarada sem efeito ou passar em julgado sentença que houver absolvido o acusado ou declarada extinta a ação penal, o valor que a constituir, atualizado, será restituído sem desconto, salvo o disposto no parágrafo único do art. 336 deste Código.*"

13.5. SENTENÇA CONDENATÓRIA

A sentença condenatória encontra previsão no artigo 387 do CPP, que dispõe, em seus três primeiros incisos, a respeito da necessidade de dosimetria da pena, por meio do sistema trifásico. No inciso IV, o dispositivo trata da possibilidade de fixação, pelo juízo criminal, de valor mínimo para a reparação dos danos causados pela infração, considerando os prejuízos sofridos pelo ofendido – redação dada pela Lei nº 11.719/2008.

A respeito do tema, recomendável a leitura dos artigos 91 e 92 do Código Penal.

JULGADOS/JURISPRUDÊNCIA CORRELATA

STF:

"É nula a sentença que se apresenta despida de motivação ao aplicar a pena, pois o condenado tem direito a saber por que recebe tal sanção" (HC, Rel. Bilac Pinto, RTJ 83/369)

SÚMULA 453 - *Não se aplicam à segunda instância o art. 384 e parágrafo único do Código de Processo Penal, que possibilitam dar nova definição jurídica ao fato delituoso, em virtude de circunstância elementar não contida, explícita ou implicitamente, na denúncia ou queixa.*

+ EXERCÍCIOS DE FIXAÇÃO

01. (FGV/2018) Após a instrução probatória e a apresentação de alegações finais pelas partes, caberá ao magistrado proferir sentença, observando as disposições previstas no Código de Processo Penal.

De acordo com as disposições legais sobre o tema, é correto afirmar que:

A) o juiz, entendendo que deve ser mantida a prisão do réu, não precisará justificar tal manutenção por ocasião da sentença; mas, caso conceda a liberdade, deverá justificar;

B) o juiz não poderá fixar o valor da indenização por ocasião da sentença, ainda que haja requerimento do ofendido, dependendo de ação civil *ex delicto*;

C) o tempo de prisão provisória será computado para fins de determinação do regime inicial de pena privativa de liberdade;

D) a intimação do assistente de acusação será necessariamente pessoal, não podendo ocorrer por meio de seu advogado;

E) o réu somente poderá ser intimado da sentença condenatória pessoalmente se estiver preso.

02. (FGV/2014) Sobre a absolvição sumária, analise os itens a seguir:

I. existência manifesta de causa excludente da ilicitude do fato;

II. fato narrado evidentemente não constituir crime;

III. extinção da punibilidade do agente.

Trata-se de causa (s) de absolvição sumária do procedimento comum ordinário:

A) somente I e II;

B) somente I e III;

C) somente II;

D) somente II e III;

E) I, II e III.

» GABARITO

01. A) Errada. Precisa justificar, art. 387, § 1º, CPP; B) Errada. Art. 387, IV, CPP; C) Correta. CPP, art. 387, § 2º; D) Errada. Art. 391 do CPP; E) Errada. Art. 392, II, do CPP (Não é a única hipótese)

02. A alternativa correta é a E (todas as três hipóteses), basta ver o art. 397, incisos I, III e IV, do CPP.

14 PROCEDIMENTOS

14.1. INTRODUÇÃO

Sem um processo penal levado a efeito na forma da lei, de nada adiantaria a norma que criminaliza determinada conduta. Se nos deparamos com um homicídio simples, sabemos que terá de ser aplicada pena de reclusão, de seis a vinte anos - artigo 121, *caput*, do Código Penal. A prática delitiva confere ao Estado o *jus puniendi*, o poder-dever de aplicar a sanção penal quando praticado crime ou contravenção. No entanto, como, de fato, aplica-se a pena de reclusão ao homicida? Há que existir um passo a passo padronizado a ser seguido, aplicável a qualquer um que decida se tornar criminoso (ou contraventor). É onde entra o processo penal. Este passo a passo, ou rito, tem de estar, previamente, descrito na lei, de forma a que todos saibam a sequência de atos processuais.

Tratando-se de matéria de ordem pública, as partes não podem compor no sentido de derrogar estas normas e adotar rito diverso, tampouco o magistrado pode fazê-lo, pois incorrerão numa sanção, que é o reconhecimento de nulidade.

14.2. PROCEDIMENTO COMUM

Existe um procedimento comum, *genérico*, e procedimentos especiais, previstos tanto no CPP quanto em outras leis, como no caso da lei de drogas, Maria da Penha, etc. Quando previsto rito especial, este prevalece em relação ao comum, que permanece aplicável quanto a eventuais lacunas. Veja o seguinte exemplo, extraído da lei de drogas (nº 11.343/2006), art. 57:

> *"Art. 57. Na audiência de instrução e julgamento, após o interrogatório do acusado e a inquirição das testemunhas, será dada a palavra, sucessivamente, ao representante do Ministério Público e ao defensor do acusado, **para sustentação oral**, pelo prazo de 20 (vinte) minutos para cada um, prorrogável por mais 10 (dez), a critério do juiz.*

Parágrafo único. Após proceder ao interrogatório, o juiz indagará das partes se restou algum fato para ser esclarecido, formulando as perguntas correspondentes se o entender pertinente e relevante."

Como vimos, a referida lei especial em nenhum momento fala em alegações finais escritas, mas, na prática, sabemos que é comum as varas de delitos de tóxicos lidarem com processos complexos e/ou com elevado número de acusados, tornando praticamente impossíveis as alegações orais, sob pena de comprometer todo o restante da pauta diária de audiências destes juízos. Em tal caso, os juízes costumam abrir prazo para que as partes ofertem alegações escritas, os chamados memoriais, utilizando-se de norma relativa ao procedimento comum ordinário – art. 403, § 3º, do CPP:

"[...]
§ 3º O juiz poderá, considerada a complexidade do caso ou o número de acusados, conceder às partes o prazo de 5 (cinco) dias sucessivamente para a apresentação de memoriais. Nesse caso, terá o prazo de 10 (dez) dias para proferir a sentença."

14.2.1. PROCEDIMENTO COMUM ORDINÁRIO

Existem três tipos de procedimentos comuns, tratados no art. 394, § 1º, do CPP:

"Art. 394. O procedimento será comum ou especial.
§ 1º. O procedimento comum será ordinário, sumário ou sumaríssimo:
I – ordinário, quando tiver por objeto crime cuja sanção máxima cominada for igual ou superior a 4 (quatro) anos de pena privativa de liberdade;
II – sumário, quando tiver por objeto crime cuja sanção máxima cominada seja inferior a 4 (quatro) anos de pena privativa de liberdade;
III – sumaríssimo, para as infrações penais de menor potencial ofensivo, na forma da lei."

Com o advento da Lei nº 11.719/2008, alterando este artigo 394, pouco importa agora, para definir o rito como ordinário, que o crime seja apenado com reclusão ou detenção. O critério passou a ser o da pena máxima cominada em abstrato igual ou superior a 4 anos.

Por sua relevância e vasta aplicabilidade, ressaltamos o que dispõem os §§ 2º e 5º deste mesmo dispositivo legal:

"§ 2º Aplica-se a todos os processos o procedimento comum, salvo disposições em contrário deste Código ou de lei especial.
§ 5º Aplicam-se subsidiariamente aos procedimentos especial, sumário e sumaríssimo as disposições do procedimento ordinário."

Assim, o procedimento será o comum quando não for o caso de algum rito especial (§2º). Em outra palavra, o comum é residual. As disposições do procedimento ordinário devem ser aplicadas aos ritos especial, sumário e sumaríssimo, nos aspectos em que estes forem omissos (§5º).

As diversas fases do rito ordinário acham-se previstas nos arts. 395 a 405 do CPP.

14.2.1.1. RECEBIMENTO DA DENÚNCIA OU QUEIXA

Oferecida a petição inicial – denúncia ou queixa, a próxima etapa é o recebimento, se for o caso, pelo juiz competente. A análise deve ser feita à luz do artigo 395 do CPP, que elenca situações em que a inicial deverá ser rejeitada.

> *"Art. 395. A denúncia ou queixa será rejeitada quando:*
> *I – for manifestamente inepta;*
> *II– faltar pressuposto processual ou condição para o exercício da ação penal; ou*
> *III – faltar justa causa para o exercício da ação penal."*

Consequência relevante do recebimento da inicial acusatória é a interrupção da prescrição, nos termos do art. 117, inciso I, do Código Penal.

Para atacar o recebimento da denúncia ou queixa não há recurso específico, podendo, a depender dos fundamentos, ser cogitado *habeas corpus* para trancar a ação penal. Lado outro, a decisão que rejeita a denúncia ou queixa é passível de recurso em sentido estrito – art. 581, inciso I, do CPP.

14.2.1.2. OFERECIMENTO X RECEBIMENTO

Não se pode confundir o oferecimento com o recebimento da inicial - denúncia ou queixa, pois se dão em momentos distintos. O oferecimento é o ato pelo qual o legitimado apresenta (*oferece*) a petição inicial ao julgador competente. O recebimento é a decisão judicial que *aceita* a petição inicial oferecida (*juízo de admissibilidade*).

Exemplo de importância da distinção pode ser extraído do estudo do arrependimento posterior – art. 16 do Código Penal: "*Art. 16 - Nos crimes cometidos sem violência ou grave ameaça à pessoa, reparado o dano ou restituída a coisa, até o* ***recebimento*** *da denúncia ou da queixa, por ato voluntário do agente, a pena será reduzida de um a dois terços.*"

14.2.1.3. HIPÓTESES DE REJEIÇÃO DA DENÚNCIA OU QUEIXA

O artigo 395 do CPP elenca os motivos para rejeição da denúncia ou queixa. De acordo com o dispositivo, motivam a decisão de não recebimento:

a. a denúncia ou queixa manifestamente inepta. O artigo 41 do CPP estabelece que a denúncia ou queixa conterá a exposição do fato criminoso, com todas as suas circunstâncias, a qualificação do acusado ou esclarecimentos pelos quais se possa identificá-lo, a classificação do crime e, quando necessário, o rol das testemunhas. Deixar de descrever o fato criminoso, por exemplo, é motivo para rejeição da inicial.
b. a falta de pressuposto processual ou condição para o exercício da ação penal. O CPP não define com precisão o que é pressuposto para o exercício da ação penal. As condições já foram vistas quando tratamos da ação penal.
c. a falta de justa causa para o exercício da ação penal. Coube à doutrina defini-la como sendo o suporte probatório mínimo que demonstre a materialidade e a autoria ou participação.

14.2.1.4. PRIMEIRA MANIFESTAÇÃO DO RÉU

Os arts. 396 e 396-A do CPP tratam desta fase:

> *"Art. 396. Nos procedimentos ordinário e sumário, oferecida a denúncia ou queixa, o juiz, se não a rejeitar liminarmente, recebê-la-á e ordenará a citação do acusado para responder à acusação, por escrito, no prazo de 10 (dez) dias.*
> *Parágrafo único. No caso de citação por edital, o prazo para a defesa começará a fluir a partir do comparecimento pessoal do acusado ou do defensor constituído.*
> *Art. 396-A. Na resposta, o acusado poderá arguir preliminares e alegar tudo o que interesse à sua defesa, oferecer documentos e justificações, especificar as provas pretendidas e arrolar testemunhas, qualificando-as e requerendo sua intimação, quando necessário.*
> *§ 1º. A exceção será processada em apartado, nos termos dos arts. 95 a 112 deste Código.*
> *§ 2º. Não apresentada a resposta no prazo legal, ou se o acusado, citado, não constituir defensor, o juiz nomeará defensor para oferecê-la, concedendo-lhe vista dos autos por 10 (dez) dias."*

Exceto em procedimentos especiais, a exemplo do art. 55 da Lei n. 11.343/2006, o denunciado ou querelado não se manifesta antes do recebimento da denúncia ou queixa. Recebida a inicial acusatória, o magistrado determina a citação do réu para tomar ciência da acusação e oferecer, no prazo de dez dias, sua resposta.

O artigo 394 do CPP refere-se aos ritos comuns ordinário e sumário. Quanto ao rito sumaríssimo, o tema é tratado na Lei nº 9.099/1995 (Juizados Especiais Criminais), que em seu artigo 81, *caput*, determina que a resposta à acusação se dê em audiência, verbalmente, em atenção ao critério da oralidade – art. 2º da mesma lei.

14.2.1.5. OBRIGATORIEDADE DE RESPOSTA À ACUSAÇÃO

Não apresentada a resposta no prazo legal, de dez dias, ou se o acusado, citado, não constituir defensor, o juiz nomeará defensor para oferecê-la, sob pena de nulidade do processo. Isso se dá em virtude da importância da peça, quando o acusado pode juntar documentos, arrolar testemunhas, oferecer exceções, etc. Além disso, é o momento para questionar a validade do recebimento da inicial (CPP, art. 395) e para sustentar tese capaz de absolvê-lo sumariamente (CPP, art. 397).

14.2.1.6. ABSOLVIÇÃO SUMÁRIA

No CPP:

> "*Art. 397. Após o cumprimento do disposto no art. 396-A, e parágrafos, deste Código, o juiz deverá absolver sumariamente o acusado quando verificar:*
> *I – a existência manifesta de causa excludente da ilicitude do fato;*
> *II – a existência manifesta de causa excludente da culpabilidade do agente, salvo inimputabilidade;*
> *III – que o fato narrado evidentemente não constitui crime; ou*
> *IV – extinta a punibilidade do agente.*"

A princípio, não é viável que alguém seja absolvido de plano, no início do processo, após o oferecimento de resposta à acusação, antes da audiência. Porém, há situações extremas, em que não faz sentido dar continuidade à persecução penal. Basta imaginar a conduta do indivíduo que furtou um pacote de bolachas em uma rede de supermercados, caso em que a insignificância será, certamente, reconhecida. Nesses casos, é possível que o juiz absolva sumariamente o réu, nos termos do artigo 397 do CPP.

Exemplificando: a) **exclusão de ilicitude** (I): legítima defesa, estado de necessidade, etc.; b) **excludente de culpabilidade** (II): erro de proibição inevitável, coação moral irresistível; c) **fato atípico** (III): princípio da insignificância, crime impossível, etc.; d) **extinção da punibilidade** (IV): prescrição, decadência, perempção, etc.

A inimputabilidade, embora causa de exclusão da culpabilidade, foi expressamente excluída do inciso III, não podendo, portanto, motivar absolvição sumária. A lei assim o fez porque tal hipótese enseja a chamada absolvição imprópria, aquela que afasta a condenação porém impõe ao indivíduo medida de segurança, consistente em internação ou tratamento ambulatorial.

14.2.1.7. AUDIÊNCIA DE INSTRUÇÃO E JULGAMENTO

Se o juiz decide não absolver sumariamente, tem lugar a designação de audiência de instrução e julgamento, na forma do art. 399 do CPP.

O artigo 399 fala em *recebimento*, dando a entender que a inicial estaria sendo, mais uma vez, recebida. No entanto, o mais correto é considerar como recebimento o momento de incidência do artigo 396 do CPP, anterior ao oferecimento da resposta à acusação.

Embora o artigo 399 do CPP não trate de um novo recebimento da exordial, nada impede que o réu questione a validade do recebimento da denúncia ou queixa, podendo o artigo 395 do CPP ser revisitado. Ou seja, é possível, em resposta à acusação, que o denunciado busque a rejeição da inicial já recebida.

Os arts. 400 e 401 do CPP norteiam o desenrolar da solenidade:

> *"Art. 400. Na audiência de instrução e julgamento, a ser realizada no prazo máximo de 60 (sessenta) dias, proceder-se-á à tomada de declarações do ofendido, à inquirição das testemunhas arroladas pela acusação e pela defesa, nesta ordem, ressalvado o disposto no art. 222 deste Código, bem como aos esclarecimentos dos peritos, às acareações e ao reconhecimento de pessoas e coisas, interrogando-se, em seguida, o acusado.*
> *§ 1º. As provas serão produzidas numa só audiência, podendo o juiz indeferir as consideradas irrelevantes, impertinentes ou protelatórias.*
> *§ 2º. Os esclarecimentos dos peritos dependerão de prévio requerimento das partes.*
> *Art. 401. Na instrução poderão ser inquiridas até 8 (oito) testemunhas arroladas pela acusação e 8 (oito) pela defesa.*
> *§ 1º. Nesse número não se compreendem as que não prestem compromisso e as referidas.*
> *§ 2º. A parte poderá desistir da inquirição de qualquer das testemunhas arroladas, ressalvado o disposto no art. 209 deste Código."*

Motivado pela busca da celeridade processual, o artigo 400 do CPP estabelece que a audiência deverá ocorrer no prazo máximo de sessenta dias. Trata-se de prazo impróprio, que não gera nulidade quando não observado. No entanto, a não observância da sequência ou ordem dos atos estabelecida no dispositivo pode dar causa à declaração de nulidade da audiência, o que ocorreria, por exemplo, se inquiridas as testemunhas da defesa antes das da acusação.

Em regra, as alegações finais devem ser oferecidas verbalmente, após o interrogatório. Não raro, acontece por vezes de ser inviável a sustentação oral das últimas alegações, seja pela complexidade da causa, seja pelo número de acusados. Assim ocorrendo, o § 3º do artigo 403 permite que as alegações sejam oferecidas por escrito – *memoriais*, no prazo de cinco dias, sucessivamente. Outra hipótese de oferecimento de alegações finais por memoriais é prevista no artigo 404, parágrafo único. Em tal hipótese, concluída a audiência, se tiver de ser realizada alguma diligência considerada imprescindível, as partes oferecerão suas últimas declarações após a conclusão do que tiver sido ordenado.

O § 2º do art. 399 estabelece o princípio da identidade física do juiz: "*o juiz que presidiu a instrução deverá proferir a sentença.*"

A Lei nº 14.245/2021 (Mariana Ferrer) fez inserir no CPP o art. 400-A, pelo qual "*na audiência de instrução e julgamento, e, em especial, nas que apurem crimes contra a dignidade sexual, todas as partes e demais sujeitos processuais presentes no ato deverão zelar pela integridade física e psicológica da vítima, sob pena de responsabilização civil, penal e administrativa, cabendo ao juiz garantir o cumprimento do disposto neste artigo, vedadas: I – a manifestação sobre circunstâncias ou elementos alheios aos fatos objeto de apuração nos autos; II – a utilização de linguagem, de informações ou de material que ofendam a dignidade da vítima ou de testemunhas.*"

Em complemento, a Lei nº 14.321/2022 alterou a lei dos crimes de abuso de autoridade (nº 13.869/2021, passando a tipificar no art. 15-A desta última, a título de **violência institucional**, a conduta de "*submeter a vítima de infração penal ou a testemunhas de crimes violentos a procedimentos desnecessários, repetitivos ou invasivos, que a leve a reviver, sem estrita necessidade: I – a situação de violência; ou II – outras situações potencialmente geradoras de sofrimento ou estigmatização.*", com pena inicial de detenção de três meses a um ano.

Outra alteração digna de nota é a que decorre da Lei nº 14.508/2022, que alterou o art. 6º, § 2º, da Lei nº 8.906/1994 (Estatuto da OAB), por força da qual, durante as audiências de instrução e julgamento realizadas no Poder Judiciário, os advogados do autor e do requerido devem permanecer no mesmo plano topográfico e em posição equidistante em relação ao magistrado que as presidir. Tal regra, em relação ao processo penal, terá aplicação nas ações penais privadas, em que o ofendido é o autor/querelante, não se aplicando aos representantes do Ministério Público, que têm a prerrogativa de situar-se imediatamente à direita dos magistrados, conforme Lei Complementar nº 75/1993. Tal prerrogativa do *Parquet* já fora objeto de questionamentos no STF, por supostamente vulnerar o princípio da isonomia, porém, aquela Corte decidiu que tal proximidade física entre o MP e o juiz, por si só, em nada compromete o julgamento (STF, plenário, ADI nº 4.768/DF, Rel. Min. Cármen Lúcia, j. virtual encerrado aos 23/11/2022).

O Superior Tribunal de Justiça, por sua 6ª Turma, em decisão datada de 13/12/2022, determinou a anulação de processo, a partir da audiência em que ausente esteve o Ministério Público, na qual o juiz de primeiro grau assumiu o protagonismo da inquirição de seis testemunhas, com o que teria violado o devido processo legal e o sistema acusatório. O Tribunal de Justiça do Rio Grande do Sul, ao analisar a apelação, manteve o ato processual, entendendo que a inquirição feita pelo juiz enseja nulidade relativa, a depender de arguição e comprovação do prejuízo, o que não teria ocorrido. No recurso especial, dentre outros argumentos, a defesa alegou a nulidade dos depoimentos tomados sem a presença do membro do *Parquet*. Para o relator, Min. Sebastião Reis Júnior, a ausência do MP no ato não pode permitir que a autoridade judicial assuma suas atribuições, pelo que a solenidade deveria ter sido redesignada ou prosseguido mesmo sem as perguntas do órgão acusador. Não o fazendo, o magistrado teria agido em desacordo com o art. 212 do CPP, daí advindo a nulidade, sendo de rigor a renovação do ato processual contaminado, bem assim dos atos posteriores. Veja:

> *"RECURSO ESPECIAL. PENAL E PROCESSUAL PENAL. CRIME DE RESPONSABILIDADE. [...] TESE DE NULIDADE POR OFENSA AO ART. 212 DO CPP. INQUIRIÇÃO DAS TESTEMUNHAS PELO JUIZ, DIANTE DA AUSÊNCIA DO MEMBRO DO 'PARQUET' EM AUDIÊNCIA. PREJUÍZO DEMONSTRADO. DETERMINADO O RETORNO DOS AUTOS PARA PROSSEGUIMENTO DO FEITO. PREJUDICADA A ANÁLISE DOS DEMAIS PLEITOS DEFENSIVOS. [...] 7. O fato de o Ministério Público não ter comparecido à audiência de instrução não dá, à autoridade judicial, a liberdade de assumir a função precípua do Parquet. 8. Em face da repreensível ausência do Parquet, que, sem qualquer justificativa, acarretou a contaminação do bom andamento do processo, o órgão julgador deveria prosseguir a audiência sem as perguntas acusatórias ou, então, suspender a audiência e marcar uma nova data. 9. O Magistrado, no caso concreto, [...] agiu em substituição à produção probatória que compete às partes, inquirindo diretamente os depoentes, violando o devido processo legal e o sistema acusatório. [...] Assim, deve ser reconhecida a nulidade da colheita probatória realizada em desacordo com o art. 212 do Código de Processo Penal, bem como devem ser desentranhados e renovados os atos processuais contaminados, notadamente os interrogatórios dos réus, meio de defesa realizado ao final da instrução, e as alegações finais, que foram produzidas consoante os elementos probatórios então constantes nos autos [...] (AgRg no HC n. 708.908/RS, Min. Laurita Vaz, 6ª Turma, DJe de 3/10/2022). 10.*

Resta evidenciado o prejuízo, pois a sentença considerou fundamentos extraídos da referida audiência ao lastrear o édito condenatório. 11. Na hipótese em exame, inexistem as omissões indicadas nos embargos de declaração; o que há é decisão contrária aos interesses da parte, visto que foi explicitamente afirmado que a Juíza, ao iniciar os questionamentos e formular a maioria das perguntas, assumiu o protagonismo na inquirição de testemunhas, em patente violação ao art. 212 do CPP, sendo presumido o prejuízo sofrido pela defesa (EDcl no HC n. 741.725/RS, Min. Sebastião Reis Júnior, Sexta Turma, DJe de 27/10/2022). 12. Recurso especial parcialmente conhecido e, nessa extensão, provido para reconhecer a nulidade do art. 212 do Código de Processo Penal, determinando o retorno dos autos à origem para prosseguimento do feito." (REsp 1.846.407/RS, 6ª Turma, Rel. Min. Sebastião Reis Júnior, j. 13/12/2022)

14.2.2. PROCEDIMENTO COMUM SUMÁRIO

O rito comum sumário é adotado quando se tratar de crimes cuja sanção máxima cominada seja inferior a quatro anos, pouco importando se reclusão ou detenção. As contravenções penais e delitos com pena até dois anos estão excluídos deste rito, pois sujeitos ao rito sumaríssimo da Lei nº 9.099/1995.

Em algumas situações específicas, o rito sumário será adotado em relação a infrações penais de menor potencial ofensivo, a saber:

I. **réu não encontrado para citação pessoal no Juizado Especial Criminal**: da combinação dos arts. 66, parágrafo único, da Lei nº 9.099/95 e 538 do CPP, resulta que o processo sairá da competência do dito Juizado, impondo-se no juízo de destino a adoção do rito sumário;

II. **delito de menor potencial ofensivo que envolva violência doméstica ou familiar contra a mulher**, isto porque o art. 41 da Lei nº 11.340/2006 (Maria da Penha) veda o rito sumaríssimo.

Os arts. 531 a 538 do CPP cuidam do rito sumário, cujas fases são:

1. recebimento da inicial acusatória;
2. citação do réu;
3. resposta escrita;
4. decisão a respeito da absolvição sumária ou prosseguimento do feito com a designação de audiência;
5. audiência para inquirição de testemunhas, interrogatório, debates e julgamento.

O número máximo do rol de testemunhas é de cinco. O prazo para realização da audiência, após a resposta escrita do réu, é de trinta dias.

Não existe, aqui, nenhuma previsão para conversão das alegações orais por memoriais (escritos), tampouco para novas diligências ao término da audiência, o que não significa dizer que o juiz não possa assim proceder, porquanto tais deliberações, em princípio, não causam prejuízo às partes, portanto, nulidade não há.

Diferenças essenciais entre o rito ordinário e o sumário

ORDINÁRIO	SUMÁRIO
Aplica-se aos crimes cuja pena máxima é igual ou superior a 4 anos.	Aplica-se a: I - Crimes com pena superior a 2 e inferior a 4 anos; II - Crimes de menor potencial ofensivo: a) Quando o réu, no âmbito do JECRIM, não é achado para citação pessoal; b) Quando cometidos com violência doméstica ou familiar contra a mulher.
Número máximo de 8 testemunhas.	Número máximo de 5 testemunhas.
Prazo de 60 dias para a audiência de instrução.	Prazo de 30 dias para a audiência de instrução.
É possível a conversão dos debates orais em memoriais.	Não há tal previsão na lei.
É possível requerimento de diligências ao término da instrução.	Não há tal previsão na lei.

14.2.3. PROCEDIMENTO COMUM SUMARÍSSIMO (JUIZADO ESPECIAL CRIMINAL - JECRIM)

Antes de analisarmos o rito descrito nos arts. 77 a 81 da Lei nº 9.099/1995, que será aplicado caso a situação não se resolva pela transação penal do art. 76 na audiência preliminar, é relevante destacar que o Supremo Tribunal Federal, em decisão datada de fevereiro de 2023, reiterou o entendimento de que a lavratura de termo circunstanciado de ocorrência (TCO) **não é atribuição exclusiva da polícia judiciária, não possuindo natureza investigativa**, pelo que nada há que impeça lei estadual de fixar tal atribuição em favor da polícia militar, assim como ocorreu em relação ao art. 6º do Decreto nº 10.073/2019, que conferiu essa possibilidade à Polícia Rodoviária Federal. (ADI's 6245 e 6264/DF)

Tal rito acha-se descrito nos arts. 77 a 81 da Lei nº 9.099/1995 e ocorrerá caso a situação não se resolva pela transação penal (art. 76) na audiência preliminar.

A Lei prevê que o Ministério Público ofereça, de plano, denúncia oral, exceto se necessárias novas diligências imprescindíveis. No caso de ação privada, poderá ser ofertada queixa oral, podendo também o ofendido fazê-lo depois, por escrito, desde que respeitado o prazo decadencial de seis meses a partir do conhecimento da autoria.

Feita a denúncia ou queixa oral, que constarão do termo de audiência, dela o autor do fato receberá cópia, saindo citado de seus termos e da data da audiência de instrução e julgamento.

No caso de o infrator não estar presente à audiência preliminar, tentar-se-á sua citação pessoal. Se exitosa, o processo permanecerá no JECRIM. Caso contrário, uma vez que não cabe citação por edital neste Juízo, o procedimento será remetido à justiça criminal comum, nela adotando-se o rito sumário – art. 66, parágrafo único, da Lei nº 9.099/1995.

Tendo havido citação pessoal, portanto, com o processo no JECRIM, no início da audiência de instrução e julgamento será tentada a composição civil dos danos (art. 74) e/ou a transação penal, que demanda o preenchimento de alguns requisitos - § 2º do art. 76.

Havendo composição quanto aos danos civis, com homologação pelo juízo, nos casos de ação penal privada ou pública condicionada à representação, *o acordo homologado acarreta a renúncia ao direito de queixa ou representação* – parágrafo único do art. 74.

Havendo transação penal acordada pelas partes e homologada pelo juízo, será imposta a sanção pactuada, deixando o juiz de receber a denúncia. Uma vez comprovado o cumprimento dos termos da transação, será declarada extinta a punibilidade do infrator.

Não se resolvendo a situação pelas duas maneiras acima, prosseguirá a audiência da instrução concedendo-se a palavra ao defensor para resposta à acusação, após o que o juiz receberá ou rejeitará a inicial acusatória. Em recebendo, os próximos passos são a inquirição da vítima, das testemunhas da acusação e da defesa e, por fim, o interrogatório do réu, conhecido como querelado no caso de ação penal privada.

A chamada **Lei Mariana Ferrer - nº 14.245/2021**, fez incluir na Lei dos Juizados, em seu art. 81, o § 1º-A, nestes termos:

> *"§ 1º-A. Durante a audiência, todas as partes e demais sujeitos processuais presentes no ato deverão respeitar a dignidade da vítima, sob pena de responsabilização civil, penal e administrativa, cabendo ao juiz garantir o cumprimento do disposto neste artigo, vedadas:*

I. a manifestação sobre circunstâncias ou elementos alheios aos fatos objeto de apuração nos autos;
II. a utilização de linguagem, de informações ou de material que ofendam a dignidade da vítima ou de testemunhas."

No curso da audiência, eventuais provas que o juiz considerar excessivas, impertinentes ou protelatórias, serão por ele indeferidas - § 1º do art. 81.

O número máximo de testemunhas que cada parte pode arrolar é três, por analogia ao art. 34 da Lei, que cuida do Juizado Especial Cível.

Encerrada a instrução, passa-se aos debates orais da acusação e defesa, nesta ordem, vindo em seguida a sentença, em que se dispensa o relatório.

14.2.3.1. RECURSOS

A Lei nº 9.099/1995 apresenta algumas particularidades em matéria recursal, a elas o concursando deve estar atento.

Conforme o art. 83 da Lei, o prazo para interposição de embargos de declaração é de 5 dias a contar da decisão, podendo ser opostos oralmente ou por escrito – na legislação comum o prazo é de 2 dias.

No Juizado, em relação à rejeição da denúncia ou queixa, cabe o recurso de apelação – art. 82, cuja interposição somente poderá ser feita por petição, no prazo de 10 dias. As razões recursais deverão ser apresentadas juntamente com a petição. Situação bem diversa se dá nas infrações penais comuns, em que cabe recurso em sentido estrito, podendo a interposição ser feita por petição ou por termo, com prazo de 5 dias.

Embora a Lei nº 9.099/95 não mencione o recurso em sentido estrito, é perfeitamente possível que este seja manejado no Juizado, desde que presente alguma das hipóteses autorizadoras do art. 581, pois o CPP se aplica subsidiariamente à lei especial. O mesmo se pode dizer quanto à revisão criminal – art. 621 do Código.

Autorizados pelo art. 98, inciso I, da CF, os Tribunais de Justiça dos Estados instituíram turmas recursais para o julgamento de recursos advindos dos Juizados Especiais Criminais, as quais são compostas por três juízes do primeiro grau de jurisdição.

Embora raro, em tese é cabível recurso extraordinário quando a decisão proferida por JECRIM ou turma recursal violar dispositivo da Constituição Federal (Súmula 640 do STF) . Quanto ao recurso especial, mostra-se incabível, porque o art. 105, III, da CF só o permite em relação a decisões de Tribunais, não de turmas recursais (Súmula 203 do STJ).

14.3. PROCEDIMENTOS ESPECIAIS

Há previsão de ritos especiais tanto no CPP, quanto em leis extravagantes. Para os fins desta obra, optamos por comentar três deles, que certamente estão dentre os mais cobrados em concursos: o procedimento do **júri** – arts. 406 a 497 do CPP; o dos crimes de **tráfico de drogas** – Lei nº 11.343/2006; e o dos crimes que envolvam **violência doméstica ou familiar contra a mulher** – Lei nº 11.340/2006.

14.3.1. PROCEDIMENTO DO JÚRI

14.3.1.1. CONCEITO E COMPETÊNCIA

O tribunal do júri pode ser considerado um **órgão do Poder Judiciário**, em que pese não previsto no art. 96 da CF, com previsão constitucional no art. 5º, inciso XXXVIII, logo, é considerado direito fundamental e inserido no núcleo imutável da Carta Magna, consoante o art. 60, § 4º, IV, da CF – ao qual compete o processo e julgamento dos crimes dolosos contra a vida.

É formado pelo juiz-presidente e 25 jurados, dos quais 7 comporão o conselho de sentença. As decisões dos jurados são sigilosas e soberanas, não se exigindo fundamentação, já que baseadas na **íntima** convicção.

14.3.1.2. PRINCÍPIOS

O art. 5º, inciso XXXVIII, da CF, prevê 4 princípios do tribunal do júri:

I. **Plenitude de defesa:** poderá o defensor do acusado não apenas valer-se de argumentos estritamente jurídicos para defender o acusado, mas de toda e qualquer sustentação legal, moral, ideológica, de política criminal, enfim, que possa contribuir de algum modo para a melhora da situação do réu, não necessariamente absolvendo.
II. **Sigilo das votações:** o voto proferido pelo jurado é secreto (alínea *b*, inc. XXXVIII, do art. 5º, CF). Para garantia disto, está previsto que: a) a votação dos jurados ocorrerá em sala especial (antiga sala secreta). Não haverá presença do público, nem do acusado; b) os jurados, uma vez sorteados, deverão manter-se incomunicáveis; c) será interrompida a contagem de votos quando atingida a maioria necessária.

III. **Soberania dos vereditos** (alínea *c*, inc. XXXVIII, do art. 5º, CF): a decisão do júri é acobertada pela soberania, podendo ser revista no mérito apenas quando manifestamente contrária à prova dos autos, caso em que a decisão será anulada e o acusado submetido a novo julgamento, também pelo tribunal do júri.

IV. **Competência mínima para o julgamento dos crimes dolosos contra a vida**: crimes outros, não dolosos contra a vida, mas cometidos em situação de conexão ou continência com estes, poderão ser também levados à decisão do júri, a exemplo de uma ocultação de cadáver que buscou esconder um infanticídio.

14.3.1.3. O PROCEDIMENTO BIFÁSICO DO TRIBUNAL DO JÚRI

O procedimento do tribunal do júri é tido como bifásico (escalonado), ou seja, é composto de duas fases distintas.

14.3.1.4. JUÍZO DA ACUSAÇÃO OU JUÍZO DA CULPA (1ª FASE)

O único julgador aqui será o juiz togado, pois os jurados atuam somente na segunda fase, em plenário.

Já decidiu o STJ que a primeira fase do júri tem o objetivo precípuo de avaliar a suficiência ou não de razões – isto é, de justa causa – para levar o acusado ao seu juiz natural, que são os jurados, na segunda fase do rito do júri.

O oferecimento da denúncia dá início à primeira fase. É possível a aplicação do art. 395 do CPP, caso em que, oferecida a exordial acusatória, o juiz poder vir a rejeitá-la. Se a receber, o juiz ordenará a citação do acusado para responder à acusação, por escrito, no prazo de 10 dias, conforme o art. 406, *caput*, do CPP.

Não apresentada a resposta no prazo da lei, o juiz nomeará defensor dativo para oferecê-la em até dez dias, concedendo-lhe vista dos autos (art. 408, do CPP).

Na resposta, o acusado poderá arguir preliminares e alegar tudo quanto interesse a sua defesa, oferecer documentos e justificações, especificar as provas pretendidas e arrolar testemunhas, no máximo oito, qualificando-as e requerendo sua intimação, quando necessário (§ 3º do art. 406, CPP).

Apresentada a defesa, o juiz ouvirá o *Parquet* a respeito de preliminares e documentos, em cinco dias (art. 409, CPP).

Finda esta etapa preliminar, o juiz designará audiência para a inquirição das testemunhas e realização das diligências requeridas pelas partes, no prazo máximo de dez dias (art. 410, CPP). Na audiência de instrução, proceder-se-á à tomada de declarações do ofendido, se possível, à inquirição das testemunhas arroladas pela acusação e pela defesa, necessariamente nesta ordem, bem como aos esclarecimentos dos peritos, às acareações e ao reconhecimento de pessoas e coisas, interrogando-se, em seguida, o acusado e procedendo-se aos debates orais.

Não há previsão específica para requerimento de diligências, tal como se dá no procedimento ordinário, mas isso não é empecilho a que o juiz a determine (art. 156, II, do CPP).

Encerrada a instrução e antes das alegações finais orais, se for o caso, oportuniza-se ao Ministério Público que faça valer o art. 384 do CPP - *mutatio libelli*, o que ocorreria, por exemplo, no aditamento para inclusão da qualificadora do motivo torpe ou fútil.

Concluídos os debates, o juiz prolata a sua decisão, ou o fará em até 10 dias, ordenando que os autos lhe sejam conclusos. Todo o procedimento deverá ser concluído no prazo de 90 dias.

14.3.1.5. IMPRONÚNCIA

A decisão de impronúncia importa dizer que o juiz não se convenceu acerca da autoria e da materialidade do crime contra a vida (art. 414, CPP). Não há julgamento de mérito, sendo verdadeira decisão terminativa, encerrando-se esta primeira fase do tribunal do júri e sem sequer ter início a segunda, ou seja, o caso não será levado ao plenário para deliberação dos jurados.

Havendo infração conexa com o crime doloso contra a vida e se o juiz entender que é o caso de impronúncia, ele não se manifestará acerca da infração conexa, devendo remeter os autos, em relação a esta, ao juízo competente para o seu julgamento (STJ, REsp n. 571.077/RS, rel. Min. Felix Fischer, j. 4.3.2004).

Da decisão de impronúncia cabe apelação (art. 416, CPP), no prazo de cinco dias (art. 593, CPP).

Poderão interpor apelação contra a impronúncia o próprio Ministério Público ou o assistente de acusação, de forma subsidiária/supletiva, em cinco dias se já habilitado nos autos, ou em quinze dias, se não habilitado ainda, iniciando-se o prazo após o transcurso do prazo do MP - **súmula** n. 448 do STF.

Se provida a apelação, o réu será pronunciado pelo tribunal; negado provimento, o réu mantém-se impronunciado, podendo ser denunciado posteriormente caso surjam provas novas. Contra a decisão do tribunal que proveu a apelação (levando o réu para a segunda fase do júri) pode eventualmente ser cabível recurso extraordinário e/ou especial, se presentes os requisitos legais.

14.3.1.6. DESCLASSIFICAÇÃO

A decisão que desclassifica redunda no reconhecimento de que o fato ocorrido não se amolda ao rol de crimes dolosos contra a vida, não havendo motivo, portanto, para submeter o réu ao Conselho de Sentença, enviando-se o processo ao juízo competente, conforme as normas de organização judiciária.

Feita a desclassificação, o juízo para onde os autos foram remetidos poderá alegar conflito negativo de competência, caso entenda que não lhe caiba atuar, e desde que a matéria ainda não esteja preclusa. É que, segundo a corrente majoritária, se a decisão desclassificatória já foi objeto de discussão no tribunal, por meio do recurso em sentido estrito apresentado para combatê-la, elimina-se a possibilidade de invocação do conflito, pois o tribunal já decidiu a respeito.

A decisão desclassificatória **é tida como** interlocutória, podendo ser desafiada por recurso em sentido estrito (art. 581, II, CPP), sem efeito suspensivo. Estando o réu preso, ficará à disposição do juízo competente, ficando a manutenção do cárcere condicionada à presença dos requisitos da prisão preventiva (arts. 312 e 313 do CPP).

Estão legitimados ao recurso o MP e a defesa. Esta pode, por exemplo, discordar do teor da desclassificação, como no caso de homicídio simples para latrocínio, havendo nítido interesse recursal. Quanto ao assistente, parece-nos adequada a conclusão de que não tem interesse recursal, pois a desclassificação não é óbice à obtenção de decisão condenatória, o que abre caminho para eventual reparação dos danos experimentados. Ademais, o art. 271 do CPP, estabelecendo os poderes do assistente, foi silente quanto a essa possibilidade.

Não se pode confundir *desclassificação* com *desqualificação*, sendo esta a supressão de uma qualificadora imputada na peça acusatória. Entende-se que a exclusão de qualificadora durante o juízo de acusação somente pode dar-se diante de seu manifesto não cabimento.

14.3.1.7. ABSOLVIÇÃO SUMÁRIA

São hipóteses de absolvição sumária: a) inexistência do fato, de autoria/participação; b) atipicidade; c) excludente de ilicitude ou culpabilidade.

A lei expressa que a hipótese deve estar "provada", pois, se houver dúvida, o acusado deve ser levado a julgamento em plenário, já que a absolvição sumária exige a afirmação judicial de *certeza*, pelo que forma coisa julgada material.

14.3.1.8. PRONÚNCIA

A decisão de pronúncia encerra a primeira fase do procedimento em exame, remetendo o réu ao julgamento perante o Conselho de Sentença.

Vejamos os aspectos mais relevantes da pronúncia:

a. **Conteúdo**: é tida como uma decisão de viabilidade procedimental, atestando a existência de indícios de autoria e materialidade. Na pronúncia, o magistrado também tratará (análise prelibatória), sobre eventuais qualificadoras e causas de aumento de pena, indicando o artigo de lei aplicável ao caso. Isso se deve, em parte, à supressão do libelo, sendo a pronúncia a peça que traça os limites do conteúdo acusatório que será discutido na segunda fase. Os elementos que integram o tipo penal por extensão, como o concurso de pessoas, a tentativa, e a omissão penalmente relevante, também devem ser levados em consideração. Não deve haver manifestação sobre:

1.1. agravantes ou atenuantes, as quais serão discutidas em plenário;

1.2. causas de diminuição de pena - art. 7º da Lei de Introdução ao CPP (Decreto-Lei n. 3.931/1941);

1.3. concurso de crimes, seja formal, material ou crime continuado, o que deve ser levado em conta na dosimetria da pena, em caso de condenação.

Não pode o magistrado, pena de nulidade absoluta, afastar peremptoriamente as teses da defesa. Se assim proceder, antecipará o juízo de mérito, que compete aos jurados, havendo prejuízo evidente ao réu. Do mesmo modo, não deve fazer juízo de certeza quanto à culpabilidade, induzindo verdadeiro prejulgamento.

b. **Princípio da correlação:** os limites da pronúncia estão preestabelecidos na denúncia. Se o tipo penal apresentado na inicial acusatória está errado, cabe ao magistrado, no momento da pronúncia, promover o devido enquadramento, sem nenhuma formalidade prévia, invocando a *emendatio libelli* (art. 418, CPP).

Por outro lado, se os fatos narrados na inicial divergem daqueles demonstrados na instrução da primeira fase, deve o juiz abrir vistas ao MP, para que promova o aditamento da inicial, realizando a readequação fática. Após a manifestação defensiva e a retomada da instrução, o juiz decidirá, consagrando-se a *mutatio libelli* na primeira fase do júri. Por essa razão, não pode ser reconhecida de ofício qualificadora não narrada na inicial, exigindo-se prévio aditamento e manifestação defensiva.

c. **Crimes conexos:** havendo conexão ou continência entre crime doloso contra vida e delito diverso, a pronúncia pelo primeiro, de regra, traz a mesma consequência para o delito interligado, que segue a sorte do principal.

d. **Prisão cautelar:** Note-se que a prisão decorrente da pronúncia, fundada nos maus antecedentes e/ou na reincidência do réu, não mais subsiste. Destarte, ao pronunciar o réu, deve o magistrado assim proceder:

Estando o réu preso, deve fundamentar, na pronúncia, o porquê mantém a prisão, que só deve perdurar se presentes os requisitos da preventiva. A remessa do réu ao Conselho de Sentença não faz presumir a necessidade de encarceramento, já que as razões para a manutenção da prisão podem não mais estar presentes. Ademais, se cabível a liberdade provisória, deverá ser concedida. Se o réu está solto, só poderá ser preso se presentes os requisitos da preventiva (arts. 312 e 313 do CPP).

e. **Interrupção da prescrição:** pronunciado o acusado, o prazo prescricional estará interrompido.

f. **Sistema recursal:** Da decisão interlocutória de pronúncia cabe recurso em sentido estrito (art. 581, IV, CPP).

g. **Preclusão da decisão:** Diz o art. 421 do CPP: "*Preclusa a decisão de pronúncia, os autos serão encaminhados ao juiz-presidente do Tribunal do Júri. § 1º Ainda que preclusa a decisão de pronúncia, havendo circunstância superveniente que altere a classificação do crime, o juiz ordenará a remessa dos autos ao Ministério Público.*".

14.3.1.9. DESPRONÚNCIA

Ocorre a chamada despronúncia toda vez que a decisão anterior de *pronúncia* se transforma em *impronúncia*. Pode dar-se de duas formas:

a. o acusado é pronunciado e interpõe recurso em sentido estrito contra esta decisão (art. 581, IV, CPP); o juiz poderá, dentro do juízo de retratação (art. 589, CPP), alterar sua decisão de pronúncia e, acatando os argumentos defensivos, agora entender que era, realmente, o caso de impronúncia. Ocorrerá, então, uma **despronúncia em primeiro grau**.

b. o acusado é pronunciado e interpõe recurso em sentido estrito contra esta decisão (art. 581, IV, CPP); o juiz não se retrata e encaminha os autos ao tribunal, que, apreciando o recurso, dá-lhe provimento, entendendo que é o caso de impronúncia. **Ocorrerá a despronúncia em segundo grau.**

14.3.1.10. DESFECHOS DA 1ª FASE

	Pronúncia	Absolvição sumária	Impronúncia	Desclassificação
Artigo	413	415	414	419
Cabimento	Estão comprovados materialidade e indícios suficientes de autoria e participação.	a) Está provada a inexistência do fato; b) Está provado não ser o réu o autor ou partícipe do fato; c) O fato não constitui infração penal; d) Está presente causa de isenção de pena ou exclusão do crime.	Não estão comprovados a materialidade e indícios bastantes de autoria ou participação.	Não se trata de crime doloso contra a vida.
Providência	Encaminha o réu para o plenário do júri.	Encerra o processo.	Encerra o processo, porém, este poderá ser novamente instaurado caso sejam descobertas novas provas.	Encaminha os autos ao juízo competente.

14.3.1.II. 2ª FASE DO PROCEDIMENTO DO TRIBUNAL DO JÚRI

Se o processo atingir esta fase, é porque o acusado foi pronunciado, de forma que será, agora, julgado pelos jurados em sessão plenária do júri. Preclusa a decisão de pronúncia, então, os autos serão encaminhados ao juiz-presidente do tribunal do júri (art. 421 do CPP).

Considerações sobre o rito: ao receber os autos, o presidente do tribunal do júri determinará a intimação do MP e do defensor, para, no prazo de cinco dias, pena de preclusão, apresentarem rol de testemunhas que irão depor em plenário, até o máximo de cinco, ocasião em que poderão juntar documentos e requerer diligências.

A testemunha poderá ser arrolada em caráter de imprescindibilidade, de forma que, se ausente, a sessão não poderá ocorrer (art. 461, CPP).

Ordem de julgamentos: conforme o art. 429, CPP, salvo motivo relevante que motive alteração na ordem dos julgamentos, terão preferência: a) os acusados presos; b) dentre os presos, os que estiverem há mais tempo; c) em igualdade de condições, os pronunciados há mais tempo.

Sobre a ausência na sessão de julgamento:

I. Conforme o art. 455 do CPP, se o MP não comparecer, o juiz-presidente adiará o julgamento para o primeiro dia desimpedido da mesma reunião, cientificadas as partes e as testemunhas;

II. Conforme o art. 456 do CPP, se a ausência, *sem escusa legítima*, for do advogado do acusado, e se outro não for por este constituído, o fato será imediatamente comunicado ao presidente da seccional da OAB, com a data designada para a nova sessão. Não havendo escusa legítima, o julgamento será adiado *uma única vez*, devendo o acusado ser julgado quando chamado novamente. Neste caso, o juiz intimará a Defensoria Pública para o novo julgamento, que será adiado para o primeiro dia desimpedido, observado o prazo mínimo de 10 dias.

III. As consequências da **ausência do acusado** são analisadas a partir de duas situações:

a. **se solto**: de regra, o julgamento não será adiado pelo não comparecimento do acusado solto regularmente intimado (art. 457, CPP); todavia, é possível o adiamento se a situação for justificada, comprovando-se motivo de força maior (§ 1º), garantindo-se, assim, a presença do acusado no seu julgamento. É o caso de emergência médica.

b. **se preso**: o acusado preso tem o direito (e não o dever) de estar presente na sessão de seu julgamento, sendo requisitado à autoridade carcerária para o devido transporte; se o preso não for conduzido à sessão de julgamento, haverá seu adiamento para o primeiro dia desimpedido da mesma reunião (art. 457, § 2º, CPP). Por outro lado, como o acusado não é obrigado a estar presente no seu julgamento, poderá haver a dispensa de seu comparecimento, subscrito por ele e por seu defensor (§ 2º do art. 457, CPP, parte final).

IV. Ausência do assistente de acusação. O assistente de acusação somente será admitido se tiver requerido sua habilitação até cinco dias antes da data da sessão na qual pretenda atuar (art. 430, CPP). Se regularmente intimado, o julgamento não será adiado pelo seu não comparecimento - art. 457, *caput*, do CPP, salvo comprovado motivo de força maior (§ 1º), quando o presidente do tribunal do júri poderá redesignar o julgamento em plenário.

V. Ausência da testemunha. Há duas situações:

- se arrolada normalmente, poderá responder pelo crime de desobediência e ser condenada ao pagamento de multa de 1 a 10 salários-mínimos (art. 458, CPP), sem adiamento da sessão;
- se arrolada como imprescindível (art. 461, CPP) na fase do art. 422 do CPP, e não comparecer, o juiz determinará sua condução coercitiva ou adiará o julgamento para o primeiro dia desimpedido, ordenando sua condução coercitiva (§ 1º do art. 461 do CPP).

Se a testemunha não foi localizada no endereço indicado, o juiz intimará a parte que a arrolou para apontar novo endereço; caso assim não aponte ou caso a testemunha não seja novamente encontrada, o julgamento será realizado normalmente (§ 2º do art. 461, CPP).

Antes de constituído o Conselho de Sentença, as testemunhas serão recolhidas a lugar onde umas não possam ouvir os depoimentos das outras (art. 460, CPP).

VI. Ausência do juiz. Caso esteja ausente, designar-se-á nova data para a sessão, comunicando-se os órgãos disciplinares do Poder Judiciário.

O juiz que iniciou a sessão há que finalizá-la. Caso não seja possível, o encaminhamento será a dissolução do conselho de sentença e a designação de nova data para julgamento.

Impedimentos gerais dos jurados. Estando presentes ao menos 15 jurados, a sessão de julgamento pode ser instalada, tendo início a escolha dos 7 jurados que comporão o conselho de sentença.

De início, lembre-se que as hipóteses de suspeição, impedimento e incompatibilidade dos juízes de direito também aplicam-se aos jurados (§ 2º do art. 448 do CPP).

Incomunicabilidade dos jurados. Dispõe o art. 466, § 1º, do CPP, que o juiz-presidente advertirá os jurados de que, uma vez sorteados, não poderão comunicar-se entre si e com outrem, nem manifestar sua opinião sobre o processo, sob pena de exclusão do conselho de sentença e multa de 1 a 10 salários-mínimos.

Recusa imotivada. Conhecida também como recusa peremptória, é a situação em que a parte poderá recusar até 3 jurados sorteados, sem precisar indicar nenhum motivo.

Instrução em plenário. Formado o conselho de sentença e tomado o compromisso dos jurados, inicia-se a fase da instrução processual em plenário, com a colheita das provas orais, que serão:

a. oitiva da vítima, se possível;
b. oitiva das testemunhas de acusação;
c. oitiva das testemunhas de defesa.

A **Lei nº 14.245/2021** (**Mariana Ferrer**), fez incluir no CPP o art. 474-A:

> *"Art. 474-A. Durante a instrução em plenário, todas as partes e demais sujeitos processuais presentes no ato deverão respeitar a dignidade da vítima, sob pena de responsabilização civil, penal e administrativa, cabendo ao juiz presidente garantir o cumprimento do disposto neste artigo, vedadas:*
> *I. a manifestação sobre circunstâncias ou elementos alheios aos fatos objeto de apuração nos autos;*
> *II. a utilização de linguagem, de informações ou de material que ofendam a dignidade da vítima ou de testemunhas."*

Poderão ser lidas em plenário, após a oitiva do ofendido e das testemunhas:

a. provas colhidas em carta precatória;
b. provas cautelares;
c. provas antecipadas;
d. provas irrepetíveis;
e. acareação, reconhecimento e esclarecimentos de peritos, se for o caso;
f. interrogatório do acusado

Debates. Finda a instrução, passa-se ao momento dos debates orais. Acusação e defesa farão a sustentação de seus pontos de vista, buscando o convencimento dos jurados. Podem os debates ser subdivididos em:

a. sustentação da acusação;
b. sustentação da defesa;
c. réplica;
d. tréplica.

O art. 477 do CPP dispõe que o tempo destinado à acusação e à defesa será de uma hora e meia para cada, e de uma hora para a réplica e outro tanto para a tréplica.

Havendo mais de um acusador ou mais de um defensor, combinarão entre si a distribuição do tempo, que, na falta de acordo, será dividido pelo juiz-presidente, de sorte a não exceder o limite legal (§ 1º).

Havendo mais de um acusado, o tempo para a acusação e a defesa será acrescido de uma hora e elevado ao dobro o da réplica e da tréplica, observado o disposto no § 1º, antes mencionado.

Juntada de documentos. O Código de Processo Penal, de regra, admite a juntada de documentos a qualquer momento (art. 231, CPP). Esta regra, todavia, é excepcionada pelo art. 479, *caput*, do CPP, que dispõe que, durante o julgamento pelo tribunal do júri, não será permitida a leitura de documento ou a exibição de objeto que não tiver sido juntado aos autos com a antecedência mínima de três dias úteis, dando-se ciência à outra parte. Tal regra evita que a parte adversa seja surpreendida em plenário, vendo-se tolhida no seu direito ao efetivo contraditório.

Quesitos. O conselho de sentença será indagado sobre a matéria de fato e se o acusado deve ser absolvido (art. 482, CPP). Os quesitos serão redigidos em proposições *afirmativas*, *simples* e *distintas*, de modo que cada um deles possa ser respondido com suficiente clareza e precisão.

Quesito obrigatório. Trata-se de quesito obrigatório se o acusado deve ou não ser absolvido, conforme o § 2º do art. 483, ainda que os jurados tenham, imediatamente antes, reconhecido a materialidade e a autoria dos fatos criminosos imputados, ou seja, ainda que os jurados respondam positivamente que o fato ocorreu e que o acusado foi o seu autor ou partícipe, o quesito de absolvição geral deve ser formulado, sob pena de nulidade absoluta por falta de elaboração de quesito obrigatório.

Votação. Não restando dúvida a ser esclarecida a respeito dos quesitos que serão formulados, o juiz, os jurados, o Ministério Público, o assistente, o defensor, o escrivão e o oficial de justiça dirigir-se-ão à sala especial a fim de ser procedida a votação (art. 485, CPP).

As decisões serão tomadas por **maioria de votos**. A resposta negativa, de mais de 3 jurados, a qualquer dos quesitos sobre autoria/participação e materialidade encerra a votação e acarreta absolvição do acusado (§ 1º, art. 483, CPP); respondidos afirmativamente por mais de 3 jurados os quesitos sobre autoria/participação e materialidade, será formulado o quesito geral de absolvição (§ 2º).

Caso a resposta a qualquer dos quesitos estiver em contradição com outra ou outras já dadas, o juiz, explicando aos jurados em que consiste a contradição, submeterá novamente à votação os quesitos a que se referirem tais respostas (art. 490, CPP).

Se a contradição na resposta aos quesitos não for sanada quando da votação pelos jurados, nos termos do art. 490, CPP, há nulidade apta a causar a anulação do julgamento. Encerrada a votação, será o termo assinado pelo juiz, pelos jurados e pelas partes.

Sentença. Apurada a votação, cabe ao juiz proferir sentença (art. 492, CPP), que será lida em plenário por ele antes de encerrada a sessão (art. 493, CPP), sendo este o marco inicial para eventuais recursos (art. 798, § 5º, *b*, CPP).

Sentença absolutória. Conforme o art. 492, II, no caso de absolvição, o juiz:

a. mandará colocar em liberdade o acusado se por outro motivo não estiver preso;
b. revogará as medidas restritivas provisoriamente decretadas;
c. imporá, se for o caso, a medida de segurança cabível.

A decisão de absolvição não precisa ser motivada, já que o mérito foi julgado pelos jurados.

Sentença condenatória. Conforme o art. 492, I, no caso de condenação, o juiz:

a. fixará a pena-base;
b. considerará as circunstâncias agravantes ou atenuantes alegadas nos debates;
c. imporá os aumentos ou diminuições da pena, em atenção às causas admitidas pelo júri;
d. observará as demais disposições do art. 387 do Código;
e. mandará o acusado recolher-se ou recomendá-lo-á à prisão em que se encontra, se presentes os requisitos autorizadores da prisão pre-

ventiva, ou, no caso de condenação a uma pena igual ou superior a 15 (quinze) anos de reclusão, determinará a execução provisória da pena, com expedição do mandado de prisão, se for o caso, sem prejuízo do conhecimento de recursos que vierem a ser interpostos;

f. estabelecerá os efeitos genéricos e específicos da condenação.

14.3.2. PROCEDIMENTO DA LEI DE DROGAS (LEI Nº 11.343/2006)

A Lei prevê duas séries de crimes e respectivas sanções.

A primeira série – arts. 28 e 29, engloba atividades perpetradas por um usuário, para consumo pessoal, tais como adquirir, guardar, ter em depósito, transportar, ter consigo, semear, cultivar ou colher plantas destinadas à preparação de pequena quantidade da substância ou produto.

A segunda série trata do comércio ilícito de entorpecentes e a produção não autorizada – arts. 33 a 40.

No primeiro caso, que trata dos usuários, não se imporá prisão em flagrante, devendo o agente ser encaminhado imediatamente ao juízo competente ou, em sua falta, assumir o compromisso de a ele comparecer, seguindo-se o procedimento sumaríssimo dos Juizados Especiais Criminais, exceto se houver concurso com crime da mencionada segunda série – art. 33 em diante. Na audiência preliminar, o Ministério Público poderá propor a aplicação imediata de advertência, prestação de serviços ou medida educativa.

Para os crimes mais graves – art. 33 e seguintes, há rito especial, referido nos arts. 54 a 59 da lei de drogas.

Ao receber o inquérito policial, tem início a contagem do prazo de dez dias que o Ministério Público tem para oferecer denúncia ou requerer diligências, ou, ainda, requerer arquivamento.

Se houver denúncia, o denunciado é notificado para apresentar defesa prévia, em dez dias. Se não o fizer, será nomeado defensor dativo ou defensor público. Com a defesa, o magistrado decide se rejeita ou recebe a denúncia. Recebendo-a, designará audiência de instrução e julgamento, ordenando a citação pessoal do acusado e a notificação do MP, bem como requisitará os exames periciais faltantes – art. 56, *caput*.

A audiência de instrução e julgamento deverá realizar-se no prazo de trinta dias, contados da data do despacho que recebeu a denúncia.

O art. 57 estabelece a sequência da produção das provas orais em audiência, com início pelo interrogatório, em seguida as testemunhas da acusação e, por fim, as da defesa. Porém, dando fim à controvérsia existente, **o** STF, no HC 127.900/AM, Rel. Min. Dias Toffoli, **decidiu que o interrogatório deve ser feito ao final da instrução**, prestigiando o art. 400 do CPP em detrimento do citado art. 57 da lei de drogas, tendo por razão de decidir o argumento de que esta é a melhor forma de assegurar o efetivo exercício do contraditório e ampla defesa.

O mesmo artigo 57 prevê que, encerrada a instrução, tem início as alegações orais das partes, em seguida, a sentença. Porém, nem sempre isso se mostra viável, por razões diversas, como a complexidade do processo, quantidade de acusados, pauta de audiências abarrotada, etc. Em casos tais, o costume tem sido o de deferir às partes prazo para alegações finais escritas (memoriais), iniciando, obviamente, pela acusação. A sentença, por óbvio, virá só depois do prazo da defesa. Não há nada de errado neste proceder, porque daí não resulta qualquer prejuízo às partes.

A Lei nº 14.322/2022 promoveu alterações nos arts. 60 e 61 da lei de drogas, de modo a excluir a possibilidade de restituição ao lesado do veículo usado para transporte de droga ilícita e para permitir a alienação ou o uso público do veículo independentemente da habitualidade da prática criminosa. Veja:

> *"Art. 60. [...]*
> *§ 5º Decretadas quaisquer das medidas previstas no **caput** deste artigo, o juiz facultará ao acusado que, no prazo de 5 (cinco) dias, apresente provas, ou requeira a produção delas, acerca da origem lícita do bem ou do valor objeto da decisão, exceto no caso de veículo apreendido em transporte de droga ilícita.*
> *§ 6º Provada a origem lícita do bem ou do valor, o juiz decidirá por sua liberação, exceto no caso de veículo apreendido em transporte de droga ilícita, cuja destinação observará o disposto nos arts. 61 e 62 desta Lei, ressalvado o direito de terceiro de boa-fé.*
> *Art. 61. A apreensão de veículos, embarcações, aeronaves e quaisquer outros meios de transporte e dos maquinários, utensílios, instrumentos e objetos de qualquer natureza utilizados para a prática, habitual ou não, dos crimes definidos nesta Lei, será imediatamente comunicada pela autoridade de polícia judiciária responsável pela investigação ao juízo competente."*

14.3.3. PROCEDIMENTO DOS CRIMES RELATIVOS À VIOLÊNCIA DOMÉSTICA OU FAMILIAR CONTRA A MULHER

A Lei nº 11.340/2006, geralmente chamada de Maria da Penha, não trouxe um rito próprio, especial, mas contém particularidades e vedações que precisam ser observadas no decorrer da investigação e do processo-crime, sendo também costumeiramente cobrada em concursos.

14.3.3.1. O QUE É VIOLÊNCIA DOMÉSTICA?

A violência contra a mulher, na forma ampla descrita na lei – arts. 5º e 7º, significa todo atentado ou ofensa de ordem física, sexual, psicológica, moral ou patrimonial, quando perpetrado no âmbito da unidade doméstica, da família ou de qualquer relação íntima de afeto, motivado pelo gênero. Dada a extensão do conceito, o alcance do diploma legal perpassa o crime de lesões corporais, aplicando-se a crimes contra a honra, ameaça, constrangimento ilegal, furto, roubo, dano, estupro, tortura, etc.

Não é exigida a coabitação: "*Para a configuração da violência doméstica e familiar prevista no artigo 5º da Lei n. 11.340/2006, Lei Maria da Penha, não se exige a coabitação entre autor e vítima*" – Súmula 600 do STJ.

A Lei trouxe tratamento severo aos crimes, afastando a aplicação de todos os institutos despenalizadores da Lei nº 9.099/95.

A rigor, o art. 41 da Lei afastou a incidência da Lei nº 9.099/95 apenas para os crimes, não para as contravenções:

"*Aos **crimes** cometidos com violência doméstica e familiar contra a mulher, independentemente da pena prevista, não se aplica a Lei n. 9.099, de 26 de setembro de 1995*". (destacamos)

Apesar dos evidentes termos em que redigido o dispositivo, que certamente fez distinção entre crime e contravenção, pois não utilizou-se da expressão *infração penal*, e lembrando tratar-se de norma que também tem conteúdo penal, não devendo ser interpretada extensivamente, pois restritiva de benesses legais, o Supremo Tribunal Federal, por seu plenário, ampliou a vedação às contravenções:

"**Violência doméstica – Art. 41 da Lei n. 11.340/2006 – Alcance**. *O preceito do art. 41 da Lei n. 11.340/2006 alcança toda e qualquer pratica delituosa contra a mulher, até mesmo quando consubstancia contravenção penal, como é a relativa a vias de fato*" (STF- HC 106.212/MS – Pleno – Rel. Min. Marco Aurélio – DJe 13/6/2011).

Sendo assim, mesmo que preenchidos os requisitos dos arts. 76 e 89 da Lei nº 9.099/95, não cabem os benefícios da transação penal e a suspensão condicional do processo, tanto para crimes quanto para contravenções quando incidir a Lei Maria da Penha – *vide* Súmula 536 do STJ.

Independentemente da pena cominada em abstrato, o inciso IV do § 2º do art. 28-A do CPP proíbe o acordo de não persecução penal – ANPP, quando o ilícito penal envolver violência doméstica ou familiar, ou for praticado contra mulher em face da condição de gênero.

14.3.3.2. INQUÉRITO POLICIAL OU TERMO CIRCUNSTANCIADO?

Considerando os termos do referido art. 41 da Lei, afastando a aplicação da Lei 9.099/1995, é certo que deverá ser instaurado inquérito policial, não bastando mero termo circunstanciado, mesmo que a pena máxima cominada não supere 2 anos. Assim, por exemplo, num delito de ameaça praticado pelo filho contra a mãe, vindo a notícia crime à autoridade policial, esta deverá instaurar inquérito, pouco importando que a pena máxima não passe de seis meses. Outra implicação prática disto é que o infrator, se em situação de flagrância delitiva, será preso, lavrando-se o competente auto.

14.3.3.3. LEI Nº 13.505/2017

A Lei nº 13.505/2017 acrescentou dispositivos à Lei Maria da Penha, aprimorando sobremaneira o atendimento policial e pericial que devem ser garantidos à mulher em peculiar situação de vulnerabilidade decorrente de violência doméstica ou familiar, impondo assistência especializada e ininterrupta, priorizando o atendimento capacitado de servidoras do sexo feminino.

Confira-se as diretrizes traçadas pelo art. 10-A, § 1º, acrescido pela Lei em exame:

> "*§ 1º A inquirição de mulher em situação de violência doméstica e familiar ou de testemunha de violência doméstica, quando se tratar de crime contra a mulher, obedecerá às seguintes diretrizes:*
> *I - salvaguarda da integridade física, psíquica e emocional da depoente, considerada a sua condição peculiar de pessoa em situação de violência doméstica e familiar;*
> *II - garantia de que, em nenhuma hipótese, a mulher em situação de violência doméstica e familiar, familiares e testemunhas terão contato direto com investigados ou suspeitos e pessoas a eles relacionadas;*
> *III - não revitimização da depoente, evitando sucessivas inquirições sobre o mesmo fato nos âmbitos criminal, cível e administrativo, bem como questionamentos sobre a vida privada.*"
>
> Visando, em termos práticos, levar a efeito tais diretivas, o § 2º do dito dispositivo determina a adoção dos seguintes procedimentos:
>
> "*§ 2º Na inquirição de mulher em situação de violência doméstica e familiar ou de testemunha de delitos de que trata esta Lei, adotar-se-á, preferencialmente, o seguinte procedimento:*
> *I - a inquirição será feita em recinto especialmente projetado para esse fim, o qual conterá os equipamentos próprios e adequados à idade da mulher em situação de violência doméstica e familiar ou testemunha e ao tipo e à gravidade da violência sofrida;*

II - quando for o caso, a inquirição será intermediada por profissional especializado em violência doméstica e familiar designado pela autoridade judiciária ou policial;
III - o depoimento será registrado em meio eletrônico ou magnético, devendo a degravação e a mídia integrar o inquérito."

14.3.3.4. OUTRAS DIRETRIZES NO DECORRER DO INQUÉRITO

Sem prejuízo das providências de praxe genericamente estabelecidas no art. 6º do CPP, o art. 12 da Lei Maria da Penha (11.340/2006) determina que, feito o registro da ocorrência, deverá a autoridade policial adotar, de pronto, as seguintes medidas, as quais destacamos aqui dada a sua relevância:

> *"Art. 12. Em todos os casos de violência doméstica e familiar contra a mulher, feito o registro da ocorrência, deverá a autoridade policial adotar, de imediato, os seguintes procedimentos, sem prejuízo daqueles previstos no Código de Processo Penal:*
> *I. ouvir a ofendida, lavrar o boletim de ocorrência e tomar a representação a termo, se apresentada;*
> *II. colher todas as provas que servirem para o esclarecimento do fato e de suas circunstâncias;*
> *III. remeter, no prazo de 48 (quarenta e oito) horas, expediente apartado ao juiz com o pedido da ofendida, para a concessão de medidas protetivas de urgência;*
> *IV. determinar que se proceda ao exame de corpo de delito da ofendida e requisitar outros exames periciais necessários;*
> *V. ouvir o agressor e as testemunhas;*
> *VI. ordenar a identificação do agressor e fazer juntar aos autos sua folha de antecedentes criminais, indicando a existência de mandado de prisão ou registro de outras ocorrências policiais contra ele;*
> *VI-A - verificar se o agressor possui registro de porte ou posse de arma de fogo e, na hipótese de existência, juntar aos autos essa informação, bem como notificar a ocorrência à instituição responsável pela concessão do registro ou da emissão do porte, nos termos da Lei nº 10.826, de 22 de dezembro de 2003 (Estatuto do Desarmamento);* (Incluído pela Lei nº 13.880/2019)
> *VII. remeter, no prazo legal, os autos do inquérito policial ao juiz e ao Ministério Público."*

O tão conhecido pedido de medida protetiva por parte da vítima, mencionado no inciso III, é tratado no § 1º do mesmo artigo 12, que impõe seja ele tomado a termo pela autoridade policial, devendo conter: *"I - qualificação da ofendida e do agressor; II - nome e idade dos dependentes; III - descrição sucinta do fato e das medidas protetivas solicitadas pela ofendida; IV - informação sobre a condição de a ofendida ser pessoa com deficiência e se da violência sofrida resultou deficiência ou agravamento de deficiência preexistente."*

Em rol exemplificativo, o art. 11 da Lei nº 11.340/2006 elenca providências outras, em sua maioria com caráter de urgência, que a autoridade policial deverá adotar no atendimento à mulher em situação de violência doméstica e familiar, a saber: "*I - garantir proteção policial, quando necessário, comunicando de imediato ao Ministério Público e ao Poder Judiciário; II - encaminhar a ofendida ao hospital ou posto de saúde e ao Instituto Médico Legal; III - fornecer transporte para a ofendida e seus dependentes para abrigo ou local seguro, quando houver risco de vida; IV - se necessário, acompanhar a ofendida para assegurar a retirada de seus pertences do local da ocorrência ou do domicílio familiar; V - informar à ofendida os direitos a ela conferidos nesta Lei e os serviços disponíveis, inclusive os de assistência judiciária para o eventual ajuizamento perante o juízo competente da ação de separação judicial, de divórcio, de anulação de casamento ou de dissolução de união estável.*" (Redação do inciso V dada pela Lei nº 13.894/2019)

> O Supremo Tribunal Federal considera que a exigência de representação nas lesões corporais leves praticadas contra mulher em situação que se amolda à Lei Maria da Penha esvazia a proteção constitucional a que as mulheres têm direito – ADI 4.424. A partir desse entendimento, tal tipo penal, se inserido nesse contexto, é apurado mediante ação penal pública incondicionada. Na mesma esteira a Súmula 542 do STJ: "*A ação penal relativa ao crime de lesão corporal resultante de violência doméstica contra a mulher é pública incondicionada*".

14.3.3.5. COMPETÊNCIA

O art. 14 da Lei Maria da Penha informa que as infrações penais que se amoldam a ela deverão tramitar nos Juizados de Violência Doméstica e Familiar contra a mulher, aos quais compete o processo, o julgamento e a execução deles decorrentes.

Evidentemente, o dispositivo legal não pode superar norma de organização judiciária inserida no texto constitucional, a exemplo dos crimes dolosos contra a vida, em relação aos quais a competência continua sendo do tribunal do júri – art. 5º, inciso XXXVIII, alínea *d*.

Em decisão proferida em **fevereiro de 2023**, o Superior Tribunal de Justiça considerou que, independentemente do local onde tenham inicialmente ocorrido as supostas condutas criminosas, o juízo do **domicílio da mulher** é competente para processar e julgar o pleito relacionado a medidas protetivas de urgência. Esse tema tem considerável relevância para ser objeto de questões em provas de concursos. Veja o excerto:

"CONFLITO NEGATIVO DE COMPETÊNCIA. VIOLÊNCIA DOMÉSTICA E FAMILIAR CONTRA A MULHER. PRINCÍPIO DO JUÍZO IMEDIATO. PROTEÇÃO JURISDICIONAL CÉLERE E EFICAZ. MICROSSISTEMA DE PROTEÇÃO DE PESSOAS VULNERÁVEIS. DOMICÍLIO DA VÍTIMA. AUSÊNCIA DE INTERFERÊNCIA NA COMPETÊNCIA RELATIVA À EVENTUAL AÇÃO PENAL. CONFLITO DE COMPETÊNCIA CONHECIDO PARA DECLARAR COMPETENTE O JUÍZO SUSCITADO. 1. A interpretação sistemática do art. 13 da Lei n. 11.340/06, em conjunto com o art. 147, incisos I e II, da Lei nº 8.069/90 (Estatuto da Criança e do Adolescente) e do art. 80 da Lei n. 10.741/03 (Estatuto do Idoso), permite a aplicação do princípio do juízo imediato às ações em que se pleiteiam medidas protetivas de urgência de caráter penal no contexto de violência doméstica e familiar contra a mulher. 2. Independentemente do local onde tenham inicialmente ocorrido as supostas condutas criminosas que motivaram o pedido da vítima, o juízo do domicílio da mulher em situação de violência doméstica e familiar é competente para processar e julgar o pleito de medidas protetivas de urgência por aplicação do princípio do juízo imediato. 3. A aplicação do princípio do juízo imediato na apreciação dos pedidos de medidas protetivas de urgência não entra em conflito com as demais disposições da Lei n. 11.340/06. Ao contrário, essa medida facilita o acesso da mulher vítima de violência doméstica a uma rápida prestação jurisdicional, que é o principal objetivo perseguido pelas normas processuais especiais que integram o microssistema de proteção de pessoas vulneráveis que já se delineia no ordenamento jurídico brasileiro." (CC 190.666-MG, 3ª Seção, j. 8/2/2023, DJ 14/2/2023)

14.3.3.6. PROCEDIMENTO

O rito a ser seguido deverá ser o ordinário ou sumário, a depender da pena. Se esta não superar dois anos, impõe-se o rito sumário, vez que o rito sumaríssimo é vedado pelo art. 41 do diploma legal.

14.3.3.7. MEDIDAS PROTETIVAS DE URGÊNCIA

Voltando à questão das medidas protetivas de urgência, antes referidas de passagem, tratam-se de particularidade desse rito, espécie de cautelares, que podem ser requeridas pelo Ministério Público ou pela vítima – recorde-se que são levadas a termo pela autoridade policial quando da lavratura da ocorrência – art. 12 da Lei.

A lei confere ao juiz 48 horas para decidir. A depender da gravidade da situação, poderá o magistrado decretar a medida pretendida pela ofendida de imediato, sem o parecer do *Parquet*, que será em seguida notificado.

Podemos classificar as medidas de urgência em duas categorias, as que obrigam o agressor e as relacionadas à vítima.

As relativas ao agressor acham-se apontadas no art. 22 da Lei, nada obstando que outras possam ser adotadas para resguardar a segurança da vítima.

> "*Art. 22. Constatada a prática de violência doméstica e familiar contra a mulher, nos termos desta Lei, o juiz poderá aplicar, de imediato, ao agressor, em conjunto ou separadamente, as seguintes medidas protetivas de urgência, entre outras:*
> *I. suspensão da posse ou restrição do porte de armas, com comunicação ao órgão competente, nos termos da Lei nº 10.826, de 22 de dezembro de 2003;*
> *II. afastamento do lar, domicílio ou local de convivência com a ofendida;*
> *III. proibição de determinadas condutas, entre as quais:*
> *a. aproximação da ofendida, de seus familiares e das testemunhas, fixando o limite mínimo de distância entre estes e o agressor;*
> *b. contato com a ofendida, seus familiares e testemunhas por qualquer meio de comunicação;*
> *c. frequentação de determinados lugares a fim de preservar a integridade física e psicológica da ofendida;*
> *IV. restrição ou suspensão de visitas aos dependentes menores, ouvida a equipe de atendimento multidisciplinar ou serviço similar;*
> *V. prestação de alimentos provisionais ou provisórios;*
> *VI. comparecimento do agressor a programas de recuperação e reeducação; e* (Inciso acrescido pela Lei nº 13.894, de 3/4/2020)
> *VII. acompanhamento psicossocial do agressor, por meio de atendimento individual e/ou em grupo de apoio.*" (Inciso acrescido pela Lei nº 13.894, de 3/4/2020)

Dada a evidente urgência das providências exigidas em algumas situações relacionadas à Lei Maria da Penha, a Lei nº 13.827/2019 trouxe interessante inovação, acrescentando o art. 12-C àquela, consistindo em verdadeira exceção à clausula de reserva de jurisdição, pois permite que delegado de polícia e até mesmo policial decretem, em desfavor do agressor, medida cautelar de afastamento do lar ou de local de convivência:

> "*Art. 12-C. Verificada a existência de risco atual ou iminente à vida ou à integridade física ou psicológica da mulher em situação de violência doméstica e familiar, ou de seus dependentes, o agressor será imediatamente afastado do lar, domicílio ou local de convivência com a ofendida:* (*caput* com a nova redação dada pela Lei nº 14.188/2021)
> *I. pela autoridade judicial;*
> *II. pelo delegado de polícia, quando o Município não for sede de comarca; ou*
> *III. pelo policial, quando o Município não for sede de comarca e não houver delegado disponível no momento da denúncia.*"

Se não foi o juiz que aplicou a medida cautelar, este deverá ser comunicado no prazo de 24 horas, decidindo, em igual prazo, se mantém ou se revoga a decisão.

As medidas que dizem respeito à vítima acham-se elencadas no art. 23 da Lei:

> "*Art. 23. Poderá o juiz, quando necessário, sem prejuízo de outras medidas:*
> *I. encaminhar a ofendida e seus dependentes a programa oficial ou comunitário de proteção ou de atendimento;*
> *II. determinar a recondução da ofendida e a de seus dependentes ao respectivo domicílio, após afastamento do agressor;*
> *III. determinar o afastamento da ofendida do lar, sem prejuízo dos direitos relativos a bens, guarda dos filhos e alimentos;*
> *IV. determinar a separação de corpos;*
> *V. determinar a matrícula dos dependentes da ofendida em instituição de educação básica mais próxima do seu domicílio, ou a transferência deles para essa instituição, independentemente da existência de vaga.*" (Inciso acrescido pela Lei nº 13.882, de 8/10/19)

Com a finalidade de agilizar o atendimento especializado, a Lei nº 14.310/2022 alterou a redação do parágrafo único do art. 38-A da Lei Maria da Penha, de modo a determinar o registro imediato nos sistemas de informação a respeito da concessão de medida protetiva de urgência a mulheres vítimas de violência doméstica, a saber: "*Parágrafo único. As medidas protetivas de urgência serão, após sua concessão, imediatamente registradas em banco de dados mantido e regulamentado pelo Conselho Nacional de Justiça, garantido o acesso instantâneo do Ministério Público, da Defensoria Pública e dos órgãos de segurança pública e de assistência social, com vistas à fiscalização e à efetividade das medidas protetivas.*"

14.3.3.8. VIOLÊNCIA PATRIMONIAL

É certo que as condutas que causam dano patrimonial merecem também a reprimenda da lei, trazendo o art. 24 medidas judiciais que buscam proteger o patrimônio da mulher:

> "*Art. 24. Para a proteção patrimonial dos bens da sociedade conjugal ou daqueles de propriedade particular da mulher, o juiz poderá determinar, liminarmente, as seguintes medidas, entre outras:*
> *I. restituição de bens indevidamente subtraídos pelo agressor à ofendida;*
> *II. proibição temporária para a celebração de atos e contratos de compra, venda e locação de propriedade em comum, salvo expressa autorização judicial;*
> *III. suspensão das procurações conferidas pela ofendida ao agressor;*
> *IV. prestação de caução provisória, mediante depósito judicial, por perdas e danos materiais decorrentes da prática de violência doméstica e familiar contra a ofendida.*"

A norma geral contida no CPP, artigo 387, inciso IV, aplica-se também à vítima de violência doméstica e familiar, podendo ser fixado em seu favor, por ocasião da sentença condenatória, *valor mínimo para reparação dos danos causados pela infração, considerando os prejuízos sofridos pelo ofendido.*

14.3.3.9. PRISÃO PREVENTIVA

Sem prejuízo das hipóteses gerais autorizadoras da prisão preventiva descritas no art. 312 do CPP, a lei prevê tal medida cautelar sempre que se mostrar necessária a garantir a execução de medida protetiva de urgência, conforme se vê do art. 313, inciso III, do mesmo Código.

O *caput* do art. 21 da Lei nº 11.340 determina que a vítima seja notificada dos atos processuais que dizem respeito ao agressor, em especial no que se refere ao ingresso e saída da prisão.

A Lei Maria da Penha veda, em seu art. 17, que o Juiz, ao condenar por crime abrangido pela lei, faça substituir a pena privativa de liberdade por entrega de cestas básicas ou outra prestação pecuniária.

JULGADOS/JURISPRUDÊNCIA CORRELATA

STJ:

"PENAL E PROCESSUAL PENAL. AGRAVO REGIMENTAL NO RECURSO ESPECIAL. HOMICÍDIO. PRONÚNCIA. PLEITO DE INCIDÊNCIA DE QUALIFICADORA. SÚMULA 7/STJ. AGRAVO REGIMENTAL DESPROVIDO.

*1. **A exclusão de qualificadora somente é possível, na fase da pronúncia, se manifestamente improcedente, sob pena de usurpação da competência dos jurados.***

2. O Tribunal local entendeu ausentes indícios mínimos da ocorrência do meio cruel, de modo que a pretensão de incluir a qualificadora do art. 121, § 2º, III, do CP na pronúncia esbarra na Súmula 7/STJ.

3. Agravo regimental desprovido." (Destacamos. AgInt no REsp 1940487/RJ, Rel. Min. Ribeiro Dantas, 5ª Turma, julgado aos 14/9/2021, DJe 20/9/2021)

Súmula 536: *"A suspensão condicional do processo e a transação penal não se aplicam na hipótese de delitos sujeitos ao rito da Lei Maria da Penha".*

STF:

"O Supremo Tribunal Federal firmou o entendimento de que a submissão do acusado a novo julgamento popular não contraria a garantia constitucional da soberania dos veredictos. Precedentes" (HC 130.690 AgR, 1ª Turma, Rel. Min. Roberto Barroso, julgado aos 11.11.2016, DJe 23/11/2016)

EMENTA: *HABEAS CORPUS. PENAL E PROCESSUAL PENAL MILITAR. POSSE DE SUBSTÂNCIA ENTORPECENTE EM LOCAL SUJEITO À ADMINISTRAÇÃO MILITAR (CPM, ART. 290). CRIME PRATICADO POR MILITARES EM SITUAÇÃO DE ATIVIDADE EM LUGAR SUJEITO À ADMINISTRAÇÃO MILITAR. COMPETÊNCIA DA JUSTIÇA CASTRENSE CONFIGURADA (CF, ART. 124 C/C CPM, ART. 9º, I, B). PACIENTES QUE NÃO INTEGRAM MAIS AS FILEIRAS DAS FORÇAS ARMADAS. IRRELEVÂNCIA PARA FINS DE FIXAÇÃO DA COMPETÊNCIA. INTERROGATÓRIO. REALIZAÇÃO AO FINAL DA INSTRUÇÃO (ART. 400, CPP). OBRIGATORIEDADE. APLICAÇÃO ÀS AÇÕES PENAIS EM TRÂMITE NA JUSTIÇA MILITAR DESSA ALTERAÇÃO INTRODUZIDA PELA LEI Nº 11.719/08, EM DETRIMENTO DO ART. 302 DO DECRETO-LEI Nº 1.002/69. PRECEDENTES. ADEQUAÇÃO DO SISTEMA ACUSATÓRIO DEMOCRÁTICO AOS PRECEITOS CONSTITUCIONAIS DA CARTA DA REPÚBLICA DE 1988. MÁXIMA EFETIVIDADE DOS PRINCÍPIOS DO CONTRADITÓRIO E DA AMPLA DEFESA (ART. 5º, INCISO LV). INCIDÊNCIA DA NORMA INSCRITA NO ART. 400 DO CÓDIGO DE PROCESSO PENAL COMUM AOS PROCESSOS PENAIS MILITARES CUJA INSTRUÇÃO NÃO SE TENHA ENCERRADO, O QUE NÃO É O CASO. ORDEM DENEGADA. Fixada orientação quanto a incidência da norma inscrita no art. 400 do Código de Processo Penal comum a partir da publicação da ata do presente julgamento, aos processos penais militares, aos processos penais eleitorais e a todos os procedimentos penais regidos por legislação especial, incidindo somente naquelas ações penais cuja instrução não se tenha encerrado. 1. Os pacientes, quando soldados da ativa, foram surpreendidos na posse de substância entorpecente (CPM, art. 290) no interior do 1º Batalhão de Infantaria de Selva em Manaus/AM. Cuida-se, portanto, de crime praticado por militares em situação de atividade em lugar sujeito à administração militar, o que atrai a competência da Justiça Castrense para processá-los e julgá-los (CF, art. 124 c/c CPM, art. 9º, I, b). 2. O fato de os pacientes não mais integrarem as fileiras das Forças Armadas em nada repercute na esfera de competência da Justiça especializada, já que, no tempo do crime, eles eram soldados da ativa. 3. Nulidade do interrogatório dos pacientes como primeiro ato da instrução processual (CPPM, art. 302). 4. A Lei nº 11.719/08 adequou o sistema acusatório democrático, integrando-o de forma mais harmoniosa aos preceitos constitucionais da Carta de República de 1988, assegurando-se maior efetividade a seus princípios, notadamente, os do contraditório e da ampla defesa (art. 5º, inciso LV). 5. Por ser mais benéfica (lex mitior) e harmoniosa com a Constituição Federal, há de preponderar, no processo penal militar (Decreto-Lei nº 1.002/69), a regra do art. 400 do Código de Processo Penal. 6. De modo a não comprometer o princípio da segurança jurídica (CF, art. 5º, XXXVI) nos feitos já sentenciados, essa orientação deve ser aplicada somente aos processos penais militares cuja instrução não se tenha encerrado, o que não é o caso dos autos, já que há sentença condenatória proferida* *em desfavor dos pacientes desde 29/7/14. 7. Ordem denegada, com a fixação da seguinte orientação: a norma inscrita no art. 400 do Código de Processo Penal comum aplica-se, a partir da publicação da ata do presente julgamento, aos processos penais militares, aos processos penais eleitorais e a todos os procedimentos penais regidos por legislação especial incidindo somente naquelas ações penais cuja instrução não se tenha encerrado.* (HC 127900, Relator Min. DIAS TOFFOLI, Tribunal Pleno, julgado aos 3/3/2016, DJe-161)

Súmula 712: *"É nula a decisão que determina o desaforamento de processo da competência do Júri sem audiência da defesa."*

+ EXERCÍCIOS DE FIXAÇÃO

01. (FCC/DPE-MA/2018) Sobre o procedimento previsto para o Tribunal do Júri, é correto afirmar:

A) Os dispositivos constitucionais da plenitude de defesa no Tribunal do Júri (art. 5º, XXXVIII, *a*, CF) e da ampla defesa para os processos em geral (art. 5º, LV, CF) possuem o mesmo significado e conteúdo.

B) É possível, mediante lei complementar, suprimir competência atribuída constitucionalmente ao Tribunal do Júri.

C) Caso não se convença da materialidade do fato ou da existência de indícios suficientes de autoria ou de participação, o juiz, fundamentadamente, impronunciará o acusado, o que implicará em coisa julgada formal e material.

D) É nula a decisão que determina o desaforamento de processo de competência do Tribunal do Júri sem audiência da defesa.

02. (CEBRASPE/2020) De acordo com o Código de Processo Penal, no procedimento comum ordinário, após o recebimento de denúncia e o oferecimento de resposta à acusação pela defesa, o juiz absolverá sumariamente o denunciado na hipótese de

A) haver dúvida quanto à autoria do réu ou a sua participação no crime.

B) ficar comprovada a inimputabilidade mental do réu.

C) a denúncia ser manifestamente inepta.

D) faltar justa causa para o exercício da ação penal.

E) o fato narrado evidentemente não constituir crime.

» GABARITO

01.

A) Errada. No júri, a defesa técnica não fica limitada à argumentação estritamente jurídica, como ocorre nos demais crimes, julgados por juízes de direito, cujo convencimento deve ater-se às diretrizes estabelecidas na lei.

B) Errada. A competência do júri, prevista no art. 5º, XXXVIII, não pode ser suprimida ou diminuída, seja por lei complementar ou outro instrumento normativo. Exemplo disso é a Súmula Vinculante 45: "*A competência constitucional do Tribunal do Júri prevalece sobre o foro por prerrogativa de função estabelecido exclusivamente pela constituição estadual.*"

C) Errada. Basta ver o art. 414, parágrafo único, do CPP: "*Enquanto não ocorrer a extinção da punibilidade, poderá ser formulada nova denúncia ou queixa se houver prova nova.* Assim, não faz coisa julgada material.

D) **Certa**. Súmula 712 do STF: "É nula a decisão que determina o desaforamento de processo da competência do Júri sem audiê*ncia da defesa.*"

02. A alternativa correta é a **E**, estando prevista no inciso III do art. 397 do CPP. As demais não estão contempladas neste dispositivo.

15 NULIDADES

O processo penal é o instrumento utilizado para a aplicação concreta do direito penal. Aliás, não há outro modo deste ser levado a efeito. Assim, fala-se em instrumentalidade das formas, pois cada ato processual e os diversos procedimentos, como um todo, tem o objetivo precípuo de promover a melhor justiça: aquela que não enseja a impunidade dos envolvidos no ilícito, tampouco condena quem nada tem a ver com ele.

Os bens jurídicos envolvidos no processo-crime são indisponíveis, de enorme relevância, por isso o desenrolar das ações penais e a sequência dos atos processuais não podem ficar a critério do juiz e das partes, sem obediência a um prévio modelo inserido na lei. Não sendo respeitado esse rito, há evidente risco para os objetivos do processo, em especial para os direitos fundamentais do réu. A conformidade dos atos processuais ao rito aplicável ao caso assegura maior segurança jurídica aos sujeitos processuais na medida em que coíbe situações imprevisíveis. Não fosse assim, seria possível cogitar, por exemplo, de juízo criminal que estabelece a sequência de produção de provas orais em audiência de instrução da forma como bem entende, criando verdadeira barafunda: por vezes prefere interrogar o réu primeiro, deixando as testemunhas para depois, por vezes resolve ouvir primeiro as testemunhas de defesa, para depois passar às testemunhas de acusação. Todo este confuso desenrolar teria implicações graves no processo, pois certamente acarretaria violação aos princípios do contraditório e ampla defesa.

O direito processual penal é ramo do direito público, pois envolve uma atividade estatal. Aliás, para levar a efeito essa atividade, o Estado necessita impor aos sujeitos processuais que sigam o rito aplicável ao caso concreto segundo as normas da legislação ordinária e os ditames constitucionais.

Sabemos que a lei é a única fonte primária do direito processual penal, pois é através dela que o Estado exprime sua vontade, impondo-a ao particular. De nada adianta, porém, um preceito legal desacompanhado de uma sanção correspondente, na hipótese de descumprimento. Normas assim são um convite à inobservância, não passam de recomendação.

A sanção que o legislador comina ao ato processual maculado é a invalidação do ato imperfeito, a que se dá o nome de nulidade, deixando ele de produzir seus efeitos de praxe.

A mera possibilidade de anulação do ato processual é fator que, ao menos em princípio, concita as partes e o magistrado à obediência ao modelo procedimental.

As normas que exigem a conformidade dos atos processuais ao modelo legal não são absolutas, pois por vezes é preciso verificar se o ato atingiu sua finalidade sem redundar em prejuízo às partes (**nulidade relativa**), ou seja, se o interesse protegido pela forma foi resguardado ou não. O formalismo não é um fim em si mesmo.

As normas processuais penais no Brasil têm sido recentemente objeto de inúmeras alterações legais, quase sempre na tentativa de aprimoramento do rito, prestigiando a celeridade, economia processual e a instrumentalidade das formas, para que se possa chegar à prestação jurisdicional mais justa possível.

Desse modo, a invalidação de um procedimento ou de um ato processual isolado deve ser tida como a última opção, como veremos em breve.

A premissa segundo a qual o ato nulo não produz efeitos não se aplica ao direito processual penal. Na verdade, produz sim, ao menos até que a nulidade seja decretada.

15.1. ESPÉCIES DE ATOS PROCESSUAIS DEFEITUOSOS

Conforme o nível de desconformidade do ato em relação à formula descrita no rito, levando também em conta as suas possíveis consequências processuais, os atos processuais defeituosos podem ser divididos da seguinte forma:

15.1.1. INEXISTÊNCIA

Falta neles algum ou alguns dos elementos essenciais do ato. O vício é de tal monta que sequer se cogita de invalidá-los, pois seu desfazimento não requer decisão judicial.

O CPP não cuida dos atos inexistentes. Para a doutrina, devem eles ser desconsiderados por completo, são os chamados não atos, sem qualquer chance de convalidação.

Exemplo de ato inexistente seria a decisão proferida pelo juízo arbitral (Lei nº 9.307/1996) que revoga medida protetiva de urgência deferida pelo Juizado de Violência Doméstica e Familiar Contra a Mulher.

15.1.2. NULIDADE ABSOLUTA

Toda vez que a desconformidade do ato desrespeita norma que visa garantir o interesse público, há nulidade absoluta. A mácula do ato é evidente.

O ato processual inquinado por este vício produzirá efeitos até que sobrevenha pronunciamento judicial reconhecendo ser inválido.

Não há, porém, **de regra**, possibilidade de convalidação destes atos, pelo que o vício pode ser alegado a qualquer tempo e em qualquer grau de jurisdição. Tal arguição, assim, não está sujeita à preclusão temporal ou lógica (quando a parte, ainda que tacitamente, aceita seus efeitos).

Uma vez que há interesse público envolvido, permite-se que a nulidade absoluta seja reconhecida de ofício pelo Tribunal ao apreciar recurso ou ação de impugnação (*habeas corpus*).

Entretanto, com fundamento no princípio do *favor rei*, o Supremo Tribunal Federal já decidiu que a nulidade absoluta, **favorável à acusação**, não poderá ser reconhecida de ofício por Tribunal que venha a analisar recurso formulado pelo órgão acusatório, se este silenciou a respeito do vício em suas razões recursais – Súmula 160 do STF: *"é nula a decisão do Tribunal que acolhe, contra o réu, nulidade não arguida no recurso da acusação, ressalvados os casos de recurso de ofício"*.

De igual modo, podemos dizer que há convalidação da nulidade absoluta na hipótese de trânsito em julgado da sentença absolutória própria, porquanto não se admite revisão criminal a favor da acusação.

Em suma, sentença absolutória inquinada pelo vício da nulidade absoluta é hábil ao trânsito em julgado, produzindo seus regulares efeitos, inclusive não permitindo novo processo-crime pelo mesmo fato – princípio geral de direito conhecido por *non bis in idem*, reconhecido pela Convenção Americana de Direitos Humanos (Dec. 678/92, art. 8º, nº 4).

Quanto a recurso oferecido pela defesa, impõe-se conclusão diversa. Ainda que o defensor não toque no assunto, se o Tribunal percebe nulidade absoluta que beneficie o réu, deverá, de ofício, reconhecê-la.

Porém, o STF e o STJ têm decidido que, em sede de recurso extraordinário e especial, só poderão manifestar-se sobre alguma nulidade absoluta se esta tiver sido objeto de prequestionamento – Súmulas 356 do STF e 320 do STJ.

Como exemplos de nulidades absolutas, podemos citar: a) citação por edital fora das hipóteses legais, tendo decorrido de certidão falsa exarada por oficial de justiça que sequer procurou localizar o endereço constante do mandado de citação; b) audiência de instrução e julgamento realizada sem a presença do advogado que não fora intimado a nela comparecer; c) crime eleitoral processado e julgado perante a justiça comum estadual, porquanto vulneradas regras básicas de organização judiciária, bem como o juízo natural – art. 5º, inciso LIII, da CF.

O caráter instrumental do processo, consagrado no art. 563 do CPP, a princípio impede o reconhecimento da nulidade se não evidenciado o prejuízo à parte que alega o vício: "*Art. 563. Nenhum ato será declarado nulo, se da nulidade não resultar prejuízo para a acusação ou para a defesa.*"

Ocorre, porém, que para a maior parte da doutrina, em situação de nulidade absoluta, o prejuízo é presumido, ficando a parte interessada em seu reconhecimento dispensada do ônus de sua comprovação.

Para os Tribunais Superiores, no entanto, há conclusões em sentido oposto, afirmando a necessidade de comprovação do prejuízo não importando se a hipótese cuida de nulidade relativa ou absoluta. No STF:

"*Apesar de existir entendimento deste Supremo Tribunal no sentido de que o prejuízo de determinadas nulidades seria de "prova impossível", o princípio do* ***pas de nullité sans grief*** *exige, em regra, a demonstração de prejuízo concreto à parte que suscita o vício, independentemente da sanção prevista para o ato, podendo ser ela tanto a de nulidade absoluta quanto a relativa, pois não se decreta nulidade processual por mera presunção.*" (1ª Turma, HC 107.769/PR, Rel. Min. Cármem Lúcia, j. 18/10/2011, DJe 225 de 25/11/2011)

Nesse mesmo sentido, mais recentemente (fevereiro de 2023), o STF reafirmou:

"[...] *PENAL E PROCESSUAL PENAL. AGRAVO REGIMENTAL EM 'HABEAS CORPUS'. HOMICÍDIO. ALEGAÇÃO DE NULIDADE. JURISPRUDÊNCIA DO SUPREMO TRIBUNAL FEDERAL. 1. A orientação jurisprudencial do Supremo Tribunal Federal (STF) é no sentido de que o princípio do 'pas de nullité sans grief' exige, em regra, a demonstração de prejuízo concreto à parte que suscita o vício, podendo ser ela tanto a nulidade absoluta quanto a relativa, pois não se decreta nulidade processual por mera presunção (HC*

132.149-AgR, Rel. Min. Luiz Fux). 2. Esta Corte já decidiu que eventuais vícios relativos à instrução processual devem ser arguidos no momento oportuno, sob pena de preclusão (RHC 170.050-AgR, Rel. Min. Edson Fachin). [...] 3. A Primeira Turma do STF, no julgamento do RHC 135.530, Rel. Min. Edson Fachin, fixou o entendimento no sentido de que, por força da Súmula 523/STF, no processo penal, a falta da defesa constitui nulidade absoluta, mas a sua deficiência só o anulará se houver prova de prejuízo para o réu, sendo que referido gravame não decorre simplesmente da ocorrência de um juízo condenatório. Indispensável que o interessado ao menos sinalize nexo causal mínimo entre a irregularidade articulada e o resultado processual desfavorável, sob pena de adoção de exacerbado formalismo que não se conforma com o postulado 'pas de nullité sans grief', cristalizado no art. 563, CPP. 4. Hipótese de paciente condenado (em primeira e segunda instâncias) a 7 anos de reclusão, em regime inicial semiaberto, pelo crime do homicídio (art. 121, 'caput', do CP). Conforme afirmou o Superior Tribunal de Justiça, após o julgamento de apelação criminal, a defesa manifestou-se nos autos sucessivas vezes sem, contudo, alegar a referida nulidade. [...] Por fim, a defesa não demonstrou efetivamente o prejuízo decorrente da alegada nulidade. 5. Para dissentir-se da conclusão adotada pelas instâncias precedentes, seria necessário o revolvimento do conjunto fático-probatório, inviável em sede de 'habeas corpus'. 6. Agravo regimental a que se nega provimento." (Agravo Regimental no HC nº 221.838, 1ª Turma, Rel. Min. Roberto Barroso, sessão virtual de 9/12/2022 a 16/12/2022, DJ 06/2/2023)

15.1.3. NULIDADE RELATIVA

Dá-se quando verificado desrespeito a norma infraconstitucional que visa resguardar o interesse das partes. Tal qual ocorre na nulidade absoluta, depende de decisão do órgão judicante que a declare, pois é consabido não ser automática a invalidade dos atos processuais.

Seu reconhecimento pelo órgão jurisdicional depende de dois fatores:

I. **demonstração do prejuízo**: aqui, não se presume o prejuízo. É insuficiente alegar que o ato processual foi praticado em desconformidade com a lei. Se a parte não comprova o prejuízo advindo da falta de observância do modelo legal, a alegação merece indeferimento.
II. **arguição oportuna pelo interessado**: o art. 571 do CPP, ao cuidar das nulidades relativas, impõe o momento em que devem ser alegadas. Não o fazendo, a parte sujeita-se à preclusão temporal, daí

decorrendo a convalidação do ato. Se a parte, tacitamente, aceita seus efeitos, está sujeita à preclusão lógica.

Como exemplos de nulidades relativas, podemos mencionar:

a. "*É relativa a nulidade do processo criminal por falta de intimação da expedição de precatória para inquirição de testemunha* - Súmula 155 do STF;
b. incompetência relativa *ratione loci* (territorial). Lembre-se que, neste caso específico, o juiz pode reconhecer sua incompetência de ofício, em que pese tratar-se de nulidade relativa, por força do art. 109 do CPP: "*Art. 109. Se em qualquer fase do processo o juiz reconhecer motivo que o torne incompetente, declará-lo-á nos autos, haja ou não alegação da parte, prosseguindo-se na forma do artigo anterior.*";
c. falta de intimação do Ministério Público para a audiencia de instrução e julgamento em hipótese de ação penal privada exclusiva.

Antes de pontuarmos os momentos previstos no art. 571 do CPP para a alegação de nulidade relativa, sob pena de preclusão, é preciso lembrar que os diversos incisos deste dispositivo acham-se desatualizados, fazendo menção até mesmo a artigos de lei já revogados, em especial pelas leis 11.689/2008 e 11.719/2008.

Abaixo, então, trataremos da leitura do art. 571 do CPP, que pode ser feita da seguinte forma (Lima, 2021, p. 1.413/1.415):

> "*Art. 571. As nulidades deverão ser arguidas:*
> I. ***as da instrução criminal dos processos da competência do júri, nos prazos a que se refere o art. 406***: houve alteração deste art. 406, que anteriormente se referia às alegações finais das partes ao término da 1ª fase do rito do júri. Face à alteração promovida pela Lei nº 11.689/2008, que trouxe profundas modificações no procedimento do júri, tais alegações passaram a ser tratadas no art. 411 do CPP, §§ 4º, 5º e 6º. Em suma, onde se lê art. 406, leia-se *devem ser arguidas por ocasião das alegações orais, na forma do art. 411*, §§ 4º, 5º e 6º do CPP;
> II. ***as da instrução criminal dos processos de competência do juiz singular e dos processos especiais, salvo os dos Capítulos V e VII do Título II do Livro II, nos prazos a que se refere o art. 500***: referido art. 500 também tratava das alegações finais, mas em relação ao procedimento comum dos crimes apenados com reclusão. A partir da lei nº 11.719/2008, o que temos agora são as alegações orais feitas na forma do art. 403 do CPP. Onde se lê art. 500, então, leia-se: *nulidades relativas ocorridas após a apresentação da resposta à acusação devem ser postuladas quando das alegações orais – art. 403 do CPP*;
> III. ***as do processo sumário, no prazo a que se refere o art. 537, ou, se verificadas depois desse prazo, logo depois de aberta a audiência e apre-***

goadas as partes: o art. 537, que tratava da defesa prévia, acha-se revogado pela Lei nº 11.719/2008. A melhor leitura, atualmente, é: *as nulidades relativas verificadas entre o oferecimento da denúncia ou queixa e a citação do réu têm de ser alegadas na resposta à acusação; as verificadas após a resposta à acusação devem ser arguidas nas alegações finais*;

IV. ***as do processo regulado no Capítulo VII do Título II do Livro II, logo depois de aberta a audiência***: hipótese revogada;

V. ***as ocorridas posteriormente à pronúncia, logo depois de anunciado o julgamento e apregoadas as partes (art. 447)***: com as alterações promovidas pela Lei nº 11.689/2008, o correto seria concluir que *as nulidades relativas verificadas após preparado o processo para julgamento em plenário deverão ser alegadas imediatamente após anunciado o julgamento em plenário do júri e apregoadas as partes*;

VI. ***as de instrução criminal dos processos de competência do Supremo Tribunal Federal e dos Tribunais de Apelação, nos prazos a que se refere o art. 500***: como vimos antes, o antigo art. 500 tratava das alegações finais. Tais processos, atualmente, são regulados pela Lei nº 8.038/1990. Em resumo, podemos concluir que *as nulidades relativas da instrução criminal, nos processos que seguem este rito, devem ser arguidas nas alegações escritas (art. 11, **caput**, da Lei) ou por ocasião da sustentação oral (art. 12, inciso I, da Lei)*;

VII. ***se verificadas após a decisão da primeira instância, nas razões de recurso ou logo depois de anunciado o julgamento do recurso e apregoadas as partes***: a interpretação deste inciso não sofreu modificação em face das alterações legislativas verificadas;

VIII. ***as do julgamento em plenário, em audiência ou em sessão do tribunal, logo depois de ocorrerem***: tal qual o inciso anterior, este não sofreu modificação em face de alterações legislativas, devendo apenas ser ressaltado que, sem prejuízo da pronta alegação de nulidade logo após sua ocorrência, deve a parte interessada reiterar o requerimento como preliminar de eventual apelação, se oportuno este meio recursal."

15.1.4. IRREGULARIDADE

Trata-se do vício que advém da desconformidade com o modelo legal que, apesar disso, não gera qualquer repercussão para o regular desenvolvimento do processo, mantendo-se o ato processual eficaz. O processo mantém a sua higidez, podendo a situação gerar efeitos para além dos autos. Exemplo disso é o oferecimento de denúncia, em inquérito de indiciado solto, pelo *Parquet*, fora do prazo de quinze dias previsto no art. 46 do CPP – prazo impróprio. Outra hipótese de mera irregularidade seria o oferecimento de razões de apelação fora do prazo da lei.

15.2. PRINCÍPIOS DA CONSEQUENCIALIDADE E DA CONSERVAÇÃO DOS ATOS PROCESSUAIS

Também conhecido como princípio da extensão ou da causalidade, significa que a nulidade de um ato processual acarretará também a invalidação dos atos que lhe forem decorrentes ou consequentes. Veja-se, a respeito, o § 1º do art. 573 do CPP: "*§ 1º A nulidade de um ato, uma vez declarada, causará a dos atos que dele diretamente dependam ou sejam conseqüência.*"

Se não houver qualquer relação de causalidade entre o ato anulado e os demais atos do processo, há que manter a eficácia destes, por conta do princípio da conservação dos atos processuais.

Assim, diante de um caso concreto em que se decidiu por anular algum ato do processo, o órgão judicante deve deliberar se tal vício contamina ou não outros atos – nulidade derivada. Nesse sentido o § 2º do art. 573: "*§ 2º O juiz que pronunciar a nulidade declarará os atos a que ela se estende.*"

Quanto à conservação dos atos processuais, por vezes chamada de confinamento da nulidade, cuida o princípio de manter a validade dos atos que independam do ato declarado inválido.

> **JULGADOS/JURISPRUDÊNCIA CORRELATA**
>
> STF:
>
> **Súmula 706**: *É relativa a nulidade decorrente da inobservância da competência penal por prevenção.*
>
> **Súmula 707**: *Constitui nulidade a falta de intimação do denunciado para oferecer contrarrazões ao recurso interposto da rejeição da denúncia, não a suprindo a nomeação de defensor dativo.*
>
> **Súmula 708**: *É nulo o julgamento da apelação se, após a manifestação nos autos da renúncia do único defensor, o réu não foi previamente intimado para constituir outro.*
>
> **Súmula 712**: *É nula a decisão que determina o desaforamento de processo da competência do júri sem audiência da defesa.*
>
> **Súmula Vinculante nº 11**: *Só é lícito o uso de algemas em casos de resistência e fundado receio de fuga ou de perigo à integridade física própria ou alheia, por parte do preso ou de terceiros, justificada a excepcionalidade por escrito, sob pena de responsabilidade disciplinar, civil e penal do agente ou da autoridade e de nulidade da prisão ou do ato processual a que se refere, sem prejuízo da responsabilidade civil do Estado.*

+ EXERCÍCIOS DE FIXAÇÃO

01. (OAB-DF 2006.3) No que diz respeito às nulidades do processo penal, assinale a alternativa correta:

A) as nulidades relativas podem ser decretadas de ofício pelo juiz;

B) se houver sentença condenatória, as nulidades absolutas não serão acobertadas pela coisa julgada, pois o julgamento poderá ser objeto de revisão criminal ou de *habeas corpus*;

C) as nulidades relativas impedem que o ato seja convalidado;

D) as nulidades relativas podem ser invocadas em qualquer tempo e grau de jurisdição.

02. (Magistratura/SP) Assinale a alternativa que completa corretamente a lacuna da frase:

A inobservância da competência penal por prevenção...

A) constitui nulidade relativa.

B) constitui nulidade absoluta.

C) não constitui nulidade.

D) pode constituir nulidade absoluta em circunstâncias especiais.

» GABARITO

01. A alternativa **A** está errada, pois, de regra, as relativas não podem ser reconhecidas de ofício. A alternativa **B** está **correta**, encontrando fundamento legal nos arts. 626, *caput*, parte final (revisão criminal), e art. 648, inciso VI (*habeas corpus*), ambos do CPP. As alternativas **C** e **D** estão erradas, já que as relativas não impedem a convalidação do ato, nem podem ser invocadas a qualquer tempo e grau de jurisdição.

02. A alternativa **A** está correta, bastando ver os termos da súmula 706 do STF.

16 RECURSOS

16.1. NOÇÕES GERAIS E NATUREZA JURÍDICA

Trata-se do meio processual destinado a impugnar, voluntária ou obrigatoriamente, uma decisão judicial (sentido amplo) adversa, pretendendo sua revisão, parcial ou total, pelo órgão judicante superior ou, por vezes, pelo mesmo órgão prolator.

Quanto à natureza jurídica, prevalece o entendimento de que se trata de desdobramento do direito de ação, pois a questão controvertida permanece sendo discutida na mesma relação jurídica processual. Tem como fundamento precípuo o princípio do duplo grau de jurisdição, que supostamente confere segurança jurídica, dada a maior experiência dos integrantes dos tribunais se comparada à dos magistrados de 1º grau.

Podemos afirmar que o sistema recursal do processo penal pátrio não propicia a observância do comando constitucional inserido no inciso LXXVIII do art. 5º: "*a todos, no âmbito judicial e administrativo, são assegurados a razoável duração do processo e os meios que garantam a celeridade de sua tramitação;*". Com efeito, as mesmas questões de fato e de direito podem vir a ser repetidamente apreciadas a depender dos mais variados recursos que vierem a ser interpostos, a exemplo dos embargos de declaração e infringentes, recursos em sentido estrito, especial e extraordinário, apelação, dentre outros, propiciando por vezes, com tanta demora, a prescrição.

16.2. CARACTERÍSTICAS

1. **Voluntariedade**: Referido no *caput* do art. 574 do CPP, significa dizer que, como regra, acha-se inserido na esfera de discricionariedade da parte. Nem sempre será assim, porém: **a**) existem os **recursos de ofício**, a exemplo do referido no inciso I do art. 574 – *da sentença que conceder habeas corpus*; **b**) na forma do art. 580 do CPP, *no caso*

de concurso de agentes, a decisão do recurso interposto por um dos réus, se fundado em motivos que não sejam de caráter exclusivamente pessoal, aproveitará aos outros (**efeito extensivo do recurso**).

2. **Tempestividade**: Não será conhecido o recurso interposto fora do prazo previsto na lei. Os prazos recursais são próprios, peremptórios. Aos defensores públicos é concedido prazo em dobro, na forma dos arts. 44, inciso I, 89, inciso I e 128, I, todos da Lei Complementar nº 80/1994.
3. **Unirrecorribilidade das decisões**: É a regra segundo a qual para cada tipo de decisão judicial a parte tem a sua disposição tão somente um recurso específico. Por vezes, entretanto, a parte pode dispor de mais de uma via recursal, o que poderia ocorrer na hipótese de interposição tanto de recurso especial ao STJ quanto de recurso extraordinário ao STF.
4. **Proibição da *reformatio in pejus***: Por força desta regra, havendo recurso exclusivo da defesa, a situação do réu não poderá ser agravada pela decisão do órgão de 2º grau.
5. **Taxatividade**: Qualquer recurso só pode ser interposto se existir dispositivo legal que preveja seu cabimento. Se houver alteração da lei processual penal criando ou extinguindo hipótese recursal, há que ser aplicada a lei nova aos processos em andamento – art. 2º do CPP, tendo, portanto, como referência a data da decisão que se pretende impugnar, pouco importando a data do ilícito penal.

Características dos recursos

Características dos recursos
Voluntariedade
Tempestividade
Unirrecorribilidade das decisões
Proibição da *reformatio in pejus*
Taxatividade

16.3. PRESSUPOSTOS SUBJETIVOS

São dois: **legitimidade** e **interesse**.

I. **Legitimidade**: O art. 577 do CPP traz os legitimados: o Ministério Público, o querelante, o querelado, seu defensor ou procurador. Na hipótese de o réu recorrer pessoalmente da decisão, declarando que o faz perante o oficial de justiça ao ser intimado, seu defensor se vê obrigado a oferecer as razões recursais, não podendo desistir do recurso em desacordo com a vontade do assistido. Ao contrário, se o réu declara não pretender recorrer, mas seu defensor maneja o recurso, este deverá ser apreciado e julgado pela instância revisora, nos termos da súmula 705 do STF: "*a renúncia do réu ao direito de apelação, manifestada sem a assistência do defensor, não impede o conhecimento da apelação por este interposta.*"

II. **Interesse**: Este pressuposto é disciplinado no parágrafo único do art. 577: "*Parágrafo único. Não se admitirá, entretanto, recurso da parte que não tiver interesse na reforma ou modificação da decisão.*" Tem interesse aquele que não obteve, no todo ou em parte, o que pretendia da decisão judicial. O Ministério Público, buscando promover a justiça, pode recorrer em favor de querelado em ação penal privada exclusiva.

16.4. PROIBIÇÃO DE DESISTÊNCIA RECURSAL PELO MINISTÉRIO PÚBLICO

Por força do art. 576 do CPP, o Ministério Público não pode desistir de recurso que tenha interposto. Se o membro que oficiava no processo recorreu, porém, por qualquer motivo é substituído nos autos por outro, este também não poderá desistir.

16.5. RECURSOS VOLUNTÁRIOS

16.5.1. RECURSO EM SENTIDO ESTRITO

Trata-se de recurso assemelhado ao agravo de instrumento no CPC. Visa reformar, de regra, decisões interlocutórias, podendo por vezes ser cabível contra sentença, a exemplo da concessiva ou denegatória de *habeas corpus* – inciso X do art. 581 do CPP.

O art. 581 apresenta um rol taxativo, confirmado pelo fato de as decisões interlocutórias serem, via de regra, irrecorríveis.

Tal taxatividade não impede, porém, o uso da interpretação extensiva quanto ao rol, conforme autorizado pelo art. 3º do CPP. É o que ocorre, por exemplo, ao se admitir o recurso em sentido estrito contra decisão que indefere a decretação de prisão temporária ou revoga a já existente, pois o inciso V do art. 581 só se refere a prisão preventiva. A interpretação extensiva, como sabemos, não alarga o conteúdo da norma, apenas reconhece que há idêntica razão jurídica na hipótese por ela alcançada.

O prazo para interposição é de cinco dias – art. 586 do CPP, que pode ser feita por petição ou termo nos autos. A lei permite em primeiro lugar que se interponha o recurso para só depois, em até dois dias, oferecer as razões recursais – art. 588, *caput*.

Sobre o rol do art. 581, que trata das hipóteses de cabimento, remetemos o leitor à leitura dos seus diversos incisos, anotando, porém, o seguinte: os incisos XII, XVII, XIX, XX, XXI, XXII, XXIII e XXIV acham-se revogados pela Lei de Execução Penal - art. 197. As matérias neles tratadas devem ser objeto de recurso de agravo em execução. Com relação ao inciso XI, pela mesma razão, também não mais se admite o recurso contra decisão que concede, nega ou revoga a suspensão condicional da pena. Porém, o inciso XI permite o recurso em relação a decisão que concede, nega ou revoga o benefício da suspensão condicional do processo, o que se conclui pela combinação dos arts. 89 e 92 da Lei nº 9.099/1995.

No âmbito dos Juizados Especiais Criminais, em que pese a redação do inciso I do art. 581 do CPP, o recurso pertinente para combater decisão que rejeita a denúncia ou queixa é a apelação, que deverá ser interposta no prazo de dez dias – art. 82 da Lei nº 9.099/1995.

O juízo de retratação vem evidenciado no *caput* do art. 589 do CPP: "*Com a resposta do recorrido ou sem ela, será o recurso concluso ao juiz, que, dentro de dois dias, reformará ou sustentará o seu despacho, mandando instruir o recurso com os traslados que lhe parecerem necessários.*"

16.5.2. APELAÇÃO

Trata-se do recurso amplo e genérico cabível em face de sentenças e decisões definitivas, ou com força de definitivas, proferidas pelo juiz singular e pelo Tribunal do Júri. Diz-se genérico porque admitido nas hipóteses em que não cabe o recurso em sentido estrito, tendo este, como vimos, rol fechado, inflexível. É amplo porque devolve ao órgão judicante superior o pleno conhecimento do feito.

A apelação pode ser plena (contra todo o julgado) ou parcial (contra uma parte do julgado), conforme autoriza o art. 599 do CPP. A amplitude do recurso é delimitada pelo apelante na petição de interposição, não nas razões recursais, as quais não podem contrariar o que foi dito antes. Se a petição de interposição é omissa a respeito, entende-se como plena a apelação. A Súmula 713 do STF trata dessa matéria, especificamente em relação ao Júri: "*O efeito devolutivo da apelação contra decisões do Júri é adstrito aos fundamentos da sua interposição.*"

A apelação pode ser oferecida por petição ou por termo nos autos – art. 578, *caput*, do CPP, no prazo de cinco dias. Exemplo de interposição por termo nos autos se dá em plenário de júri, ocasião em que o *Parquet* e a defesa (o próprio acusado também pode fazê-lo pessoalmente), logo após a leitura dos termos da sentença, podem requerer seja consignada em ata tal circunstância, com posterior remessa dos autos para a apresentação das razões de recurso. Quando o réu interpõe pessoalmente o recurso, não lhe cabe oferecer as razões, tarefa que compete à defesa técnica.

Como regra geral, as razões de recurso de apelação devem ser apresentadas em oito dias – art. 600, *caput*, do CPP.

Quanto à possibilidade de apelação pelo assistente da acusação, é possível desde que não o tenha feito o Ministério Público, sendo, portanto, um recurso considerado supletivo. Também lhe é permitido recorrer da parte em que tenha interesse recursal e não foi tratada no recurso do *Parquet*.

O prazo para este recurso subsidiário do assistente é tratado no parágrafo único do art. 598 do CPP: "*O prazo para interposição desse recurso será de quinze dias e correrá do dia em que terminar o do Ministério Público.*" Ocorre que tanto o STJ (REsp nº 235268-SC, j. aos 25/3/2008) quanto o STF (HC nº 50.417, Plenário), têm entendido que este prazo de quinze dias só se aplica ao assistente que não esteja habilitado nos autos. Se estiver, deverá apelar no regular prazo de cinco dias.

Assim, à semelhança do que ocorre com a ação penal privada subsidiária da pública, o ofendido exerce algum controle e fiscalização sobre a atuação ministerial.

No procedimento sumaríssimo do Juizado Especial Criminal, a apelação é cabível no prazo de dez dias. Aqui, porém, as razões recursais devem ser apresentadas simultaneamente à interposição do recurso – art. 82, *caput* e § 1º, da Lei nº 9.099/1995. O órgão que julga a apelação oriunda do JECRIM é a Turma Recursal.

Nem sempre o recurso que visa reformar sentença será a apelação. Se a sentença se amolda a uma das hipóteses do art. 581 do CPP, é caso de recurso em sentido estrito.

O art. 593 do CPP enumera as possibilidades de apelação:

> "*Art. 593. Caberá apelação no prazo de cinco dias:*
> *I. das sentenças definitivas de condenação ou absolvição proferidas por Juiz singular;*

II. das decisões definitivas, ou com força de definitivas, proferidas por Juiz singular, nos casos não previstos no capítulo anterior;
III. das decisões do Tribunal do Júri, quando:
a. ocorrer nulidade posterior à pronúncia;
b. for a sentença do Juiz Presidente contrária à lei expressa ou à decisão dos jurados;
c. houver erro ou injustiça no tocante à aplicação da pena ou da medida de segurança;
d. for a decisão dos jurados manifestamente contrária à prova dos autos."

Por força da alteração do art. 416 do CPP, pela Lei nº 11.689/2008, passaram a ser recorríveis, via apelação, as decisões de **impronúncia** e de **absolvição sumária**.

A hipótese de apelação por decisão dos jurados manifestamente contrária à prova dos autos suscita algumas indagações interessantes.

Sabe-se que a instituição do júri é regida pela soberania dos veredictos – art. 5º, inciso XXXVIII, da CF. Tal soberania é mitigada por esta hipótese recursal, que objetiva reparar evidente injustiça na decisão dos juízes de fato. *Manifestamente* quer dizer que não encontra guarida no conjunto probatório. Se o Tribunal reconhece a total falta de suporte probatório do veredicto, não prolatará outra decisão de mérito que lhe pareça mais justa, mas determinará que se realize outro julgamento em plenário – art. 593, § 3º, do CPP.

A apelação feita com esse fundamento é admitida uma única vez, pouco importando quem tenha recorrido, limitação esta que alcança ambas as partes – parte final do § 3º do art. 593 do CPP.

Quanto ao processamento da apelação, remetemos o leitor às normas dos arts. 597 a 603 do CPP.

O julgamento deste recurso compete ao Tribunal a que pertença o órgão prolator da decisão/sentença recorrida. Antes que o faça, deverá remeter os autos ao membro do Ministério Público com atuação no 2º grau. Este órgão, como não poderia deixar de ser, atua com independência funcional, não se vendo obrigado a aderir às teses do órgão ministerial de 1º grau.

16.5.3. EMBARGOS DE DECLARAÇÃO

É o recurso pertinente quando o acórdão – art. 619 do CPP, ou a sentença de primeiro grau – art. 382 do CPP, necessita de esclarecimentos ou complementação, em razão de:

1. **ambiguidade**: dá-se quando parte da decisão dá margem a mais de uma interpretação, de sorte a inviabilizar a certeza quanto ao seu significado;
2. **obscuridade**: a decisão precisa ser aclarada, estando ininteligível da forma como está;
3. **contradição**: dá-se quando, por exemplo, a fundamentação da sentença caminha num sentido e a parte dispositiva noutro;
4. **omissão**: o órgão judicante silenciou a respeito de assunto que deveria analisar e decidir.

A regra geral é que os embargos declaratórios possam ser interpostos no prazo de dois dias, sendo endereçados ao mesmo órgão judicante que prolatou a sentença ou acórdão impugnado. No Juizado Especial Criminal o prazo é de cinco dias (art. 83, § 1º, da Lei nº 9.099/1995).

A interposição e as razões devem ser apresentadas simultaneamente, respeitado o prazo acima.

No caso de omissão, a parte interessada poderá valer-se dos embargos para fins de prequestionamento da matéria, dando oportunidade a eventual propositura de recurso especial e/ou extraordinário.

Entende-se que a interposição de embargos de declaração interrompe o prazo para oferecimento dos demais recursos que pretendam anular e/ou reformar o *decisum*, por força de aplicação analógica do *caput* do art. 1.026 do Código de Processo Civil.

Porém, em decisão tomada em dezembro de 2022, a respeito da interrupção do prazo recursal em face da oposição de embargos de declaração, especificamente em relação a agravo regimental, o STF considerou:

> "[...] *AGRAVO REGIMENTAL NO RECURSO EXTRAORDINÁRIO COM AGRAVO. MATÉRIA CRIMINAL. EMBARGOS DE DECLARAÇÃO CONTRA JUÍZO QUE INADMITE RECURSO EXTRAORDINÁRIO NA ORIGEM. SUSPENSÃO OU INTERRUPÇÃO DO PRAZO. IMPOSSIBILIDADE. AGRAVO INTEMPESTIVO. PRECEDENTES. AGRAVO DESPROVIDO. 1. A oposição de embargos de declaração contra juízo de admissibilidade de recurso extraordinário promovido pelo Tribunal de origem não possui o condão de interromper o prazo recursal para interposição do agravo. Precedentes. 2. Agravo regimental desprovido.* (agravo regimental no recurso extraordinário com agravo nº 1.390.718, 2ª Turma, Rel. Min. Edson Fachin, sessão virtual encerrada aos 2/12/2022, DJ 2/2/2023)

O pacote anticrime (Lei nº 13.964/2019) fez incluir no art. 116 do Código Penal o inciso III, que em sua primeira parte diz que a prescrição não corre na *pendência de embargos de declaração*, acréscimo que certamente se deve ao intuito de coibir a utilização com fins protelatórios desta via recursal pela defesa.

16.5.4. EMBARGOS INFRINGENTES E DE NULIDADE

Nos Tribunais as decisões são tomadas com a participação de, ao menos, três magistrados, podendo acontecer de um destes ser vencido no acórdão.

Havendo decisão não unânime, contrária ao acusado, abre-se a oportunidade para os embargos infringentes ou de nulidade. Os primeiros visam discutir matéria relativa ao mérito, os de nulidade se prestam a anular o processo ou o acórdão.

Um e outro têm pressupostos e processamento idênticos, sendo um recurso exclusivo da defesa, que deve apresentá-los no prazo de dez dias a contar da publicação do acórdão no órgão oficial – parágrafo único do art. 609 do CPP.

Só poderão ser opostos em relação a decisão tomada em sede de recurso em sentido estrito e apelação.

Ambos os embargos visam oportunizar novo julgamento, desta feita por órgão colegiado com maior número de membros, incluídos os que prolataram a decisão embargada, os quais poderão exercer juízo de retratação.

A matéria a ser discutida nos embargos em exame está limitada à divergência ocorrida na decisão embargada. Por exemplo: em apelação, todos os três Desembargadores votam no sentido de condenar pelo crime de roubo, mas, apenas um deles opta por afastar a qualificadora relativa ao emprego de arma de fogo – art. 157, § 2º, inciso I, do Código Penal. Os embargos estarão limitados a esse objeto – excluir a qualificadora, não podendo neles ser discutido eventual pedido de absolvição.

O prazo para oferecimento dos embargos infringentes e de nulidade é de dez dias, impondo-se que a petição de interposição venha acompanhada das razões. O relator não poderá ser um dos magistrados que tomou parte da decisão combatida.

16.5.5. REVISÃO CRIMINAL

Trata-se de instrumento processual posto à disposição do acusado, tendo por objetivo desconstituir decisão condenatória penal **transitada em julgado**, **seja acórdão ou sentença**. *Não se admite revisão pro societate.*

Embora situada em Título do CPP que versa sobre recursos, sua natureza jurídica é de ação autônoma de impugnação, dando início a nova relação jurídica processual.

Pode a revisão ser interposta a qualquer tempo, não importando se já extinta a pena ou se morto o acusado (neste último caso os legitimados serão o cônjuge, ascendente, descendente ou irmão – art. 623 do CPP).

A competência para conhecer desta ação é do Tribunal que prolatou o acórdão revisando, seja em face de recurso ou de ação penal originária, ou, ainda, do Tribunal que seria o competente para julgar recurso em desfavor da sentença que se busca desconstituir.

O Ministério Público não detém legitimidade para ajuizar revisão criminal, ainda que pretenda fazê-lo em benefício do réu, já que fora excluído do rol de legitimados.

Nesse sentido: "*Revisão criminal – Legitimidade. O Estado-acusador, ou seja, o Ministério Público, não tem legitimidade para formalizar a revisão criminal, pouco importando haver emprestado ao pedido o rótulo de 'habeas corpus', presente o fato de a sentença já ter transitado em julgado há mais de quatro anos da impetração e a circunstância de haver-se arguido a competência da Justiça Federal, e não da Justiça Estadual, sendo requerente o Procurador da República*" (STF, RHC 80.796/SP, 2ª Turma, Rel. Min. Marco Aurélio, DJ 10/8/2001)

Em resumo, as hipóteses de cabimento dizem respeito a situações excepcionais decorrentes de nítido erro judiciário, estando elencadas no art. 621 do CPP:

> "*Art. 621. A revisão dos processos findos será admitida:*
>
> *I. quando a sentença condenatória for contrária ao texto expresso da lei penal ou à evidência dos autos;*
>
> *II. quando a sentença condenatória se fundar em depoimentos, exames ou documentos comprovadamente falsos;*
>
> *III. quando, após a sentença, se descobrirem novas provas de inocência do condenado ou de circunstância que determine ou autorize diminuição especial da pena.*"

Caso julgue procedente a revisão, o Tribunal tem as seguintes possibilidades: a) absolver o réu; b) modificar a classificação da infração; c) modificar a pena; d) anular o processo. Em nenhum destes resultados a situação do acusado poderá ser agravada, já que vedada a *reformatio in pejus* – parágrafo único do art. 626 do CPP.

16.5.6. RECURSO ESPECIAL E RECURSO EXTRAORDINÁRIO

Ambos os recursos têm hipóteses de cabimento estabelecidas na Constituição Federal – arts. 102, III, alíneas ***a***, ***b***, ***c*** e ***d*** e 105, III, alíneas ***a***, ***b*** e ***c***, cuja leitura, na íntegra, é recomendável. Em resumo, podemos dizer que a maior dessemelhança entre eles diz respeito ao tipo de norma violada pela decisão que se combate:

a. no recurso **especial** discute-se **violação a norma infraconstitucional**;
b. no recurso **extraordinário** alega-se **violação à Constituição Federal**.

No que respeita ao recurso extraordinário, exige-se do recorrente que demonstre a repercussão geral das matérias constitucionais examinadas no caso. A admissão do recurso, pela ausência deste requisito, poderá ser recusada por dois terços dos integrantes do STF – art. 102, § 3º, da CF.

Merece atenção o art. 1.035 do Código de Processo Civil, aplicável à espécie, mais precisamente o *caput* e os §§ 1º, 2º e 3º:

> *"Art. 1.035. O Supremo Tribunal Federal, em decisão irrecorrível, não conhecerá do recurso extraordinário quando a questão constitucional nele versada não tiver repercussão geral, nos termos deste artigo.*
> *§ 1º Para efeito de repercussão geral, será considerada a existência ou não de questões relevantes do ponto de vista econômico, político, social ou jurídico que ultrapassem os interesses subjetivos do processo.*
> *§ 2º O recorrente deverá demonstrar a existência de repercussão geral para apreciação exclusiva pelo Supremo Tribunal Federal.*
> *§ 3º Haverá repercussão geral sempre que o recurso impugnar acórdão que:*
> *I. contrarie súmula ou jurisprudência dominante do Supremo Tribunal Federal;*
> *III. tenha reconhecido a inconstitucionalidade de tratado ou de lei federal, nos termos do art. 97 da Constituição Federal."*

Em relação ao recurso especial, é relevante observar que, com a redação dada ao art. 105 da CF pela Emenda Constitucional nº 125/22, passou a ser exigido o requisito da **relevância** das matérias de direito federal infraconstitucional tratadas no caso, o que será objeto de análise no juízo de admissibilidade do recurso. Para não conhecer do recurso com base nesse aspecto, é necessário o voto de dois terços dos Ministros do STJ.

Atualmente, o processamento dos recursos extraordinário e especial se dá na forma do art. 1.029 e seguintes do Código de Processo Civil. Não resta dúvida que o rito da legislação processual civil é aplicável ao direito processual penal, o que vem reforçado pelos atuais termos do art. 638 do CPP, com a redação dada pelo pacote anticrime:

> *"Art. 638. O recurso extraordinário e o recurso especial serão processados e julgados no Supremo Tribunal Federal e no Superior Tribunal de Justiça na forma estabelecida por leis especiais, pela lei processual civil e pelos respectivos regimentos internos."*

É requisito inarredável de ambos os recursos que tenha sido feito o prequestionamento da matéria que será objeto de discussão, além do esgotamento das vias recursais. Os dois recursos não se prestam ao reexame do conjunto probatório, ou seja, da matéria fática, pois visam resguardar o conteúdo do direito constitucional (no recurso extraordinário) e do direito federal (no recurso especial).

16.5.7. CORREIÇÃO PARCIAL

Apesar de não previsto no CPP, este recurso/meio processual é utilizado há tempos no processo penal, estando regulamentado nos regimentos internos dos tribunais.

Visa combater atos do juiz que, por abuso ou erro, causem tumulto no processo (*error in procedendo*), prejudicando a parte, sendo admitidos quando não existir um recurso específico, daí o seu caráter subsidiário.

O prazo de interposição é de cinco dias, não tendo, em princípio, efeito suspensivo, salvo concessão de medida cautelar.

Os legitimados são o Ministério Público, o querelante, o acusado e o assistente de acusação, em relação à matéria em que sucumbirem.

O processamento e julgamento da correição parcial seguem, de regra, o rito do recurso em sentido estrito, mas, isso dependerá do que estiver previsto nas normas de organização judiciária ou no regimento interno do respectivo Tribunal, podendo estes eventualmente estabelecer o procedimento do agravo de instrumento.

Além da reforma dos atos processuais que causam prejuízo ao direito da parte, a procedência da correição parcial poderá ensejar também medidas administrativas em desfavor do magistrado, a exemplo de anotação em assentamento funcional.

16.5.8. CARTA TESTEMUNHÁVEL

Caberá carta testemunhável, nos termos do art. 639 do CPP: "*I – da decisão que denegar o recurso; II – da que, admitindo embora o recurso, obstar à sua expedição e seguimento para o juízo 'ad quem'.*"

O art. 640 do CPP informa que o prazo para interposição é de quarenta e oito horas, contadas da intimação do despacho que denega o recurso ou da ciência de seu irregular processamento. Com a petição, o recorrente deverá indicar as peças processuais que deverão ser trasladadas.

A carta testemunhável é, tal qual a correição parcial, um recurso subsidiário, só sendo admitida se inexistir outro recurso na lei. No Tribunal *ad quem* a carta terá o mesmo procedimento do recurso obstado – art. 645 do CPP, não tendo efeito suspensivo.

16.5.9. AGRAVO EM EXECUÇÃO

Trata-se do recurso que se destina a combater decisões exaradas na execução penal, estando previsto no respectivo diploma legal – art. 197 da Lei nº 7.210/1984.

Deve ser interposto por petição ou termo nos autos, no prazo de cinco dias, conforme Súmula 700 do STF: "*É de cinco dias o prazo para interposição de agravo contra decisão do juiz da execução penal.*"

O agravo em execução permite o juízo de retratação, mas, de regra, não possui efeito suspensivo.

Havia antiga discussão quanto ao rito que o agravo deveria seguir, se do recurso em sentido estrito ou do agravo de instrumento. Tal celeuma acha-se superada, pois os entendimentos mais recentes do STF (ROHC nº 80.563-9/MG, j. 12/12/2000, DJ 2/3/2001) e do STJ (REsp nº 171.301/DF, 29/6/2000) apontam na direção do recurso em sentido estrito.

JULGADOS/JURISPRUDÊNCIA CORRELATA

STJ:

Súmula 203: *Não cabe recurso especial contra decisão proferida por órgão de segundo grau dos Juizados Especiais.*

Súmula 320: *A questão federal somente ventilada no voto vencido não atende ao requisito de prequestionamento.*

STF:

"1. Uma vez anulado o primeiro julgamento, perante o Tribunal do Júri, em face de apelação interposta com base no art. 593, III, d, do Código de Processo Penal, outro recurso, com o mesmo fundamento, é descabido ainda que apresentado pela outra parte (parágrafo 3 do mesmo dispositivo). 2. Desse modo, fica respeitado o princípio da soberania do júri, tão constitucional quanto o da isonomia. 3. Apelação não conhecida. 4. 'H.C.' indeferido. 5. Precedentes do STF." (1ª Turma, HC 77.686/RJ, Rel. Min. Sydney Sanches, DJ 16/4/1999)

Súmula 356: *O ponto omisso da decisão, sobre o qual não foram opostos embargos declaratórios, não pode ser objeto de recurso extraordinário, por faltar o requisito do prequestionamento.*

Súmula 393: *Para requerer revisão criminal, o condenado não é obrigado a recolher-se à prisão.*

Súmula 428: *Não fica prejudicada a apelação entregue em cartório no prazo legal, embora despachada tardiamente.*

Súmula 640: *É cabível recurso extraordinário contra decisão proferida por juiz de primeiro grau nas causas de alçada, ou por turma recursal de juizado especial cível e criminal.*

Súmula 713: *O efeito devolutivo da apelação contra decisões do Júri é adstrito aos fundamentos da sua interposição.*

+ EXERCÍCIOS DE FIXAÇÃO

01. (OAB/RO 2007.1) No processo penal, os embargos infringentes e de nulidade:

A) Têm efeito devolutivo limitado à divergência do voto vencido.

B) Podem ser opostos contra qualquer acórdão, inclusive os proferidos em sede de *habeas corpus*.

C) Podem ser opostos tanto pela acusação quanto pela defesa, bastando, apenas, que o recorrente tenha sido vencido por maioria de votos na apelação ou no recurso em sentido estrito.

D) Buscam a declaração ou correção de ponto omisso, obscuro, ambíguo ou contraditório.

02. (OAB/SP-N.125) O recurso das decisões proferidas pelo juiz da execução penal é o agravo (art. 197, da LEP). Segundo orientação do Supremo Tribunal Federal, o prazo para sua interposição é de

A) 10 (dez) dias porque segue o rito do agravo do Código de Processo Penal.

B) 10 (dez) dias porque segue o rito do agravo do Código de Processo Civil.

C) 5 (cinco) dias porque segue o rito da apelação, do Código de Processo Penal.

D) 5 (cinco) dias porque segue o rito do recurso em sentido estrito, do Código de Processo Penal.

» GABARITO

01. A alternativa **A** é a **correta**, bastando ver a parte final do parágrafo único do art. 609 do CPP. A alternativa **B** está errada, pois não cabem contra acórdão proferido em *habeas corpus*. A alternativa **C** está errada, pois não podem ser ajuizados pela acusação. A alternativa **D** está errada, pois seu conteúdo versa sobre embargos de declaração.

02. A alternativa correta é a **D**. Não apenas o STF, mas também o STJ têm entendido que o rito é o do recurso em sentido estrito. Quanto ao prazo, basta ver a Súmula 700 do STF.

REFERÊNCIAS BIBLIOGRÁFICAS

BARROS, Marco Antônio de. *A busca da verdade no processo penal*. Ed. Revista dos Tribunais, 2002.

CAPEZ, Fernando. *Curso de Processo Penal*. 28ª ed. Saraiva, 2021.

LIMA, Renato Brasileiro de. *Manual de Processo Penal*. 9ª ed. Juspodium, 2021.

MARQUES, José Frederico. *Elementos de Direito Processual Penal*. 2ª ed. Millennium, 2003, v.1.

MIRABETE, Julio Fabbrini. *Processo Penal*. 18ª ed. Atlas, 2008.

NUCCI, Guilherme de Souza. *Manual de Processo Penal e Execução Penal*. 14ª ed. Forense, 2017.

PACELLI, Eugênio. *Curso de Processo Penal*. 21ª ed. Atlas, 2017.

TÁVORA, Nestor; ALENCAR, Rosmar Rodrigues. *Curso de Direito Processual Penal*. 14ª ed. Juspodium, 2019.

TÁVORA, Nestor; ROQUE, Fábio. *Código de Processo Penal para concursos*. 12ª ed. Juspodium, 2012.